国家级物流系统与技术实验教学示范中心建设与运行

胡贵彦　赵宝芹　著

中国财富出版社有限公司

图书在版编目（CIP）数据

国家级物流系统与技术实验教学示范中心建设与运行 / 胡贵彦，赵宝芹著. —北京：中国财富出版社有限公司，2021.2

ISBN 978 - 7 - 5047 - 7395 - 1

Ⅰ.①国… Ⅱ.①胡… ②赵… Ⅲ.①物流技术—研究 Ⅳ.①F253.9

中国版本图书馆 CIP 数据核字（2021）第 055266 号

策划编辑 黄正丽 王 靖 **责任编辑** 白 昕 晏 青
责任印制 梁 凡 郭紫楠 **责任校对** 杨小静 **责任发行** 敬 东

出版发行 中国财富出版社有限公司
社　　址 北京市丰台区南四环西路 188 号 5 区 20 楼 **邮政编码** 100070
电　　话 010 - 52227588 转 2098（发行部） 010 - 52227588 转 321（总编室）
010 - 52227566（24 小时读者服务） 010 - 52227588 转 305（质检部）
网　　址 http://www.cfpress.com.cn **排　　版** 宝蕾元
经　　销 新华书店 **印　　刷** 北京九州迅驰传媒文化有限公司
书　　号 ISBN 978 - 7 - 5047 - 7395 - 1/F · 3280
开　　本 787mm × 1092mm 1/16 **版　　次** 2021 年 9 月第 1 版
印　　张 15.75 **印　　次** 2021 年 9 月第 1 次印刷
字　　数 317 千字 **定　　价** 68.00 元

前 言

为推动高等学校加强学生实践能力和创新能力的培养，加快实验教学改革和实验室建设，促进优质资源整合与共享，提升办学水平和教育质量，教育部从2005年起在全国启动了高等学校实验教学示范中心建设工作。北京物资学院国家级物流系统与技术实验教学示范中心于2013年获批，是教育部批准的国家级以物流产业为背景的实验教学示范中心。北京物资学院高度重视实践教学，整合了原有的物流示范中心、物流重点实验室、物流博物馆等资源，利用原体育馆于2018年改造新建了“国家级物流系统与技术实验教学示范中心”。

国家级物流系统与技术实验教学示范中心建设融入了供应链理念，从物流系统的角度筹划布局，最大限度满足了“教师教”“学生学”“科研用”的需求；注重物流VR/AR等虚拟仿真技术的应用，形成了“虚拟技术+实体系统”“单系统运行+模块化多系统集成”“实验教学+企业真实运行系统”的模式；依托经济全球化引发物流国际化、科技发展要求物流信息化、企业成本控制重视物流精益化的大背景，示范中心逐步构建了“以三维驱动的教学方法为手段、以三元并行的教学师资为保障、以一个多方联动的资源池为基础、以实验室联盟和中关村开放实验室为拓展”的物流实验课程体系，引领我国物流实验教学的发展。

本书以国家级物流系统与技术实验教学示范中心为例，对其规划设计、招标与采购、建设、验收、管理等诸方面进行了全流程论述。规划设计部分包括系统工程规划设计、实验室规划设计、物流设备规划设计等方面；招标与采购部分包括项目评估、招投标程序、合同管理等方面；建设部分包括系统建设、实验室建设等方面；验收部分包括验收标准、验收流程等方面；管理部分包括实验室设备运行管理、实验室卫生管理、实验室经费管理、实验室安全管理、实验室盘点、实验室相关人员管理、实验室预约管理、实验室参观管理、实验室教学管理等方面。

本书详细介绍了国家级物流系统与技术实验教学示范中心的规划设计、建设与管理三大模块，旨在为建设物流类实验室或实验中心以及教师管理实验室提供借鉴与参考。

本书在写作过程中参考了大量文献资料和实践经验，借鉴和吸收了国内外众多学者的研究成果，也得到学校各级领导的大力支持，以及合作企业的大力协助，参与国家级物流系统与技术实验教学示范中心建设与日常管理工作的老师和研究生在资料整理等方面做了大量工作。在此，对他们的支持与付出深表感谢。

由于新建的国家级物流系统与技术实验教学示范中心尚处于建设运行初期，实验室建设与管理还不够完善，实验课程的开发还有待进一步深入，本书内容只是规划建设与运行管理的一部分，由于时间比较仓促，书中难免存在不足或错误，敬请读者批评指正。

编　者

2021 年 2 月

目　录

第一章　物流系统与技术实验教学示范中心概述

第一节　物流系统与技术实验教学示范中心介绍

北京物资学院创办于1980年，是国内唯一一所以物流和流通为办学特色的高等院校。学校建有2个国家级一流本科专业建设点、2个国家级特色专业建设点、1个国家级人才培养模式创新实验区，1个国家级实验教学示范中心，1个北京市属高校重点建设一流专业，1个北京市级一流本科专业建设点，3个北京市特色专业建设点，建有北京市物流系统与技术重点实验室、智能物流系统北京市重点实验室、北京现代物流研究哲社基地、北京市高校物流工程中心、北京市协同创新中心5个市级科研平台，是学习和科研的良好场所。

北京物资学院拥有物流管理、物流工程、机械设计制造及其自动化（物流设备工程方向）、采购管理、质量管理工程、供应链管理6个物流类专业，已经形成了国内目前最为系统、完整的物流类专业群。1994年，开办国内高校第一个物流管理专业；2006年，在国内率先成立物流学院；2007年，获批“国家级物流人才培养模式创新实验区”和“国内第一家省部级物流重点实验室”，并组建了物流系统模拟仿真实验室；2010年，开办国内高校第一个采购管理专业；物流管理专业于2010年荣获国家级特色专业，2015年成为国家级综合改革试点专业，2018年入选北京市属高校首批一流专业，2019年获批国家级一流本科专业建设点；同年，采购管理专业获批北京市一流本科专业建设点，2020年获得由国际采购供应与管理联盟颁发的国际认证。

北京物资学院对物流实践教学高度重视，2013年获批国家级物流系统与技术实验教学示范中心。目前已经建成了以国家级物流系统与技术实验教学示范中心为核心，北京市物流重点实验室、物流博物馆等为辅助基础的，国内领先的单体规模最大的物流实验教学平台。依托学校的优势资源，物流系统与技术实验教学示范中心获得了良好发展，在创新人才培养模式和教学方法等方面进行了广泛的探索，获得了较为丰硕的建设成果，形成了富有特色的教学体系，确立了“适应形势、形成平台、构建团队、实现转变、虚实结合”的建设理念，建立了多元主体共建共赢的发展模式。目前，国家级物流系统与技术实验教学示范中心已接待了来自国内外200多所院校的学生进行参观交流，发挥了北京物资学院在物流教育领域“国际化实战型创新物流人才培养”的引领作用和示范效果。同时，为我国物流业发展，培养了大批优秀的物流人才。

一、总体介绍

在整合原有的物流示范中心、物流重点实验室、物流博物馆等资源基础上，建设成国家级物流系统与技术实验教学示范中心。物流系统与技术实验教学示范中心融入供应链理念，从物流系统的角度筹划布局，最大限度满足了“教师教”“学生学”“科研用”的需求；注重物流VR/AR等虚拟仿真技术的应用，形成了“虚拟技术+实体系统”“单系统运行+模块化多系统集成”“实验教学+企业真实运行系统”的模式；依托经济全球化引发的物流国际化、科技发展要求物流信息化、企业成本控制重视物流精益化的大背景，示范中心逐步构建了“以三维驱动的教学方法为手段、以三元并行的教学师资为保障、以一个多方联动的资源池为基础、以实验室联盟和中关村开放实验室为拓展”的物流实验课程体系，引领我国物流实验教学的发展。

国家级物流系统与技术实验教学示范中心主体由主楼和配楼两大部分组成，建筑面积共3150平方米。作为国内创建最早、规模最大、设施最先进的物流领域教学示范中心，拥有包括力学实验室、精工实验室、智能识别分拣与码垛实验室、冷链实验室、包装实验室、云采购实验室、VR/AR实验室、智慧供应链协同创新实验室等在内的多个教学实验室，多层穿梭车系统、“托盘式立库+循环搬运”系统、料箱式立库系统、流利式货架拣选系统、滑块分拣系统、提升单元系统等物流系统，校外实习实训基地30余个。

指导思想：结合教育部高等学校物流管理与工程类专业教学指导委员会（简称“物流教指委”）制定的《关于物流管理本科专业培养方案的指导意见（试行）》和《关于物流工程本科专业培养方案的指导意见（试行）》要求，把握“实用性、系统性、先进性、创新性”基本原则。

基本目标：搭建为物流专业教学服务的综合平台，加大实验教学课程的比重，扩展实验教学内容，培养学生综合能力。

基本内容：保证必需的场地、资金、人员等软、硬件实验教学条件；改变单纯操作演示型教学方式，丰富教学手段；物流实验室的软、硬件建设要与相应的实验课程以及教学内容等相匹配，确定合理比例；采用“教学改革”项目形式，强化实验课程和教学内容的开发；有针对性地开发物流实验教材；保证实验教学、管理人员基本的编制，实行专人专职专责，重视理论与实践能力俱佳的“双师型”人才培养。

管理体系：建立人员职责、设备管理、组织机构、绩效等规章制度和运行体制；建立合理的实验教学考评体系；提高实验室的开放性；提升物流实验室管理以及运行的信息化水平。

改革创新：设施完备、机制健全、教学理念先进、教学体系完善；倡导本区域内校际教学资源共享；依托实验室资源开展科研活动；提高实验室与企业、政府等相关机构的合作力度，促进产学研一体化，国家级物流系统与技术实验教学示范中心架构如图 1－1－1 所示。

图 1－1－1　国家级物流系统与技术实验教学示范中心架构

二、历史沿革

经过多年的积累与发展，北京物资学院已经成为国内物流管理与工程类专业教学的重要引领者和先行者。1999 年，组建了“物流系统与技术实验室”，是物流管理、物流工程、物流设备等本科及研究生专业的实验教学基地和物流系统与技术人才培养基地。2001 年，被北京市教委和北京市科委联合评定为“北京市重点实验室”，是国内第一家获批省部级物流重点实验室的高校。2007 年，获批“北京市物流系统与技术实验教学示范中心”，通过与“北京市重点实验室”相互融合，统筹相关教学科研实验室资源，实现教学、科研有机结合，提升科学研究和科技创新的能力。2009 年，示范中心开始采用实际案例授课，以物流节点规划与设计为实验内容，一人一组进行设计与优化，为社会培养实战型人才。2013 年，获批“国家级物流系统与技术实验教学示范中心”，是教育部批准的唯一的以物流产业为背景的国家级实验教学示范中心。2014年，获批“全国服务外包专业技术人才实训示范基地”。2019 年，开始进行国家级物流系统与技术虚拟仿真实验教学项目建设暨虚拟仿真“金课”建设。物流系统与技术实验教学示范中心历史沿革如图 1－1－2 所示。

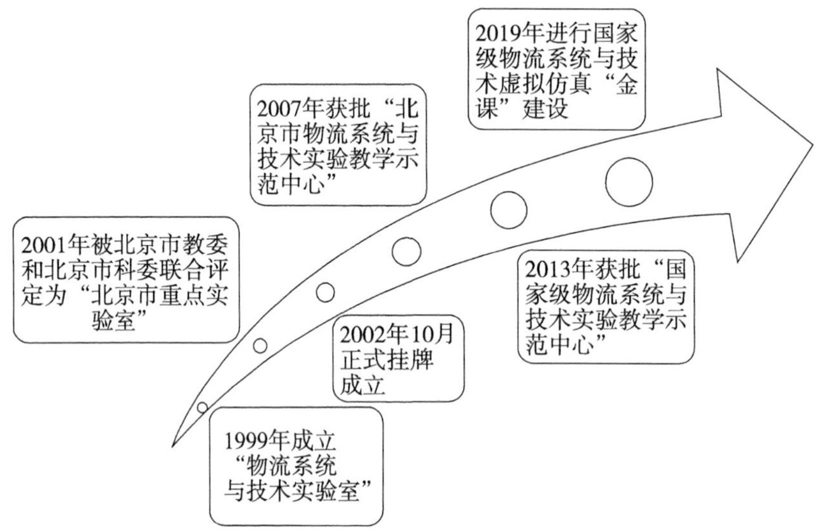

图 1－1－2　物流系统与技术实验教学示范中心历史沿革

三、成果及社会服务

经过多年的努力，物流系统与技术实验教学示范中心取得了一系列的教学成果，包括国家级物流管理特色专业；教育部唯一的物流专业“具有国际化视野的实战型物流人才培养实验区”；物流工程专业核心课程教学团队、物流管理专业核心课程教学团队等获评北京市优秀教学团队；《物流学概论》《配送中心规划与运营》《供应链管理》等获评北京市精品课程；多次荣获全国大学生物流设计大赛一等奖；“大学生科学研究与创业行动计划项目”申请多项专利；“多方联动的实战型物流人才培养模式的构建和实施”“具有国际化视野的实战型物流人才培养模式构建与实施”“产学研互动的立体化物流实验教学共享平台的构建与应用”等项目获得了北京市教学成果奖。

物流系统与技术实验教学示范中心强调与企业的无缝对接，提出“来源于企业，再现企业，而又高于企业”的实验教学设计原则；建立了以“知识＋技能＋经历＋经验＋能力＋素质”为核心的六位一体递进式能力培养方式，依托实景式教学环境，开展开放性的“与企业对接的情境式”教学活动，创新应用“实操＋探讨＋提炼＋设计＋拓展”五段探究式教学方法；建立“学校＋社会”实验教学平台，改变了传统的依赖学校单一主体的实验室建设模式；建立“目标清晰、载体明确、考核科学”的实验教学体系，构建“功能集约、资源优化、开放充分、运行高效”的物流专业实验教学平台，培养“应用型、复合型、创新型、国际化”物流人才。

目前，物流系统与技术实验教学示范中心已接待了200多所院校的参观交流访问，来自美国、德国、日本、韩国、英国、丹麦等国家的交流团体，对示范中心的实践教学予以肯定。依托示范中心举办了“韩国外贸物流培训班”“德国申克培训班”“日本通运培训班”“中铁快运培训班”“中都物流经理班”“全国物流管理核心课程教师特训班”等多层次的培训班，累计300人次参加了培训。通过示范中心，深入地与企业、专业教师分享多元化、国际化物流人才培养成果，扩大了示范中心在物流领域的辐射效应。合作签约仪式如图1－1－3所示，专家团队参观如图1－1－4所示。

图1－1－3　合作签约仪式

目前，物流系统与技术实验教学示范中心已面向全国50多所院校开放学生实践平台，充分发挥了北京物资学院在物流教育领域的引领和示范作用，深化资源共享互助理念；已经形成了市级优秀教学成果辐射带动、市级教学名师垂范、市级精品课程示范、市级学生创新实践成果等独具特色的良好发展格局。实验教学示范中心教师发表论文180篇，其中核心论文50篇，核心论文率为27.8%；出版著作8部，其中学术专著3部，编著5部；获得专利授权16项，获得科研奖励12项。学生发表论文147篇，其中作为第一作者发表论文99篇；参与申请专利16项，其中学生为第一完成人申请专利4项，国家发明专利证书封面与内容如图1－1－5所示。

图 1－1－4　专家团队参观

发明专利证书

专利权人：北京物资学院

局长 田力普

图 1－1－5　国家发明专利证书封面与内容

第二节　物流系统与技术实验教学示范中心目标

一、总体展望

物流系统与技术实验教学示范中心将依托研究型、实景式的实验教学资源，面向物流企业，开展物流系统设计与优化等方面的技术服务，构建具有综合服务能力的物流技术服务基地，实现校企的深度合作。面向北京物资学院的学生，提供创新研究、自主创业的实验条件，利用开放实验、大学生科学研究与创业等项目吸引学生进入实验室，进行物流技术的自主研究，形成物流专业学生的技术孵化和创业培养平台。面向全国高校物流专业的学生，深入开展高等教育物流专业的实验教学示范工作，以优质的资源吸引更多的高等院校学生来示范中心开展教学与相关科研活动。面向全国物流专业实验教师，物流系统与技术实验教学示范中心将针对目前我国物流实验教学师资力量比较薄弱的问题，建立高校师资培训基地，利用优质资源输出解决阻碍物流教学水平提高的瓶颈问题。面向政府机关、行业协会以及社会团体，物流系统与技术实验教学示范中心通过建立“政产学研”四位一体融合的综合性物流人才培养中心，从深度和广度扩展示范中心的服务范畴。

将加强“政产学研”合作、强化“教学科研”结合、推进实验教学“虚实结合”，促进优质资源深度融合和充分共享，着力打造“高起点、高水平、体系完善、管理规范、交叉融合、开放共享、富有特色”的实验教学综合平台，提高学生的综合素质和实践创新能力，培养高素质的物流领域专业人才，助推国家和地方战略性新兴产业的发展，通过充分发挥辐射作用、引领作用，致力于物流实践教学理论和方法的研究，形成物流实践教学理论研究高地，为全国物流专业实验教学提供教学理论和方法的参考。

预期建设目标：“形成1个基地、建设5个中心、构建4个平台”（见图1-2-1），建成“国内一流、世界知名”的集教学、科研、社会服务及文化传承为一体的综合性物流系统与技术实验教学示范中心，示范中心特色人才培养目标如图1-2-2所示。

二、人才培养

国家级物流系统与技术实验教学示范中心以“提高教学质量、深化专业改革、创新人才培养”为核心，以推进“国际化实战型物流人才培养”为目标，建设物流实验教学示范中心、构建物流创新人才培养中心、打造物流教育产品示范及推广中心、树立物流核心领域研究及社会服务中心；通过不断改革创新，发挥物流专业特色优势，

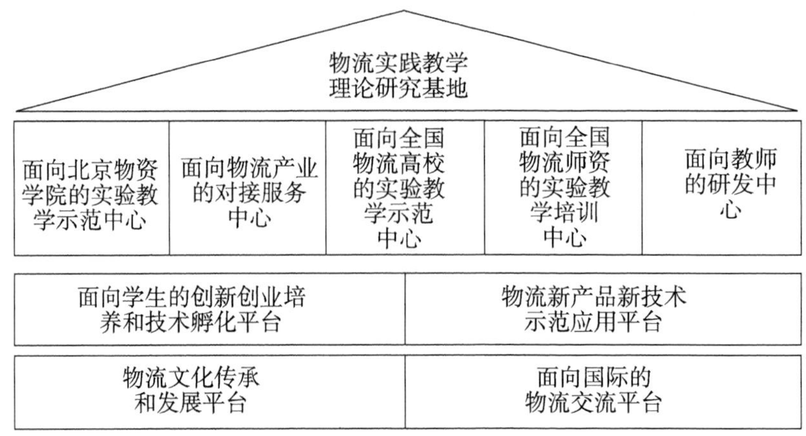

图 1－2－1　1 个基地、5 个中心、4 个平台

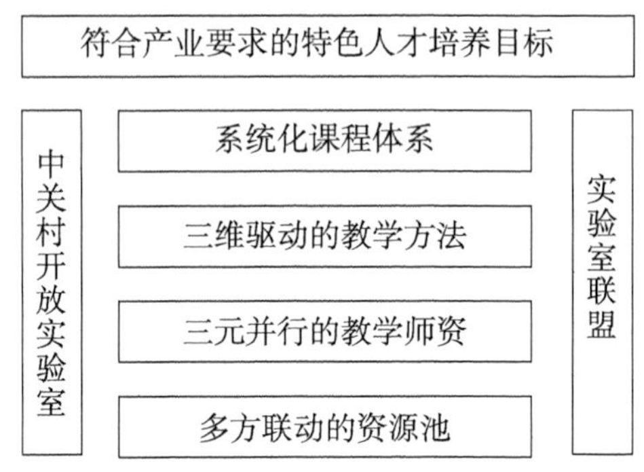

图 1－2－2　示范中心特色人才培养目标

拓展发展空间。

物流系统与技术实验教学示范中心改变传统的实验教学单纯强调动手能力培养，简单示教的教学方法，根据设定的物流人才培养目标，提出了适合物流类专业特色的教学方法，提升教学效果，培养学生的综合能力。

（一）推行“知识＋技能＋经历＋经验＋能力＋素质”六位一体培养方式

物流系统与技术实验教学示范中心着力于实现学校与企业之间的无缝对接，以社会及学生需求为导向，提出面向应用型人才的、以“知识＋技能＋经历＋经验＋能力＋素质”为核心的六位一体递进式能力培养方式，立足于提升学生的综合能力。

根据物流理论知识的特点，将实验室教学与课堂教学有机结合，将理论教学过程通过实验操作在线展示，结合学生的操作完成，实现学生“知识＋技能＋经历”的同步培养；通过案例式、实景式的教学场景引入实现学生“经历＋经验”的同步培养；通过参与学科竞赛、大学生科学研究与创业计划、教师科研项目等实现学生的“知识＋技能＋经历＋经验”的拓展应用。通过上述环节的培养，实现了学生综合能力以及素质的六位一体递进式培养。

（二）推行开放性的“与企业对接的情境式”教学活动

物流系统与技术实验教学示范中心选取物流系统的核心环节，实景再现了与实际物流企业相同的物流教学资源平台，形成了实景式的教学环境。在教学过程中，可以根据不同专业、不同层次的学生要求，模拟仿真不同类型的物流企业实际应用场景，为开展与物流企业对接的情境式教学活动奠定了良好的基础。

教师在具体设计实验方法时，先分析应用背景，然后通过提出问题、分析问题、解决问题等环节，完成与企业实际问题的对接。这种教学方法摆脱对物流设备操作演示形式的高度依赖性，增强了实验教学的“真实感”，调动了学生的学习热情和参与度。在实验教学过程中引入了讨论式、参与式、团队式等“与企业对接的情境式”教学方法，将实验室教学、课堂教学、企业情境统筹考虑。在教学过程中，重视以实验前理论教学准备为基础、以实验中课程教学为提升、以实验后结合企业情境实践创新应用为促进，将实验教学方法进一步丰富和完善。

同时，物流系统与技术实验教学示范中心在原有“扩展实验教学的内涵，强调与企业的无缝对接”的基础上，提出“来源于企业，而又高于企业”的实验教学开发原则，不是简单地照搬实际场景，而是进行了二次升级和改造，利于教学开展。

（三）应用“实操＋探讨＋提炼＋设计＋拓展”五段探究式教学方法

物流系统与技术实验教学示范中心为强化学生在实验教学环节的参与度，真正体现其主体地位，在实验教学过程中，采用了“实操＋探讨＋提炼＋设计＋拓展”五段探究式教学方法。强调实验教学中“实践→理论→实践”的知识认知和发展应用过程；与课堂理论教学并行互促，强调“用耳听＋在课堂用脑记、用心记＋在实验室用手做、用眼看＋在企业用心想”的多重感官综合刺激，强化知识获取、保存以及应用的学习过程。

三、目标任务

物流系统与技术实验教学示范中心将进一步优化实验教学体系结构，强化对物流类专业的人才培养，突出平台建设、模块化设计，在原有的“多专业＋多课程＋多层次＋多要求”内容体系的基础上，形成满足跨专业需求、融合课程群建设、符合多层次要求、实现多元化能力培养需求的教学框架，构建包括物流综合学科基础实验平台、专业综合能力培养实验平台、创新能力培养实验平台、校外实践拓展实验平台在内的四层次实验教学体系，实现物流类专业人才厚基础、宽口径、重实践、强能力的高素质复合型人才培养需求，其中物流综合学科基础实验平台立足于物流学基础学科实验培养要求，专业综合能力培养实验平台侧重于专业能力培养，创新能力培养实验平台依托现有学科基础研究平台，培养学生创新能力，校外实践拓展实验平台立足于校外实践基地，与企业共建校企合作实验室，完成理论知识的应用与实践，并鼓励学生进行进一步的创新，从而检验学生的学习效果，形成闭环的实践教学培养模式，物流系统与技术实验教学示范中心实验教学体系如图 1 –2 –3 所示。

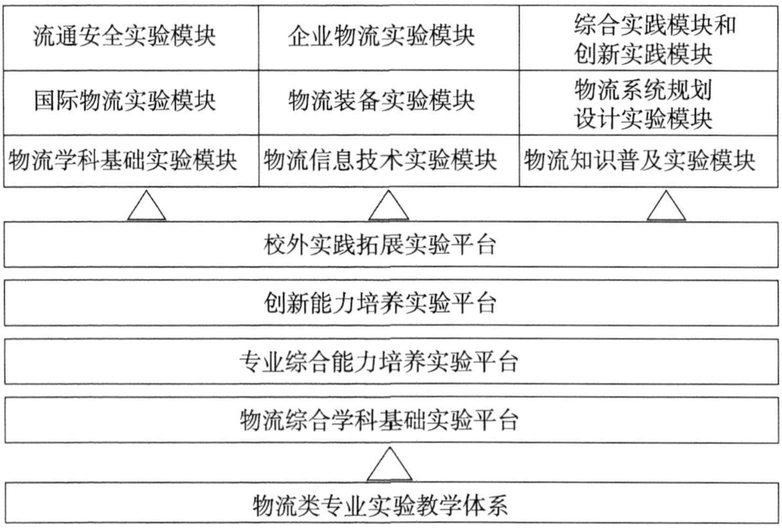

流通安全实验模块	企业物流实验模块	综合实践模块和创新实践模块
国际物流实验模块	物流装备实验模块	物流系统规划设计实验模块
物流学科基础实验模块	物流信息技术实验模块	物流知识普及实验模块

校外实践拓展实验平台

创新能力培养实验平台

专业综合能力培养实验平台

物流综合学科基础实验平台

物流类专业实验教学体系

图 1 –2 –3　物流系统与技术实验教学示范中心实验教学体系

为服务于上述四个平台，着力建设九个实验模块，以满足具体的教学活动开展需要，具体包括物流学科基础实验模块、物流信息技术实验模块、企业物流实验模块、国际物流实验模块、物流装备实验模块、物流系统规划设计实验模块、流通安全实验模块、综合实践模块和创新实践模块、物流知识普及实验模块。将重点强化综合性、创新性训练，突出专业综合设计实验、学科综合和工程创新实践模块的设计，使课程紧跟专业技术前沿发展，加强综合实践能力和科研能力的培养，既充分体现先进性，又可根据不同学科专业对物流类系列课程的不同要求实现灵活构架，达到高层次创新型工程人才与管理人才培养的目的。例如，综合实践模块和创新实践模块等将主要采用综合型设计内容，并结合开放实验以及科研项目展开。依托以上所述实验教学体系，将使国家级物流系统与技术实验教学示范中心成为一个以服务物流类专业学生专业教学为基础，以经管类学生物流知识学习为辅助，以面向社会提供物流科普基础服务为特色的新型综合能力培养平台。

第二章　物流系统与技术实验教学示范中心总体规划设计

第一节　物流系统与技术实验教学示范中心规划设计目标

一、规划设计目标

（一）建设形成五个中心

物流系统与技术实验教学示范中心的规划设计目标是通过对示范中心的建设，在主要满足物流实验教学的基础上，逐步建设形成五个中心。

1. 面向北京物资学院学生物流相关专业的实验教学示范中心

目前物流系统与技术实验教学示范中心已开设 34 门实验课程，经过整合以后，将在原有实验课程基础上继续开发相关新实验课程，并通过开设各种开放性实验课程，不断满足更多师生的教学科研实验需求。

2. 面向产业需求的物流规划、物流前沿设备和物流技术的对接示范中心

通过多元化系统集成以及设备和技术展示，为教师的科研成果与企业对接提供平台，形成面向产业需求的服务对接实验教学示范中心。实现高等院校与企业的无缝对接，成为提升物流企业技术水平的推进器。

3. 面向全国物流高校的实验教学示范中心

北京物资学院代表物流教指委出台了《物流实验室建设指导性意见》，作为国家级的物流系统与技术实验教学示范中心，对全国高校物流实验教学起引领和示范作用。

4. 面向全国物流师资的实验教学培训中心

以全国高校物流师资培训中心为依托，形成面向全国物流师资的实验教学培训中心。

5. 面向教师的研发中心

将国家级物流系统与技术实验教学示范中心与北京市物流系统与技术重点实验室有机融合，作为教师在物流相关领域的研究中心，促进科技成果的转化，形成示范中心的核心竞争力。

（二）营造良好的实验文化氛围

要建设国家级物流系统与技术实验教学示范中心，必须营造自主创新研究的良好实验文化氛围。示范中心的实验文化建设是以总体建设思路为指导，以培养实践意识为基础，以培养自主意识为途径，以培养创新意识为核心，以提高师生综合素质、营造积极向上的文化氛围、打造品牌实验环境为目的。通过开展创新实践活动、学科竞赛、创新实验课堂观摩、开放实验教学等提高示范中心的实验创新文化建设，提高师生“实践、自主、创新”能力；通过实验教师量化考核、建立管理档案、开展实验教学沙龙和会议讲座等强化实验文化制度建设，推动实验教学改革与创新。

（三）稳定和培养多元实验师资队伍

制定实验教师队伍的人才培养规划，完善人才培养和使用机制，要发现和培养一批高级实验员和学科带头人，并大力培养青年实验教师，努力营造有利于实验教师发展的良好环境，继续探索和建立有利于专职教师融入实验教学的机制，建立有利于激励实验教师的人才评价和教学科研成果奖励制度；要加强实验室建设和管理人才的培养，强化在一线工作的实验教学科研管理人员的培训工作；要积极开展国际合作，请进来、走出去，注重通过合作研究和交流不断提升专兼职实验教师的业务能力和水平。另外，在实验室固定人员中，除科研人员和实验教师外，还应有一支技术人员和管理人员组成的队伍作为后勤保障体系。这样的师资队伍有利于实验教学示范中心科研教学管理工作的开展，技术人员与管理人员的素质、能力在很大程度上影响着实验教学示范中心的运行与发展，其积极性、主动性、创造性的充分发挥在很大程度上影响着实验教学示范中心的运行效率与发展前景。因此，必须肯定技术与管理人员的劳动和贡献，不断提高技术与管理人员的业务素质和管理水平，逐步形成一支相对稳定、布阵合理、富有战斗力的实验教学技术和管理梯队。

（四）形成社会服务的规模效应和示范效应

实验教学示范中心建设是教研事业发展的重要组成部分，是推进创新发展的重要力量。物流系统与技术实验教学示范中心作为全国唯一的物流领域国家级示范中心对物流实验教学具有引领与示范作用，充分利用数字通信、网络、信息快速处理等现代化手段为社会提供快速、高效、优质的服务，扩大示范中心社会服务辐射范围。示范中心通过调动社会各界的积极性，充分挖掘和利用社会资源，通过政策引导、资金投入、课题立项、产教合作等方式，积极鼓励实验教师从事科学研究，已形成综合性、多功能、高水平的社会服务体系，以满足科学研究、实验教学、产业发展等方面不同层次的需求，形成示范中心社会服务的规模效应。

（五）提高实验设施设备应用和管理水平

第一，制定实验室仪器设备的采购、使用、维护、更新等管理制度，让实验室人员了解并遵守；第二，实行大型仪器设备的分类管理，对支持面广的共用仪器设备进行统一集中管理；第三，配备仪器设备的专职技术管理人员，实行仪器设备专人专管，并由专职技术管理人员对科研教学人员进行仪器设备的使用培训，贯彻“用前预约用后登记和定期维护”的管理制度，并编写大型仪器设备的具体操作说明书，让使用者了解仪器设备的操作步骤和方法，尽可能地提高仪器设备的使用效率与效益；第四，完善实验室信息化建设，公布大型仪器设备的相关信息，便于师生使用实验室的仪器设备或到实验室进行交流与合作研究，真正发挥了实验室公用实验平台的作用；第五，加快大型仪器设备的更新改造工作，加强对大型仪器设备核心技术的研发能力建设，确保大型仪器设备更新改造费和核心技术的研发经费投入，做到专款专用。做好大型仪器设备的维护与更新改造工作是加强对大型仪器设备核心技术研发能力建设的基础和前提，只有定期维护与更新仪器设备，才能保证仪器设备的正常运转。因此，示范中心积极鼓励和支持改造、完善、开拓大中型仪器设备的应用功能和使用范围，鼓励利用高、精、尖新型仪器设备开发具有国际独创特色、达到国际领先水平的实验课程和实验项目。

二、规划设计理念

（一）规划布局理念

为了实现物流系统与技术实验教学示范中心的功能，实验教学示范中心的布局遵照如下理念。

1. 虚拟技术与实体系统有机结合

物流系统与技术实验教学示范中心将实体物流系统以及虚拟仿真技术有效融合，形成虚拟与实体相结合的格局，可以最大限度增强示范中心的系统及技术展示效果，并逐步形成可进行人机互动的物流系统。

2. 单系统运行与模块化多系统集成的结合

物流系统与技术实验教学示范中心的单系统实体设备可以独立运行，并配有相关设备的数据库，各种物流设备构成了不同的系统模块，模块之间可以自由搭建，如“托盘式立库＋循环搬运”系统，从而更好地体现北京物资学院在物流系统集成及优化方面的特色。

3. 实现实验教学与企业真实运行的系统相结合

物流系统与技术实验教学示范中心的布局，是基于企业真实运行的系统而设计的，全面合理考虑流量、流向等物流因素。同时，留有足够的空间满足实验教学的需求。

（二）学科融合、教研相长

1. 学科融合

物流系统与技术实验教学示范中心基于北京物资学院供应链和物流仿真等方面长期研究的积累，开展了物流仿真模拟实验、经济管理综合实验、虚拟仿真实验以及底层平台、智慧供应链的开发与建设，并最终实现物流系统综合性教学；服务物流管理、物流工程、机械设计制造及其自动化（物流设备工程方向）、采购管理、质量管理工程、供应链管理等多个专业的实验教学，实现了相关学科知识体系的交叉融合，物流系统的专业技术与经济综合管理知识的融合，实体实验与虚拟仿真实验的融合，理论教学与实践教学的融合。

2. 教研相长

科学研究在模型构建、数据资源、技术开发等方面为示范中心的实验教学提供了全方位的支持；在科研成果转化为物流实验教学资源的同时，实验的教学设计、实验课程中师生互动、学生的创新实践活动也促进了相关领域的科学研究。物流系统与技术实验教学示范中心鼓励教师、学生进行物流实践和科学研究以及物流领域实验项目的开发，以形成教研相长、协同发展的局面。

（三）虚实结合、开放共享

1. 能实不虚、虚实结合

物流系统与技术实验教学示范中心将虚拟教学实验与实体实验室相结合，示范中心不仅对学校实验教学资源进行管理，还对学校实体实验室、实验耗材、实验室预定、实体实验选课等进行管理，对实体实验室进行系统化、信息化、科学化的管理，真正达到能实不虚、虚实结合。

2. 自主预约、开放共享

物流系统与技术实验教学示范中心坚持自主研发与合作开发相结合原则，坚持以服务物流管理、物流工程、机械设计制造及其自动化（物流设备工程方向）、采购管理、质量管理工程、供应链管理等多个专业实验实践教学为主要目标。物流系统与技术实验教学示范中心拥有统一的分布式数据库、云计算平台和基础物流设备，对物流实验教学进行科学的规划，开发独立的教学管理系统，为物流实验教学示范中心的所有实验项目提供从学生选课、实验课程安排、远程实验、实验记录和报告、实验考核和成绩管理，以及统计历年实验项目等教学管理服务。

（四）安全、环保、先进理念

1. 安全理念

物流系统与技术实验教学示范中心从功能布局、消防设施、监控系统、可视化、控制系统等多角度进行安全设计与管理，确保示范中心的办公人员、教师、学生、参观人员、物流设备、仪器、数据、系统的安全。

2. 环保理念

物流系统与技术实验教学示范中心通过采取电力节能、空调节能、通风节能等技术措施来达到环保要求，做到节水、节电、节材，低碳环保，以人为本。

3. 先进理念

物流系统与技术实验教学示范中心参照执行国际先进标准，与国际前沿技术接轨，充分考虑物流装备、物流技术、物流服务理念的更新与换代需求，实现操作的人性化、智能化、集成化。示范中心设计充分展现行业特点，大气美观，注重空间与环境的塑造。

三、规划设计标准

在物流系统与技术实验教学示范中心规划完成后，依据实验室设计规范与标准的基本要求，结合实验教学示范中心的实际情况，绘制出富有时代感的、先进的实验室建设蓝图，为实验室的施工建设提供可靠的依据。参考的国际、国内相关标准如下。

（一）实验室设计——国际规范与标准

（1）美国政府工业卫生学家会议（ACGIH）相关设计要求。

（2）美国建筑师协会（AIA）相关设计要求。

（3）美国国家标准学会（ANSI）相关设计要求。

（4）美国采暖、制冷与空调工程师学会（ASHRAE）相关设计要求。

（5）美国材料与试验协会（ASTM）相关设计要求。

（6）美国消防协会（NFPA）相关设计要求。

（7）美国国立卫生研究院（NIH）相关设计要求。

（8）美国核管理委员会（NRC）相关设计要求。

（9）美国科学仪器设备实验室家具国际协会（SEFA）相关设计要求。

（10）世界卫生组织（WHO）《实验室生物安全手册》。

（二）实验室设计——中国规范与标准

（1）《工业企业煤气安全规程》（GB 6222—2005）。

（2）《大气污染物综合排放标准》（GB 16297—1996）。

（3）《一般工业固体废物贮存、处置场污染控制标准》（GB 18599—2001）。

（4）《建筑给水排水设计规范》（GB 50015—2003）。

（5）《建筑设计防火规范》（GB 50016—2014）。

（6）《采暖通风与空气调节设计规范》（GB 50019—2003）。

（7）《城镇燃气设计规范》（GB 50028—2006）。

（8）《氧气站设计规范》（GB 50030—2013）。

（9）《火灾自动报警系统设计规范》（GB 50116—2013）。

（10）《安全防范工程技术标准》（GB 50348—2018）。

（11）《公共建筑节能设计标准》（GB 50189—2015）。

（12）《建筑物防雷设计规范》（GB 50057—2010）。

（13）《洁净厂房设计规范》（GB 50073—2013）。

（14）《放射卫生防护基本标准》（GB 4792—1984）。

（15）《污水综合排放标准》（GB 8978—1996）。

（16）《压缩空气站设计规范》（GB 50029—2014）。

（17）《埋地钢质管道直流干扰防护技术标准》（GB 50991—2014）。

（18）《建筑物电气装置 第5－51部分：电气设备的选择和安装 通用规则》（GB/T 16895.18—2010）。

（19）《建筑物电气装置 第7－713部分：特殊装置或场所的要求 家具》（GB/T 16895.29—2008）。

（20）《疾病预防控制中心建筑技术规范》（GB 50881—2013）。

（21）《科研建筑设计标准》（JGJ 91—2019）。

（22）《机械工厂中央实验室设计规范》（JBJ/T 33—99）。

（23）《民用建筑照明设计标准》（GBJ 133—90）。

（24）《排风柜》（JB/T 6412—1999）。

（25）《实验室变风量排风柜》（JG/T 222—2007）。

第二节　物流系统与技术实验教学示范中心规划设计原则与流程

一、规划设计原则

（一）高效原则

高效原则是指利用有效手段，用尽可能少的材料、资源消耗来取得尽可能大的发展效益。高效原则还体现在建筑空间组织、利用的高效化方面。物流系统与技术实验教学示范中心在规划设计时，不仅重视对每一平方米面积的有效利用，还对三维空间进行了充分的发掘。

（二）集约化原则

北京的土地资源较为紧张，所以需要最大限度地发挥土地的利用率。在物流系统与技术实验教学示范中心建设实践中注意立体地开发用地空间，发掘地上及地下空间的利用效益；在建筑空间的构筑中，积极采用轻、薄的新型节能建筑材料，以较少占用建筑空间。同时在设计中结合相关技术，提高了能源的集约化利用程度。

（三）适宜性原则

物流系统与技术实验教学示范中心实验室建筑设计既符合高校土地、资金等客观条件，又结合学校所在地域自然气候、地形、地貌等因素，还符合学校的发展内涵、特色、校园文化等。

（四）循环利用原则

建筑的循环利用原则包括再利用和再循环两方面的内涵。再利用是指将各种建筑产品以初始形式多次加以使用，主要表现为对早期建筑的改造利用以及对结构构件、照明设施、管道设施、各类设备以及砖石构件的重复利用。再循环是指建筑产品在完成其使用功能后，经过一定加工处理使建筑材料等变成可再次利用的有价值的资源。物流系统与技术实验教学示范中心是在北京物资学院原有体育馆建筑主体上改造而成的，实行旧馆改造，充分遵守了不推倒、不重复建设的循环利用原则。

（五）绿色环保原则

物流系统与技术实验教学示范中心在建筑设计时关注废水净化、雨水收集，设置循环用水和分质用水系统，并积极采用各类节水设施、设备，有效地控制用水量。另外，积极结合学校所在地域的自然气候条件，充分利用太阳能、风能、地热能等资源，以减少空调、照明对不可再生能源的消耗。

二、规划设计流程

实验室规划设计必须按照一定的程序进行。规划程序的繁简与规划本身的要求和内容有着直接的关系。物流系统与技术实验教学示范中心设计流程如图 2－2－1 所示。

（一）收集资料和信息

收集资料和信息是编制规划的依据。收集资料和信息，先要调查研究，一要摸清同类实验室的国内外现状及发展方向；二要摸清组织内部情况以及现有的条件；三要摸清所需要的主要设备型号、技术资料及设备供货合同等信息。要舍得投入人力、财

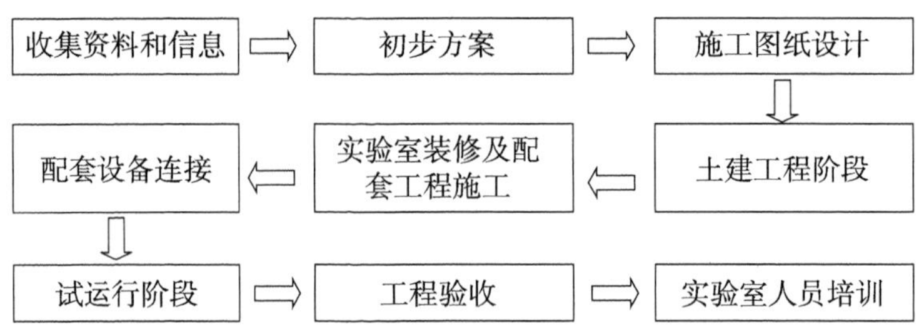

图 2－2－1　物流系统与技术实验教学示范中心设计流程

力，取得调研成果，这是编制规划的首要步骤；要针对规划目标收集有关的资料和信息，信息量的大小以及信息的正确程度会直接影响规划的质量。收集资料和信息的工作顺序应是，先查找阅读有关资料，后考察相关单位已建成的实验室，学习其经验和教训；先本地，后外地；能在国内解决的，就不要专为此事出国。

（二）组织领导

实验室规划工作需要由相应的组织机构来领导，包括支持、咨询、评价、监督、反馈五个系统，并应组成坚强统一指挥的规划编制领导班子或工作组，负责编制院、校、系的实验室建设规划。实验室规划由各实验室的领导负责编制。建立统一指挥的领导机构，是编制规划的首要任务。领导班子首先要统一思想，不断提高对规划编制的认识，确定编制实验室规划的根据和指导思想。指导思想是编制规划的主要依据之一，应贯穿于规划的始终。规划的指导思想并非一成不变，也不能千篇一律，对于不同的组织在各个不同的时期应有所不同。

（三）确定目标

明确实验室规划的总目标是编制规划的第三个程序。规划总目标是实验室预计完成的各项活动的结果，它指明了实验室建设工作的重点。任何规划都应有一个高瞻远瞩、实事求是的规划总目标。实验室规划目标是组织发展规划目标的一个组成部分，因而制定实验室规划目标必须以组织发展规划目标为依据。组织发展规划目标是根据国家经济发展需要，结合学校目标、教学目标、实验室的定位和组织实际情况制定的，组织要完成“五定”，即定任务、定方向、定级别、定规模、定编制。而实验室建设规划目标要按照组织的“五定”来确定，即定任务、定设备、定经费、定人员和定实验室房屋面积。

（四）拟订方案

在收集资料和明确目标之后，要对收集的资料进行分析，拟订规划纲要，编制各种可能的方案以供择优采用。拟订方案的基本内容包括以下方面。

（1）实验室规划期间的指导思想。

（2）规划的任务。

（3）实验室发展的方向、规模。

（4）实验技术发展水平、技术改造方向。

（5）实验室主要技术项目指标，国内、国外先进技术的规划。

（6）实验室的组织机构、队伍结构等。

（7）实验室安全措施、环境卫生、实验设置等。

（8）实验室人员的培训。

拟订方案的质量取决于参与者的知识和能力，其中的关键是对实验室建设方案的构思和设想，要打破旧框架的约束，要改革创新。为了克服专业人员和实验人员个人知识的局限性，在拟订方案时应尽量吸收有关专家或实验室人员参加，以提供合理的建议和对策。

（五）可行性论证

所谓可行性论证，就是由领导组织邀请有实际经验的有关专家根据实验室内、外部条件和规划目标，对各种方案的优缺点进行系统分析、评价论证并归纳上报，它是选择最优化可行方案的前提。在进行可行性论证时，着重点是从技术经济的角度评审，看其指导思想是否正确，规划目标是否合理，技术方案是否先进，经济上是否合算可行。要对拟订方案的可靠性、科学性给予评价。

（六）汇总报批

汇总报批是指经专家组对规划的各种可行方案论证、评审同意后，再进行汇总，逐级上报，最后由校长办公会或者学校党政联席会审批决定。

上述是实验室规划编制的基本程序，按照这个程序一步一步地去做，可以使规划的编制工作条理化，降低随意性，避免盲目性。但应当指出，在实际工作中，各步骤之间的关系还是比较复杂的，不一定机械地按照上述程序逐步进行，有可能进行下一步时，需要返回上一步。总之编制规划的程序，既有严格的步骤，又有运用的灵活性，只有从实际出发，才能使规划编制工作合理、科学。

第三章　物流系统与技术实验教学示范中心系统工程规划设计

第一节　系统工程规划设计标准及原则

一、系统工程规划设计标准

物流系统与技术实验教学示范中心的实验室为实验人员提供一个安全、环保、美观、舒适的环境进行实验活动。实验室地面工程、吊顶工程、空调及通风工程等的规划设计都应符合国际标准与环保的要求，具体工程的设计标准参考如下。

（一）地面工程

（1）《建筑地面设计规范》（GB 50037—96）。

（2）《工业建筑地面设计规范》（TJ 37—79）。

（3）《建筑工程施工质量验收统一标准》（GB 50300—2013）。

（4）《建筑地面工程施工质量验收规范》（GB 50209—2010）。

（二）吊顶工程

（1）《住宅装饰装修工程施工规范》（GB 50327—2001）。

（2）《建筑装饰装修工程质量验收标准》（GB 50210—2018）。

（3）《金属及金属复合材料吊顶板》（GB/T 23444—2009）。

（三）空调及通风工程

（1）《采暖通风与空气调节设计规范》（GB 50019—2003）。

（2）《简明通风设计手册》。

（3）《通风与空调工程质量检验评定标准》（GBJ 304—88）。

（4）《环境空气质量标准》（GB 3095—2012）。

（四）家具工程

（1）《木家具通用技术条件》（GB/T 3324—2008）。

（2）《室内装饰装修材料胶粘剂中有害物质限量》（GB 18583—2008）。

（3）《室内装饰装修材料人造板及其制品中甲醛释放限量》（GB 18580—2017）。

(4)《木制写字桌》(QB/T 2384—2010)。

(五) 监控及可视化工程

(1)《安全防范工程程序与要求》(GA/T 75—94)。

(2)《视频安防监控数字录像设备》(GB 20815—2006)。

(3)《视频安防监控系统工程设计规范》(GB 50395—2007)。

(4)《安全防范工程技术标准》(GB 50348—2018)。

(5)《视频安防监控系统技术要求》(GA/T 367—2001)。

(6)《建筑信息模型施工应用标准》(GB/T 51235—2017)。

(六) 标志标识工程

(1)《公共建筑标识系统技术规范》(GB/T 51223—2017)。

(2)《安全标志及其使用导则》(GB 2894—2008)。

(3)《标志用公共信息图形符号第 2 部分：旅游休闲符号》(GB/T 10001. 2—2006)。

(七) 消防工程

(1)《自动喷水灭火系统设计规范》(GB 50084—2017)。

(2)《建筑设计防火规范》(GBJ 16—87)。

(3)《火灾自动报警系统设计规范》(GB 50116—2013)。

(4)《建筑物防雷设计规范》(GB 50057—2010)。

(八) 其他工程

(1)《低压配电设计规范》(GB 50054—2011)。

(2)《工业金属管道设计规范》(GB 50316—2000)。

(3)《公共建筑节能设计标准》(GB 50189—2015)。

(4)《洁净厂房设计规范》(GB 50073—2013)。

(5)《建筑照明设计标准》(GB 50034—2013)。

(6)《施工现场临时用电安全技术规范》(JGJ 46—2012)。

(7)《工程网络计划技术规程》(JGJ/T 121—2015)。

(8)《通用用电设备配电设计规范》(GB 50055—2011)。

二、系统工程规划设计原则

物流系统与技术实验教学示范中心的建设，不单纯是选购合理的仪器设备，还综合考虑了实验室的供电、供水、通风、空气净化、安全措施等基础设施的建设。实验室的建设是一个复杂的系统工程，在现代实验室，先进的科学仪器和优越完善的实验室是提升现代化科技水平，取得丰硕科研成果的必备条件。所以，在物流系统与技术实验教学示范中心建设之前进行了全面的设计，其设计遵循以下原则。

（1）根据建筑物的结构特点，合理安排每个实验室的规模。

（2）仪器设备的选择必须具有先进性，物流设备的布置必须符合现场条件，平面布局简洁、紧凑，并且方便示范操作和维修维护。

（3）非标设备应该符合国家或行业相关规范，并且保证性能稳定、外表美观。

（4）实验室装备应采用环保、阻燃、耐腐蚀、强度高的专业材料，经久耐磨。

（5）较大负荷用设备单独设置回路，并设计相关自动保护开关。

（6）全部插座、用电器外壳都要良好接地，确保人身安全。

（7）合理设计空调、照明设施。合理设置电加热设备，达到安全可靠目的。

（8）物流系统与技术实验教学示范中心的管道应尽量短，弯头应尽量少，以利于节约材料，减少阻力损失，降低能耗，保证各类管道畅通。

（9）物流系统与技术实验教学示范中心装修必须通观全局，总体规划，对实验室的通风、空调、给排水、电气、消防等设施进行总体规划和布局，防止建筑管线拥堵、冲突和错位，合理设计、施工和管理，把一项复杂工程变得井然有序。

第二节　系统工程规划设计目标

一、地面工程

地面工程主要包括地面、地板、地毯的装修。

（一）地面

（1）地面平坦无缝、耐磨耐压、防水防油、防潮止滑。

（2）具有一定的强度和刚度。

（3）满足建筑经济的要求。

（二）地板

（1）地板颜色均匀，表面平整洁净，横竖缝互相垂直且缝隙均匀，缝隙间填灌物不溢不凹，整体感很强，横平竖直。

（2）每块地板的边缘对齐，没有偏差。

（3）需要拼花的，图案要完整清晰，纯色的要求色差不宜过大。

（4）地板的高度一致，没有明显高低落差。

（三）地毯

（1）防潮、防雨、防踩踏、防重压。

（2）品种、规格、颜色、花色、胶料和辅料及材质必须符合设计要求和国家现行地毯产品标准的规定。

（3）污染物含量低于室内装修材料胶粘剂中有害物质限量标准。

二、吊顶工程

（1）吊顶要施工方便、快捷，按需组合，灵敏划分空间，重量轻，强度能满足使用要求，装饰效果好，费用低。

（2）吊顶龙骨必须牢固、平整。

（3）吊顶龙骨材质防水、防潮、防虫蛀，表面花型和颜色变化多，应耐污染、好清洗，有隔音、隔热的性能。

（4）环保、无毒无味、抗静电、易吸尘、易清洗。使用寿命长，不易老化。

三、空调及通风工程

（一）空调工程

（1）所有空调设备的规格、型号、技术参数应符合设计要求和产品性能指标。

（2）确定空调安装空间；室内气流组织合理；确定吊顶内空调机的安装空间；空调与室内吊顶造型和灯具等的设计和谐。

（3）空调表面无损伤，密封良好，随机文件和配件齐全，符合设计要求和产品性能指标。

（4）中央空调的室外机必须放置在通风良好、安全可靠的地方，严禁采用钢支架和膨胀螺栓安装。

（二）通风系统

（1）新风处理机的使用温度范围为 $-5 \sim 43$℃，冬季室外计算温度在 -5℃以下的诸多北方地区如果要使用中央新风系统，要在新风进风管上设置空气预热器来预热新风以保证新风系统正常运转使用。

（2）必须保证新风管的严密性。

（3）进风口应设在室外空气较清洁的地方，且在排风口的上风侧。

（4）通风管拼接缝不能过多。

四、家具工程

（1）按照图纸把各种类型的家具摆放到位，观察是否高低一致。如不平整，就调整家具低脚，用水平尺参照测量，使横向、纵向水平。

（2）家具连接螺丝或带帽螺栓要注意表面平整，没有凹凸，应保证家具的每个脚都着地，能承受重力。

（3）家具门板或抽屉顺滑，无异响。

（4）家具螺丝拧紧，避免脱落。

五、监控及可视化工程

（1）提高物流系统与技术实验教学示范中心的智能化、信息化水平。提高实验室可视化、智能化管理水平，提高教学管理水平，提高信息服务的质量和效率。

（2）为学生与教师提供更直观、更清晰、更生动、更人性化的优质信息服务。

（3）方便管理人员及时了解把握物流系统与技术实验教学示范中心的教学进度和状况，且不用亲自到办公现场就能掌握人员、办公等情况。

（4）保障物流系统与技术实验教学示范中心安全。

（5）所涉及的各管理模块需在同一平台上进行，在该平台上可以进行多媒体信息化显示管理、学生身份认证、学生签到考勤管理、实验室状态显示、教室教学信息显示、实验室预约管理、实验室器具器械管理等。

六、标志标识工程

（1）物流系统与技术实验教学示范中心标志标识建设是保证学生与参观人员安全和保障学校安全运营的需要，充分体现了学校把安全放在首位的传统。

（2）标志标识工程是校园实验室文化建设的一部分，通过开展各种安全文化活动，形成实验室的行为文化，体现实验室安全发展的理念。

（3）对各实验室以及实验设备进行标识，方便教师与学生识别。

（4）参观指示标能起到引导参观路线的作用。

七、消防工程

（1）自动捕捉火灾探测区域内火灾发生时的烟雾或热气，从而发出声光警报并控制自动灭火系统。

（2）可以联动其他设备的输出接电，控制事故照明及疏散标记、事故广播及通信设备、消防给水和排烟设施，以实现监测、报警和灭火的自动化。

（3）每楼层每条走廊设置消防栓，每个实验室根据面积大小配备灭火器。

（4）每楼层走廊设置火灾应急广播扬声器。

八、其他工程

（一）强弱电系统工程

（1）物流系统与技术实验教学示范中心智能强弱电系统的设计按使用特点，以工程设计图纸为参考依据，并遵循先进性、独创性、超前性、实用性、可实施性、经济性原则。

（2）物流系统与技术实验教学示范中心的强弱电系统设计必须运用系统工程的理论与方法，避免非全局性，保证系统整体水平协调一致。

（二）门窗工程

（1）实验室设置透明玻璃门或设置观察窗，以便值班人员进行安全观察。

（2）示范中心窗户具有优越的采光，良好的通风功能。

（三）油漆工程

（1）油漆、涂料工程的等级和产品的品种应符合设计要求和现行国家有关标准的规定。

（2）外墙涂料应使用具有耐碱和耐光性能的涂料，腻子的配合比应符合国家标准的规定。

（3）油漆、涂料工程使用的腻子，应该坚实牢固，不得粉化、起皮和裂纹。

（4）实验室一层地面采用环氧树脂材料，环氧树脂具有良好的电绝缘性、耐水性、耐热性与耐腐蚀性。

第四章　物流系统与技术实验教学示范中心实验室及物流设备规划设计

第一节　实验室及物流设备设计概述

一、总体设计

物流系统与技术实验教学示范中心在原体育馆基础上，根据实际情况，提出三种改造方案。

（一）方案一：二层结构

该方案计划将物流系统与技术实验教学示范中心建造为二层结构，总建筑面积为 $1973m^2$。一层为集成物流配送中心实验室及物流工程技术实验室；二层为虚拟仿真实验室。

1. 一层平面布局设计（方案一）

一层平面布局如图 4－1－1 所示。一层设备高度示意如图 4－1－2 所示。

一层西侧为物流工程技术实验室（平面布局见图 4－1－3），拟用于放置南实验楼（信息学院）有承重要求的实验设备。

2. 基于流程的集成物流配送中心布局设计（一层）

（1）入库流程：物资到货时，统一运送至理货区进行理货、分类。集成物流配送中心入库流程如图 4－1－4 所示。

①整托盘的物资直接入库至托盘式立库。

②整箱的物资直接入库至料箱式立库。

③不足一箱的物资入库至环形天车和电子标签拣选区货架上。

（2）集成物流配送中心出库流程如图 4－1－5 所示。

①整托出库直接从托盘式立库出货至理货区。

②整箱出库由箱式输送线输送至滑块式分拣机处。

③零头拣选出库由电子标签拣选区人工拣选出库。

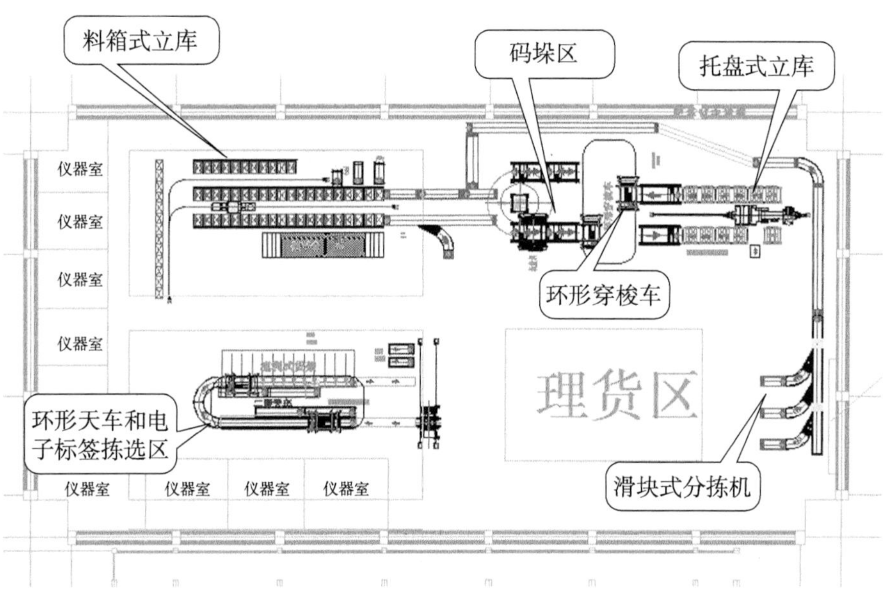

图4－1－1　一层平面布局

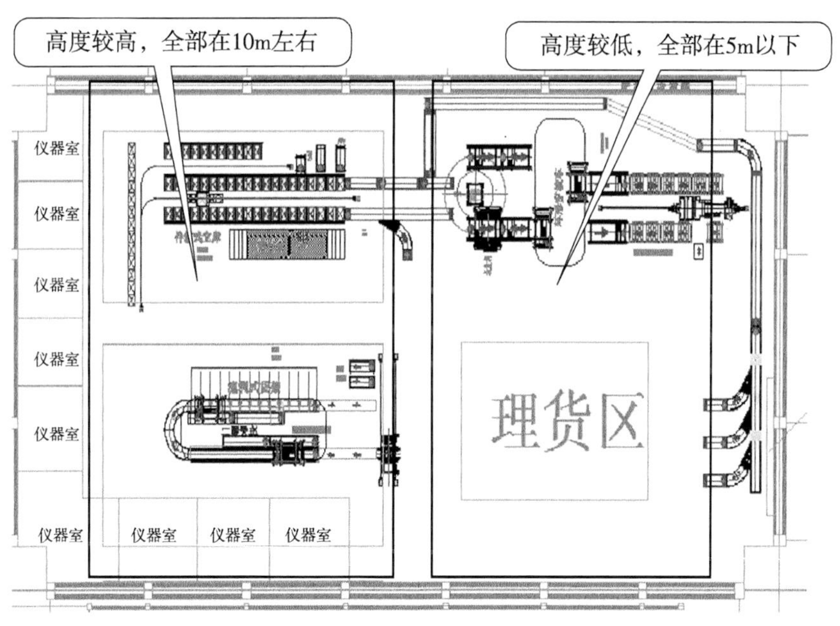

图4－1－2　一层设备高度示意

（3）补货流程：料箱式立库货物不足时，由托盘式立库出货，通过环形穿梭车输送至码垛区，由机器人进行自动拆垛，再通过箱式输送线输送至料箱式立库（见图4－1－6）。

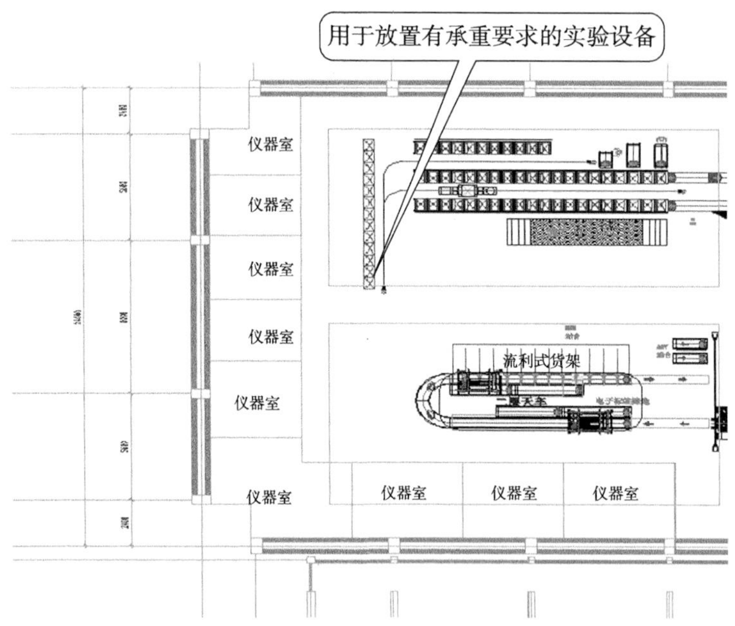

图4－1－3　物流工程技术实验室平面布局

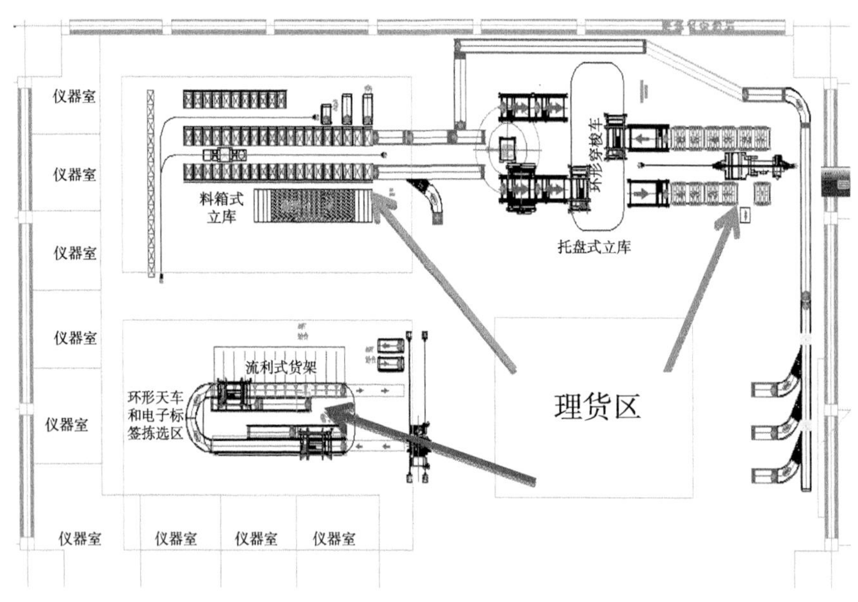

图4－1－4　集成物流配送中心入库流程

①料箱式立库同一种产品货物过多时，通过箱式输送线将此产品输送至码垛区，由机器人自动码垛，再通过环形穿梭车输送至托盘式立库。

②电子标签拣选区货物不足时，由料箱式立库直接出库，由人工将货物补货至电子标签拣选区流利式货架上。

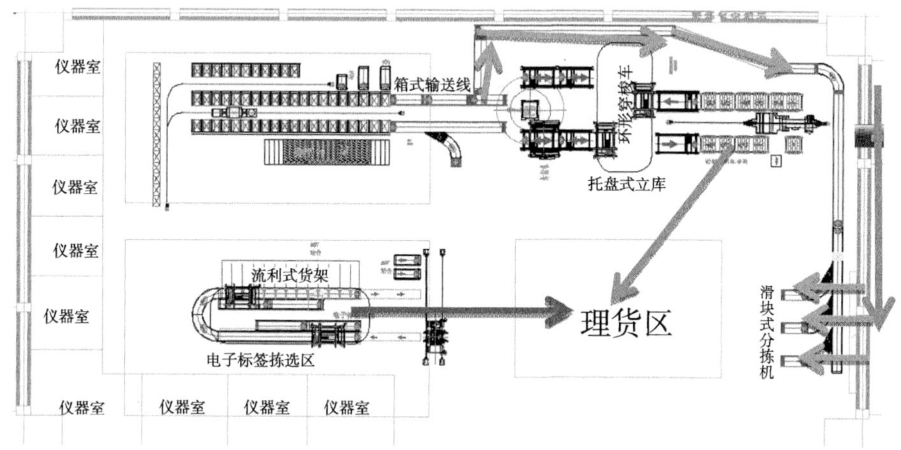

图 4－1－5　集成物流配送中心出库流程

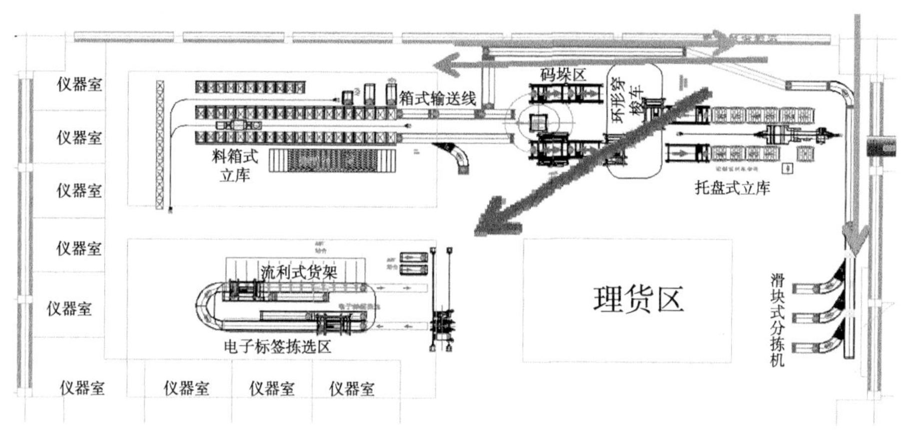

图 4－1－6　集成物流配送中心补货流程

3. 二层平面布局设计（方案一）

如图 4－1－7 所示，二层钢平台西侧设置中控室和展室，东侧平台搭建虚拟仿真实验中心。

（二）方案二：三层结构

该方案计划将物流系统与技术实验教学示范中心建造为三层结构，总建筑面积为 $2701m^2$。其中一层为集成物流配送中心实验室及物流工程技术实验室；二层为中控室及展室；三层为虚拟仿真实验室和物流博物馆。

一层布局与方案一中的一层布局相同，二层及三层布局分别如图 4－1－8 和图 4－1－9 所示。

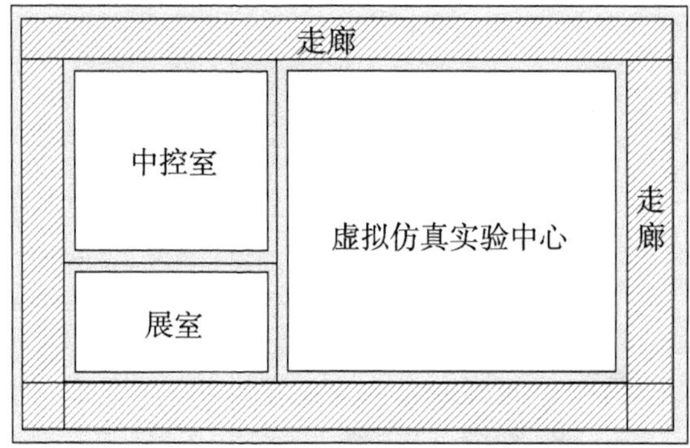

图 4-1-7　方案一设计的二层平面布局

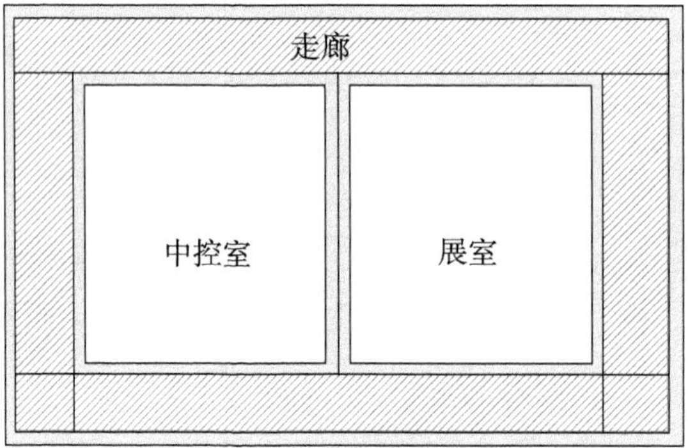

图 4-1-8　方案二设计的二层平面布局

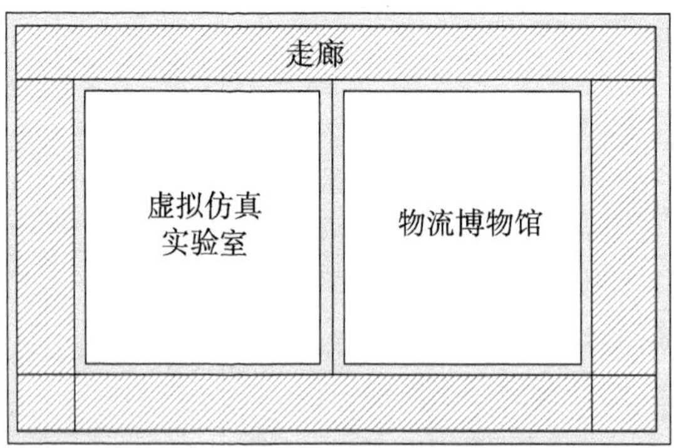

图 4-1-9　方案二设计的三层平面布局

（三）方案三：三层结构

该方案计划将物流系统与技术实验教学示范中心建造为三层结构，总建筑面积为 3150m²，分主楼、配楼两部分，其中主楼为三层布局，一层为地面，二层采用钢结构。物流系统与技术实验教学示范中心物流系统主要集中在一层，包括托盘式存储系统、料箱式立库系统、提升及输送单元、自动分拣系统、若干专业实验室等。二层包括中控室、服务器室、包装实验室、物联网实验室、冷链实验室、智能识别分拣与码垛实验室，以及参观通道。三层以智慧供应链协同创新实验室、VR/AR 实验室、云采购实验室、物流虚拟仿真计算中心、材料室以及配件室为主。配楼是两层结构，主要用作各专业研究室等。

1. 主楼一层布局设计（方案三，见图 4－1－10）

（1）101 室：值班室。

（2）102 室：材料室。

（3）103 室、104 室：力学实验室。

（4）105 室：精工实验室。

（5）一层中央西侧：分别是料箱式立库系统、环形穿梭车、托盘式存储系统、多层穿梭车系统。

（6）一层中央东侧：流利式货架拣选系统、自动分拣系统、AGV 拣选系统、提升单元。

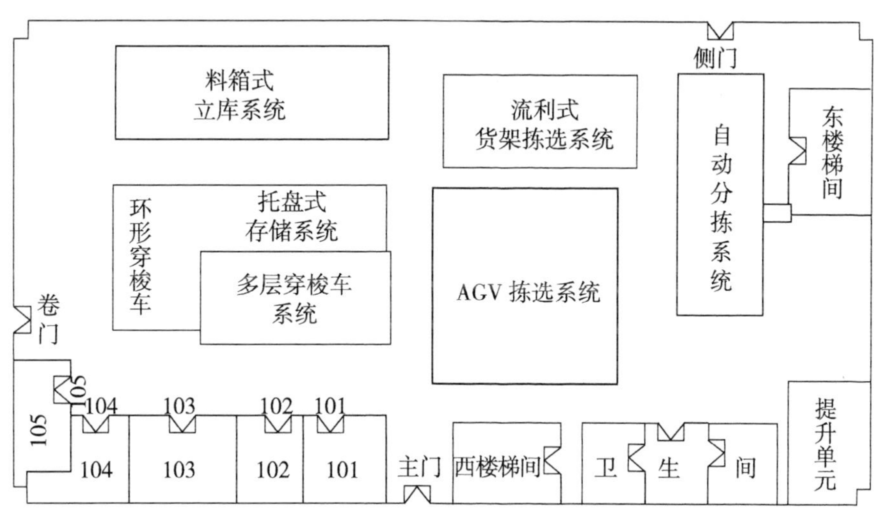

图 4－1－10 方案三设计的主楼一层平面示意

2. 主楼二层布局设计（方案三，见图 4－1－11）

（1）201 室：智能识别分拣与码垛实验室。

（2）202 室：冷链实验室（与北京盛世华人供应链管理有限公司共建）。

（3）203 室：物联网实验室。

（4）204 室：包装实验室。

（5）205 室：服务器室。

（6）206 室：中控室。

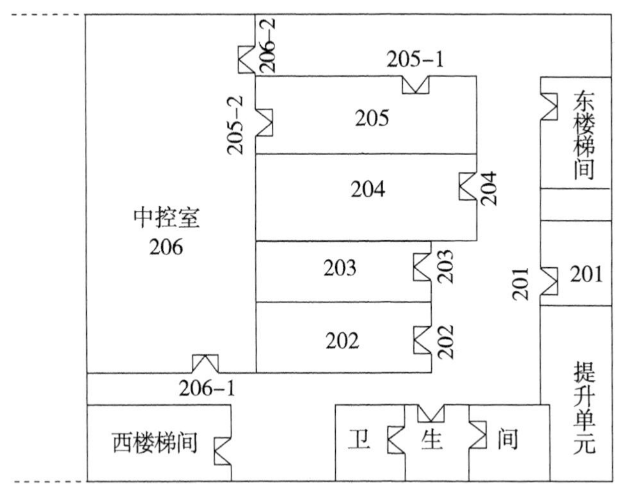

图 4－1－11　方案三设计的主楼二层平面示意

3. **主楼三层布局设计（方案三，见图** 4－1－12）

（1）301 室：配件室。

（2）302 室：物流虚拟仿真计算中心。

（3）303 室：材料室。

（4）304 室：云采购实验室（与上海汇招信息技术有限公司共建）。

（5）305 室：VR/AR 实验室。

（6）306 室：智慧供应链协同创新实验室（与北京络捷斯特科技发展股份有限公司共建）。

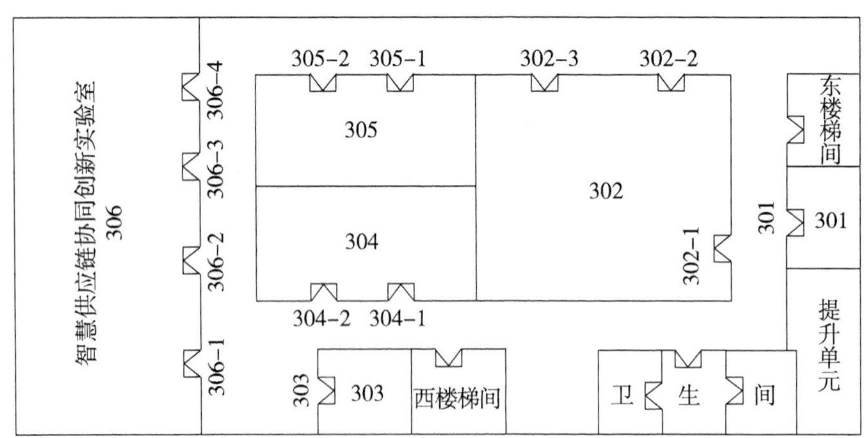

图 4－1－12　方案三设计的主楼三层平面示意

4. 配楼布局设计（方案三，见图 4－1－13）

一层：东侧门卫、西侧接待培训室。

二层：办公室 2 间，研究室 2 间，实验室 2 间。

（1）101 室：末端配送实验室。

（2）102 室：电商物流研究室。

（3）103 室：值班室。

（4）104 室：储藏室。

（5）105 室：装配及物流实训模拟室。

（6）201 室：实验研究成果展示区。

（7）202 室：会议研讨室。

（8）203 室：日通研究室。

（9）204 室：办公室。

（10）205 室：实验教学研究室。

（11）206 室：大创实验室。

配楼二层平面示意

配楼一层平面示意

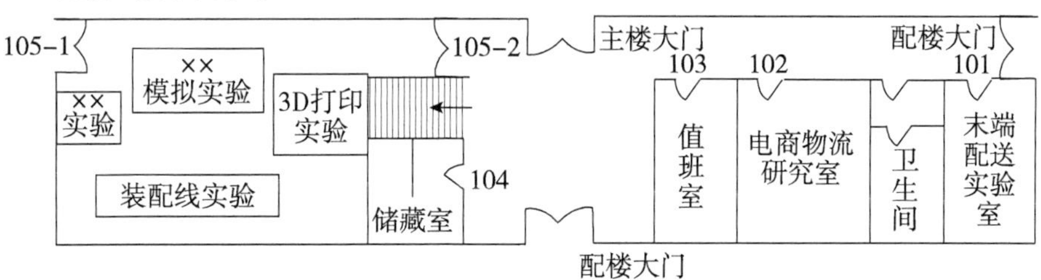

图 4－1－13　方案三设计的配楼一层、二层布局

二、设计方案选择

（一）设计方案选择的原则

（1）确保工程质量和施工安全。

（2）设计方案应满足先进、成熟、经济、适用、可靠的要求。对选用的新技术应通过生产性试验或鉴定。

（3）设计方案利于先后作业之间、建筑工程与安装工程之间、各道工序之间的协调均衡，减少交叉干扰。

（4）施工强度和施工装备、材料、劳动力等资源需求均衡。

（5）满足劳动保护、环境保护及水土保持等方面的要求。

（二）方案确定

结合北京物资学院老体育馆建筑结构、学校目标、教学目标、实验室定位以及物流的定位，对三种设计方案进行比较与选择。

第一种方案空间利用率低，没有最大化地利用老体育馆的空间，第二种方案虽然将老体育馆改造为三层结构，能够较大限度利用现有的空间，但实验室大部分面积用于展示、陈列，不完全符合教学目标要求以及实验室的定位，所以选择空间利用率高，且实验室设计与布局更加合理的第三种方案。

物流系统与技术实验教学示范中心建设方案要根据专业情况、人才培养方案制定。首先应先根据专业的研究方向、课程群、培养方案确定需要进行实验实训的课程，其次本着“虚实结合，互为补充，能实不虚”的原则分析进行虚拟仿真实验室建设的必要性。在硬件、软件采购方面做到统筹规划，系统建设，实验平台、管理系统同步设计，同时根据实验教学规划，进行虚拟实验教学设计，合理配置虚拟实验相关的教学资源。

第二节　实验室规划设计方案

一、实验室设计方案

（一）一层（1F）

一层为物流工程技术实验室，拟用于放置南实验楼、老博物馆搬迁过来的有承重要求的实验设备、物流设备。总体长46.8m、宽24m，使用面积为1132m^2，东侧层高5m，西侧层高10m。

（二）二层（2F）

二层为钢平台，包括中控室、服务器室、包装实验室、物联网实验室、冷链实验室、智能识别分拣与码垛实验室。在中控室可全景参观一层物流设备。二层总体长24m、宽12m，使用面积为300m^2，层高4m。

（三）三层（3F）

三层为实验教学及相关技术展示区，以及虚拟仿真实验中心。其中包括智慧供应链协同创新实验室、VR/AR 实验室、云采购实验室、物流虚拟仿真计算中心、材料室以及配件室。三层总体长 46.8m、宽 24m，使用面积为 1132m^2，层高 4m。主楼一屋至三层总高（含横梁厚度 2m）为 15m。

二、实验室设计面积

物流系统与技术实验教学示范中心主楼、配楼各实验室设计的使用面积分别如表 4－2－1和表 4－2－2 所示。

表 4－2－1　　物流系统与技术实验教学示范中心主楼实验室使用面积

房间号	名称	面积（平方米）	备注
101	值班室	11.17	
102	材料室	10.78	
103、104	力学实验室	41.77	
105	精工实验室	14.2	
一层大厅	6 大系统	872.36	
201	智能识别分拣与码垛实验室	19.02	
202	冷链实验室	25.74	
203	物联网实验室	17.16	
204	包装实验室	35.2	
205	服务器室	33.2	
206	中控室	131.76	
301	配件室	19.24	
302	物流虚拟仿真计算中心	231.6	
303	材料室	19.35	
304	云采购实验室	99.01	
305	VR/AR 实验室	97.79	
306	智慧供应链协同创新实验室	236.9	
合计		1916.25	

表 4－2－2　　物流系统与技术实验教学示范中心配楼实验室使用面积

房间号	面积（平方米）	备注
101	16.97	
102	29.79	
103	15.29	值班室

续 表

房间号	面积（平方米）	备注
104	3.85	楼梯间（储藏室）
105	87.57	
201	42.48	
202	45.69	
203	19.94	
204	14.63	
205	14.63	
206	42.48	
合计	333.32	不含值班室总面积为318.03平方米

三、设备布置

各层的设备布置规划如表4-2-3、表4-2-4和表4-2-5所示。

表4-2-3　　一层设备布置规划

序号	展示单元	主要设备	软件	备注
1	料箱式立库系统	料箱式新货架、堆垛机、拣选站台、AGV站台	WCS、WMS	老博物馆搬迁
2	流利式货架拣选系统	流利式货架、电子标签拣选系统、输送机	WCS、WMS	老博物馆搬迁
3	托盘式存储系统	托盘式新货架、堆垛机、环形穿梭车、输送机、拆叠盘机	WCS、WMS	老博物馆搬迁
4	自动分拣系统	自动分拣机	WCS、WMS	原有及新增
5	巨屏展示区	巨屏、LED显示屏、展板	WCS、WMS	新增
6	新技术新产品体验区	RFID、BPS技术，视觉识别、色标识别等		新增
7	AGV拣选系统	连接料箱式立库系统及自动分拣系统	WCS、WMS	新增
8	总系统		WCS、WMS	
9	多层穿梭车系统	多层穿梭车式新货架、多层穿梭车、提升单元、输送机	WCS、WMS	新增
10	力学实验室	摆锤式冲击试验机、微机控制电液伺服万能试验机、全数字闭环测控系统等		新增
11	精工实验室	小型精密类仪器		新增
备注	各展示区都有LED显示器深入展示			

表 4-2-4 二层设备布置规划

序号	实验室名称	主要设备	备注
1	智能识别分拣与码垛实验室	机械手	老博物馆搬迁
2	冷链实验室	冷藏箱、冰箱、温控设备等	新增
3	包装实验室	称重式填充机、立式自动封口机、收缩包装机、立式自动裹包机等	老博物馆搬迁
4	物联网实验室	物联网数据智能采集一体机、传感器等	新增

表 4-2-5 三层设备布置规划

序号	实验室名称	主要设备	备注
1	物流虚拟仿真计算中心	计算机	新增
2	云采购实验室	计算机	新增
3	VR/AR 实验室	VR/AR 设备计算机	新增
4	智慧供应链协同创新实验室	计算机、VR/AR 设备、物流设备拼装	新增

第三节 实验室功能及布局规划设计

一、物流机械类实验室

（一）力学实验室

拟建设力学实验室 1 和力学实验室 2 两个实验室，力学实验室拟设置摆锤式冲击试验机、微机控制电液伺服万能试验机、全数字闭环测控系统、电子扭转测试机、电动塑料洛氏硬度计、布洛维硬度计、静态应变仪、多功能力学实验台等各类仪器设备。可以完成材料力学实验和教学实习，同时为毕业生论文设计提供实验平台。计划开设力学相关课程，为物流设备的设计与制造提供理论基础。

力学实验室 1 拟设置 13 个工位，可供 13 位老师或同学进行力学相关实验操作，力学实验室 2 拟设置 11 个工位，可供 11 位老师或同学进行力学相关实验操作，如图 4-3-1、图 4-3-2 所示。

（二）精工实验室

精工实验室拟设置小型精密和小型多工等各类仪器设备，计划为开放的教学场所，也为相关教师与科研人员提供必要的研创实验服务，使实验室形成集教学、科研、实践于一体的综合性平台，力争将实验室的潜能与功用发挥到极致，进一步提升大学的

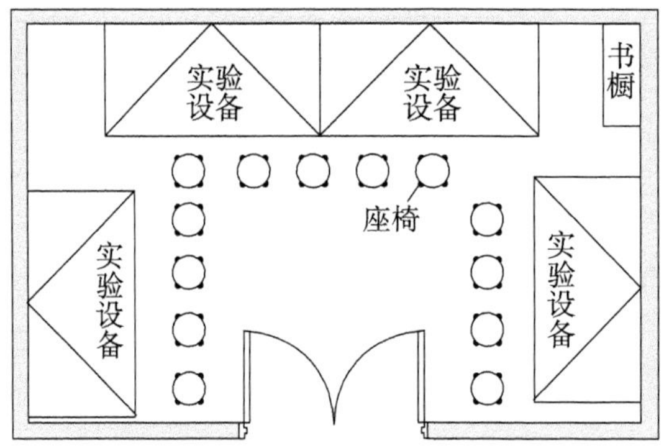

图 4-3-1　力学实验室 1 内部布局示意

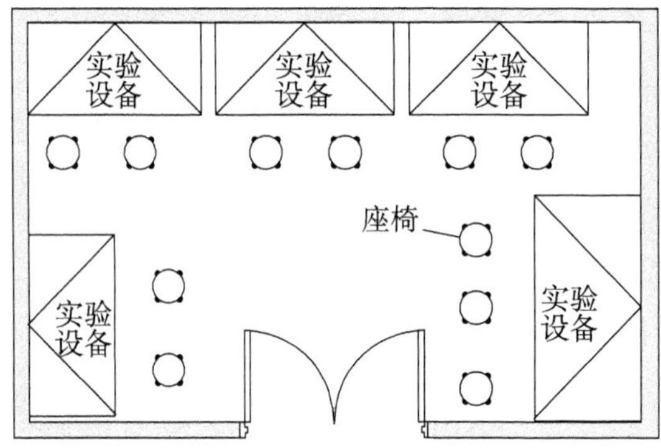

图 4-3-2　力学实验室 2 内部布局示意

设计教育素质以及团队的科研创新能力。

精工实验室拟设置 6 个工位，可供 6 位老师或同学进行相关实验操作，如图 4-3-3 所示。

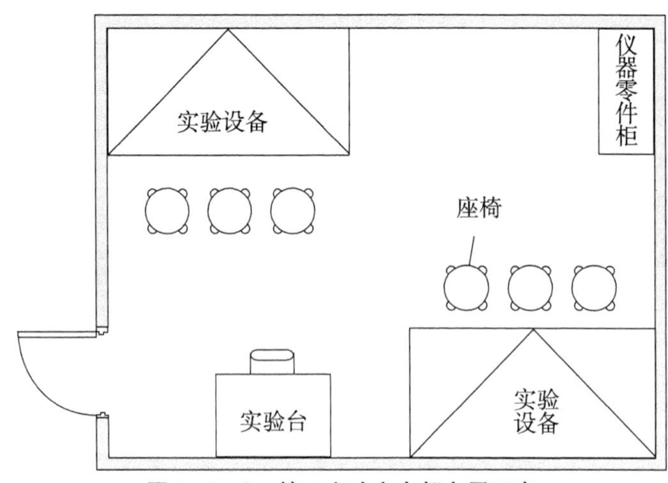

图 4-3-3　精工实验室内部布局示意

二、物流设备类实验室

（一）智能识别分拣与码垛实验室

智能识别分拣与码垛实验室拟设置机械手等机械设备，机械手是一种能模仿人手和臂的某些动作，用以按固定程序抓取、搬运物件，码垛或操作工具的自动操作装置。它可代替人来进行繁重劳动，以实现生产的机械化和自动化。机械手具有的物料码垛、排列功能，能够充分利用托盘的面积并提高物料码垛的稳定性。机械手可应用于从低速到高速，从包装袋到纸箱，从一种产品到多种产品的搬运、码垛等各种作业，在汽车、物流、家电、医药、食品饮料等不同领域具有广泛的应用。拟在智能识别分拣与码垛实验室开设物流设备与码垛类的有关课程。

智能识别分拣与码垛实验室拟设置 3 个工位，可供 3 位老师或同学进行机械手实验的操作，如图 4 –3 –4 所示。

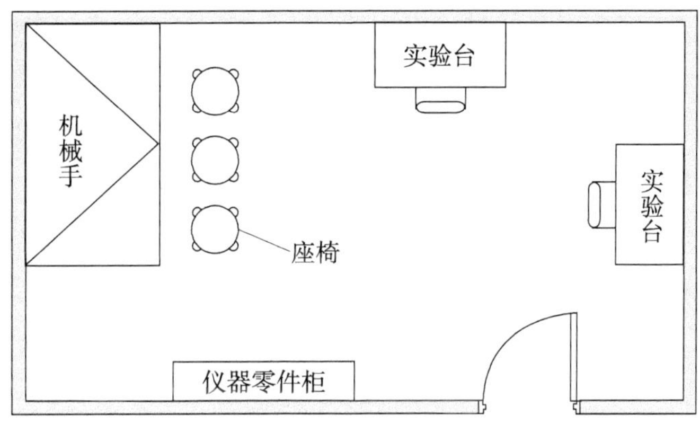

图 4 –3 –4 智能识别分拣与码垛实验室内部布局示意

（二）冷链实验室

冷链实验室拟设置各类冷链活动中的场景，展示使冷藏冷冻类产品在生产、贮藏、运输、销售等各个环节中始终保持规定低温所应用的保温设备等，冷链实验室计划由物流学院和北京盛世华人供应链管理有限公司共同建立，旨在培养学生的创新精神与实践能力，为中国冷链物流产业输送高端人才。冷链实验室计划开设冷链物流运营与冷链运输等相关课程。

冷链实验室拟设置 15 个工位，可供 15 位老师或同学进行冷链实验的相关操作，如图 4 –3 –5 所示。

（三）包装实验室

包装实验室拟设置成套的实验仪器 10 套，主要设置称重式填充机、立式自动封口

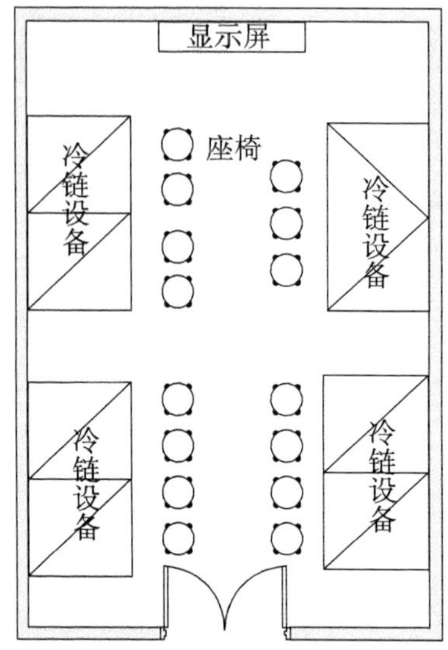

图 4－3－5　冷链实验室内部布局示意

机、收缩包装机、立式自动裹包机、高台型半自动捆扎机、真空包装机、自动封箱机、多段式差速输送机等，能够承担物流管理、物流工程、采购管理、质量管理工程等主要专业的实验教学任务。包装实验室还拟面向教师、研究生开放，可进行物流工程质检等方面的科学研究工作，以提高教学水平和科研水平。包装实验室计划开设的实验内容有包装材料学实验、包装结构实验、运输包装实验、自动化包装设备研究、多类型封装实验、包装制品检测和缓冲实验的设计等。

包装实验室拟设置 12 个工位，可供 12 位老师或同学进行包装实验的相关操作，如图 4－3－6 所示。

三、物流虚拟仿真类实验室

（一）物流虚拟仿真计算中心

物流虚拟仿真计算中心以“融虚实、拓平台、重开放、突特色”为理念，以培养学生“实践能力、创新能力”为主线，以完善“实验教学体系”为核心，立足于实践教学和成果转化。搭建开放式的虚拟仿真实验教学平台，整合了校内外各类实验教学资源，实现中心优质资源的高度共享，创建了“共建、共管、共享”的校企合作新模式，推动中心的可持续发展。中心积极响应“互联网＋”“教育信息化”的国家战略，以“互联、互通、互操作”为管理理念，加速物流系统与虚拟仿真实验平台的建设。

物流虚拟仿真计算中心拟设置 120 个工位，每个工位设置一台电脑，可供 120 位学生或老师进行物流模拟仿真类的实验，如图 4－3－7 所示。

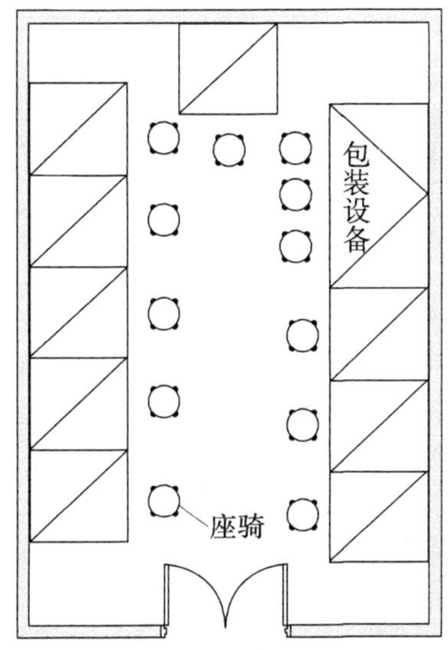

图4-3-6　包装实验室内部布局示意

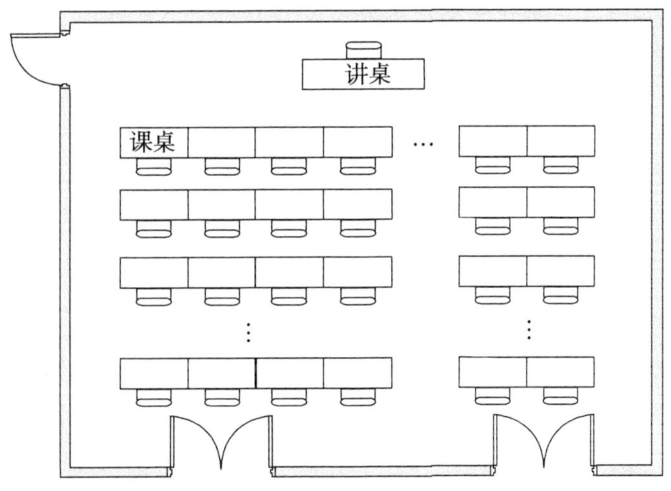

图4-3-7　物流虚拟仿真计算中心内部布局示意

（二）云采购实验室

云采购实验室计划由物流学院与上海汇招信息技术有限公司（易招标）共同建设，是双方在采购管理专业建设、人才培养、教学科研等领域开展合作的重要载体，它将支持双方在“互联网+采购”这个广阔的领域里进行全面和深入的实践和探索。云采购实验室计划开设采购与ERP实操类的相关课程。

云采购实验室拟设置36个工位，每个工位设置一台电脑，可供36位学生或老师进行采购类的实验，如图4-3-8所示。

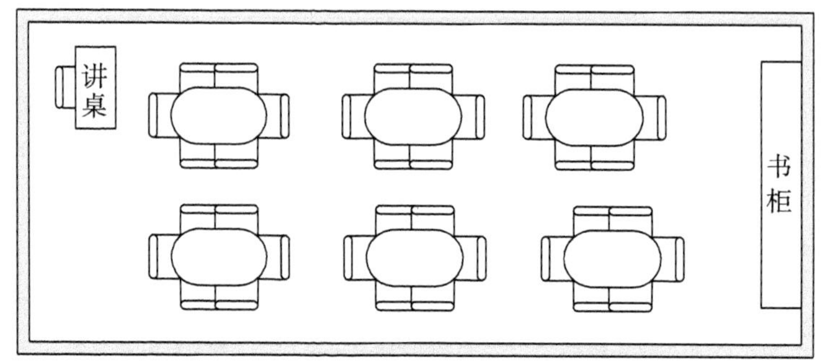

图4-3-8　云采购实验室内部布局示意

（三）VR/AR 实验室

VR/AR 实验室是利用 VR/AR 技术将教学与实训内容立体互动化，定制化打造一系列全沉浸认知、环幕互动实训，涵盖仓储、运输、港口、物流安全、仓库布局及海运等内容，用于解决实验室不能再现的实验。

物流 VR/AR 教学与实训平台，支持各种终端的接入，应用先进的 VR/AR 技术提供自由度高、拓展性强、视觉效果炫酷的可视化体验，让师生尽情发挥创造力，体验多方位、多类型的沉浸式教学。VR/AR 实验室计划开设物流设备认知，物流活动模拟的相关课程。

VR/AR 实验室体验区位于实验室内侧与左侧，拟设置 7 个工位。每个工位配备一套 VR/AR 设备，可供一位学生进行 VR/AR 仿真体验；实验教学区位于实验室中部，拟设置 30 个工位，正对教学显示屏，如图 4-3-9 所示。

（四）智慧供应链协同创新实验室

智慧供应链协同创新实验室拟建设成集物流教学、实验、科研和学术交流于一体的物流学科建设基地，在供应链流程仿真、物流中心规划、供应链信息系统开发、物流信息技术研发和物流设备现代化等几个方面为学生和教师提供实验实践环境。将聚焦“智慧供应链”，采用国际化、标准化、程序化的技术开发路径，构建纵向贯通、横向融合的智慧供应链职业资历架构。智慧供应链协同创新实验室计划开设供应链管理类的相关课程。

智慧供应链协同创新实验室由物流学院与北京络捷斯特科技发展股份有限公司共建，拟设置 52 个工位，可供 52 位老师或同学进行供应链方面的实验或课程研究，如图 4-3-10 所示。智慧供应链协同创新实验室内部设计如图 4-3-11 所示。

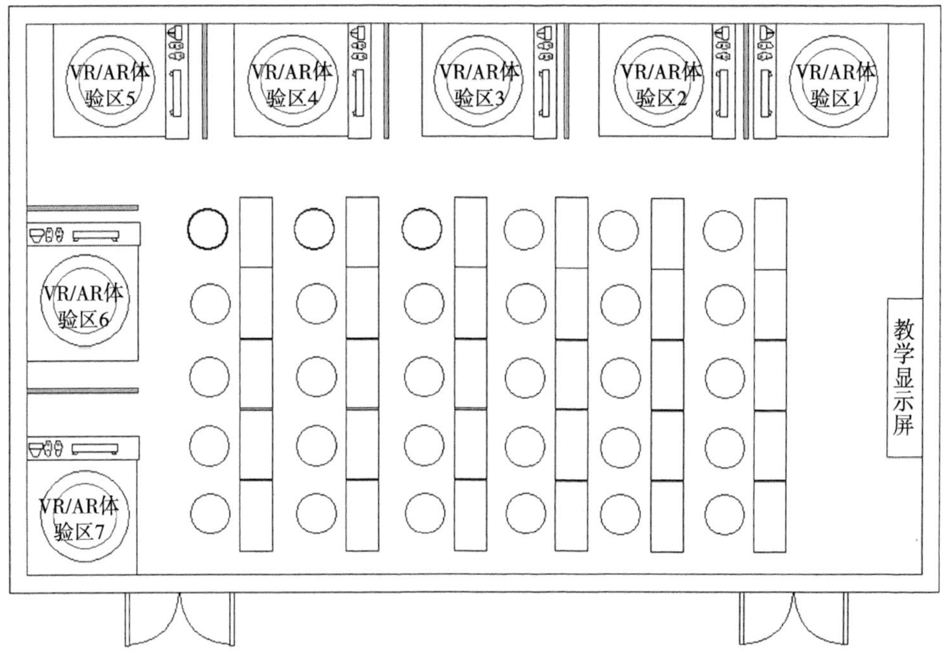

图 4－3－9　VR/AR 实验室内部布局示意

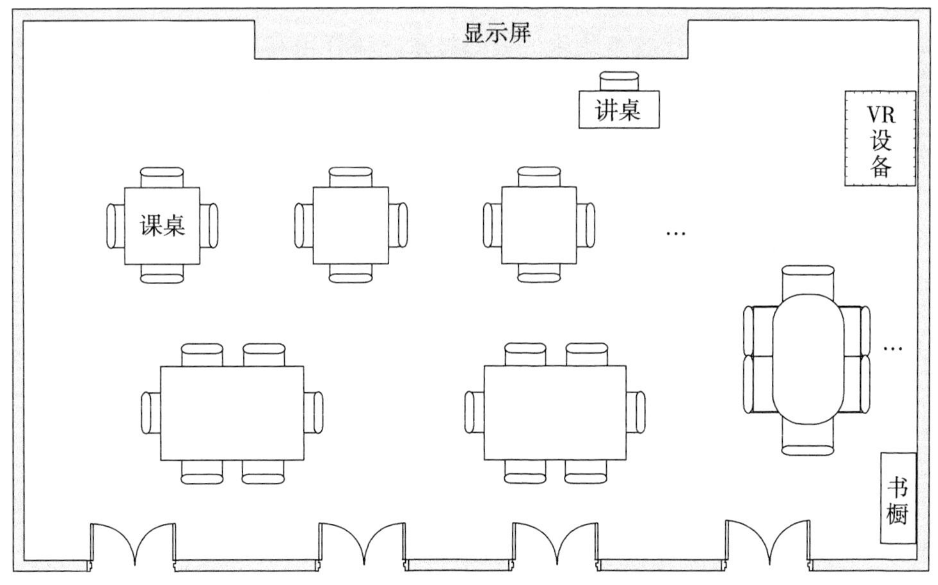

图 4－3－10　智慧供应链协同创新实验室内部布局示意

图 4 -3 -11　智慧供应链协同创新实验室内部设计

第四节　物流设备及物流系统规划设计

物流系统与技术实验教学示范中心物流设备拟设置立库系统与分拣、拣选系统，其中立库系统包括多层穿梭车系统、托盘式立库系统、料箱式立库系统；分拣、拣选系统包括流利式货架拣选系统、滑块式分拣系统、AGV 拣选系统。

自动化立体仓库是现代智慧物流的核心技术之一，由高层货架、巷道式堆垛机或多层穿梭车、多种出入库周边设备、电气控制系统、仓库管理系统组成，能实现货物自动存取和管理，提高仓储空间利用率、工作效率、管理水平。

常用的自动化立体仓库有托盘式自动化立体仓库、料箱式自动化立体仓库和多层穿梭车自动化立体仓库等。

（1）托盘式自动化立体仓库是以托盘为存取单元，以有轨巷道式堆垛机为存取设备的高密度存储解决方案。托盘尺寸根据客户需求进行设计，托盘的拆码垛可以采用人工或自动码垛方式。根据实际需求可以选配单深位、双深位、单工位、多工位、直轨、转轨等不同类型的堆垛机。

（2）料箱式自动化立体仓库是以料箱为存取单元，以有轨巷道式堆垛机为存取设备的高密度存储解决方案。料箱承载量根据客户需求设计，料箱可以堆叠方式存储。根据实际需求可以选配单深位、双深位、单工位、多工位、直轨、转轨等不同类型的堆垛机。

（3）多层穿梭车自动化立体仓库是一种高效、智能、绿色的新型密集型仓储模式，该模式打破了堆垛机方式的立体仓库设计理念，提升了空间利用率，市场应用广泛。多层穿梭车自动化立体仓库由密集型存储货架、多层穿梭车提升机、货物高速提升机、智能多层穿梭车、滚筒输送线及中央调度系统组成。智能多层穿梭车分为直行轨道式和90度交叉转轨式，叉取模式分为单深位、双深位，适合多种货架形式的货物快速存取。

自动化立体仓库的优势如下。

（1）节约仓库占地面积，提升仓库空间利用率，降低土地成本。

（2）提高仓库管理水平，采用先进的信息管理系统，减少人为差错。

（3）实现自动化作业，提高作业效率，减少货物破损和人工抱怨。

（4）自动化立体仓库可以形成先进的生产链，提升生产能力和生产效率。

物流系统与技术实验教学示范中心大型物流设备全部布局在主楼一层大厅内，包括多层穿梭车系统、“托盘式立库＋循环搬运”系统、料箱式立库系统、流利式货架拣选系统、滑块式分拣系统、提升单元、AGV拣选系统，根据总体设计方案三，物流设备的布局如图4－4－1所示。

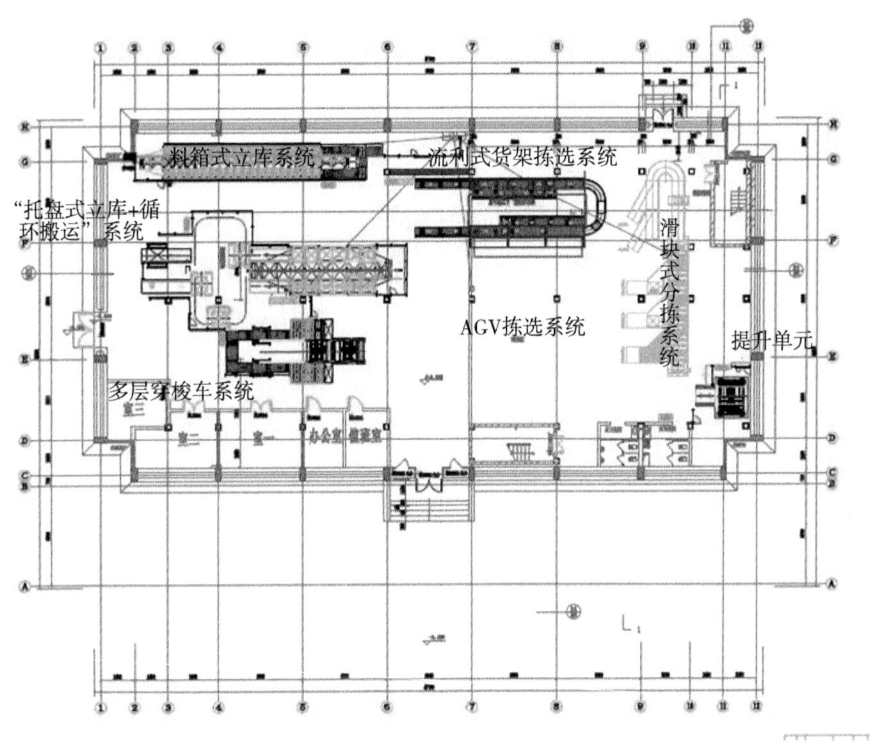

图4－4－1　物流设备的布局

一、多层穿梭车系统

多层穿梭车系统主要由多层穿梭车（见图4－4－2）、货架和仓储管理信息系统等部分组成，该系统能有效提升空间利用率和存取作业效率，系统拓展非常方便，具有低成本、高效率、低能耗、组装结构简单的特点。相比于堆垛机的立体仓库系统中一个巷道只有一个堆垛机，多层穿梭车系统的优点在于可以根据实际需要在一个巷道里安排多个穿梭车同时作业，而且一个穿梭车可以在不同层和不同巷道中穿梭运行。

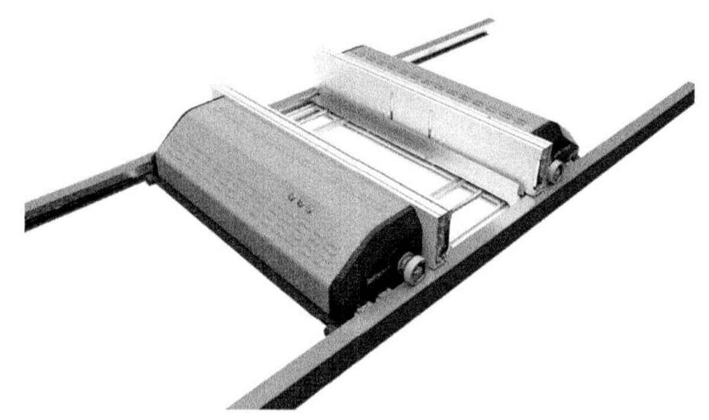

图 4－4－2　穿梭车

多层穿梭车系统在电商、食品、医药、化工、汽车、机械制造等行业具有广泛的应用。

二、“托盘式立库＋循环搬运”系统

“托盘式立库＋循环搬运”系统由双立柱式堆垛机（见图 4－4－3）、立体货架、循环搬运系统、仓储管理信息系统等组成，能够实现盘点、出入库的无人化管理。此系统是一种可以将托盘自动插入或者分配的自动存取系统。它不需要为窄巷道卡车或者其他卡车预留较宽巷道，这意味着托盘式自动化立库可以将难以置信的高存储密度变为现实。托盘式立库既适用于多品种小批量物品，又适用于少品种大批量物品。托盘式货架在高位仓库和超高位仓库中应用最多。

图 4－4－3　双立柱式堆垛机

“托盘式立库 + 循环搬运”系统广泛应用于家电、烟草、邮政、化工、机械电子、物流等自动化生产行业。“托盘式立库 + 循环搬运”系统主视图、侧视图、俯视图如图 4 –4 –4、图 4 –4 –5 和图 4 –4 –6 所示。

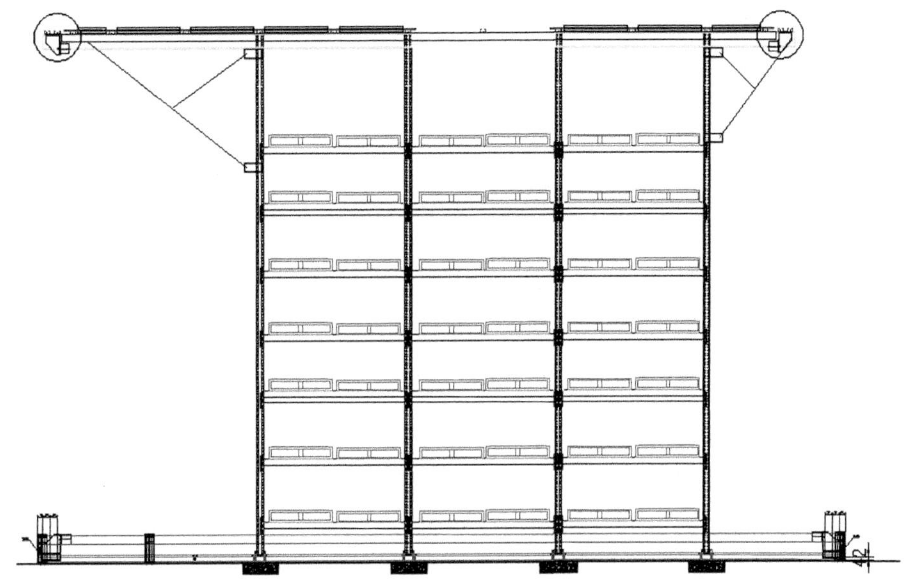

图 4 –4 –4　“托盘式立库 + 循环搬运”系统主视图

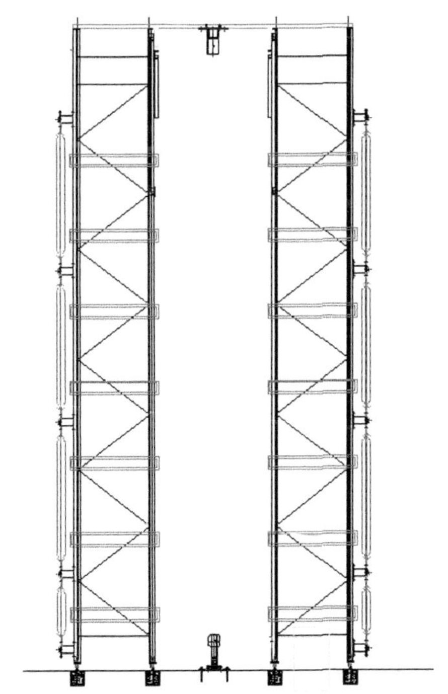

图 4 –4 –5　“托盘式立库 + 循环搬运”系统侧视图

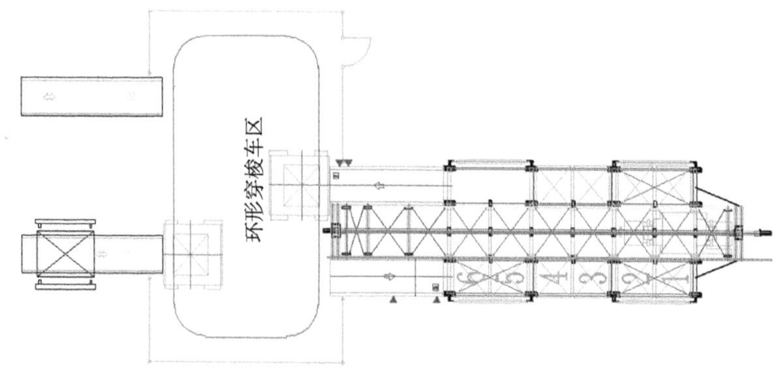

图4-4-6 “托盘式立库+循环搬运”系统俯视图

三、料箱式立库系统

料箱式立库系统（见图4-4-7）主要由单立柱式堆垛机（见图4-4-8）、立体货架、仓储管理信息系统等部分组成，可以实现无人仓储管理。这种仓库是以料箱为单元进行自动存取的高密度存储解决方案。料箱式立库系统以料箱为载货单元，此类型立体仓库适用于储存小体积、小载荷的物资。料箱式立库系统通过多种形式的出入库输送和拣选系统，实现高效快速的部件拣选并自动入库。该类型立体仓库具有操作简单、施工方便、高效率、易管理、灵活性强等特性。

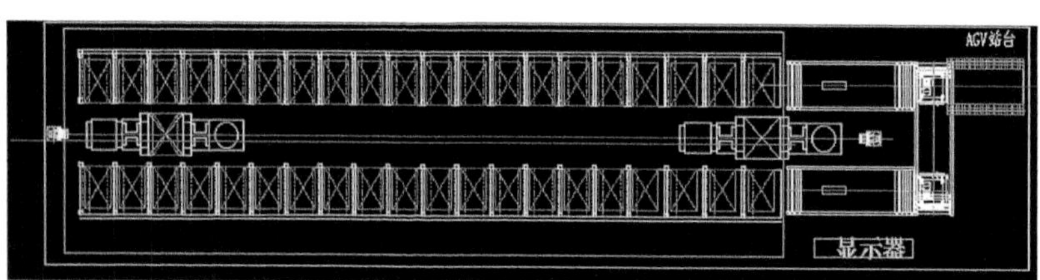

图4-4-7 料箱式立库系统CAD设计图

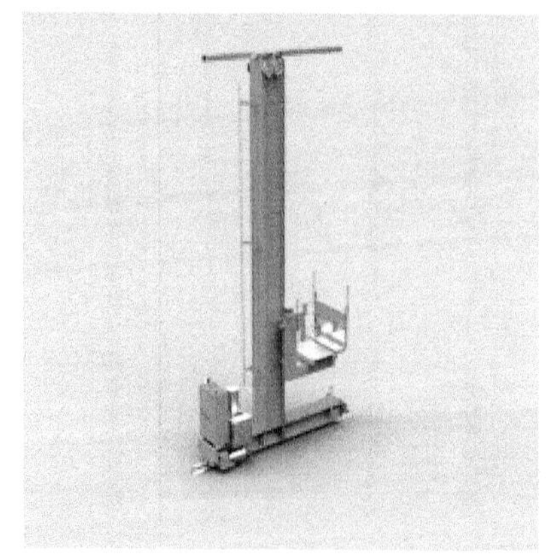

图4-4-8 单立柱式堆垛机

料箱式立库系统在电力、电池、电商、食品、医药、新能源、化工、机械制造、物流、汽车、家具等行业具有广泛的应用。料箱式立库系统主视图、俯视图、左视图如图 4 –4 –9、图 4 –4 –10 和图 4 –4 –11 所示。

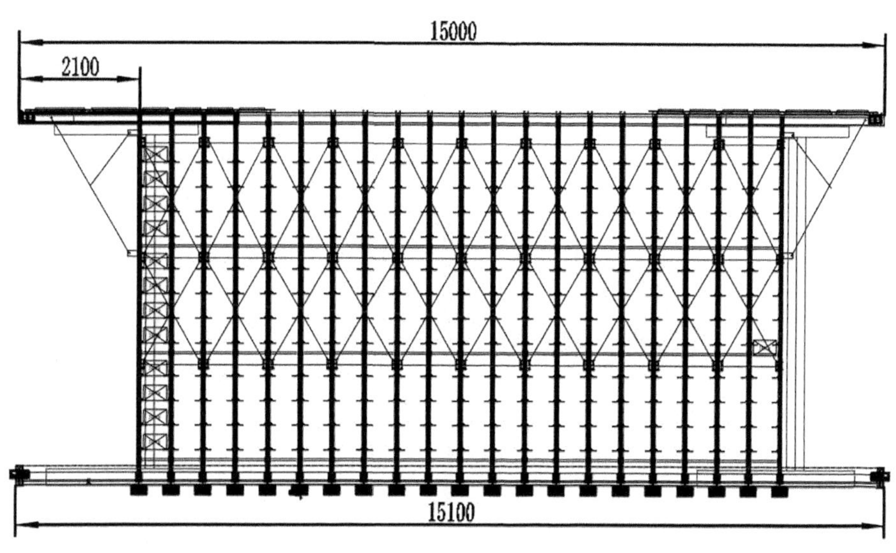

图 4 –4 –9　料箱式立库系统主视图

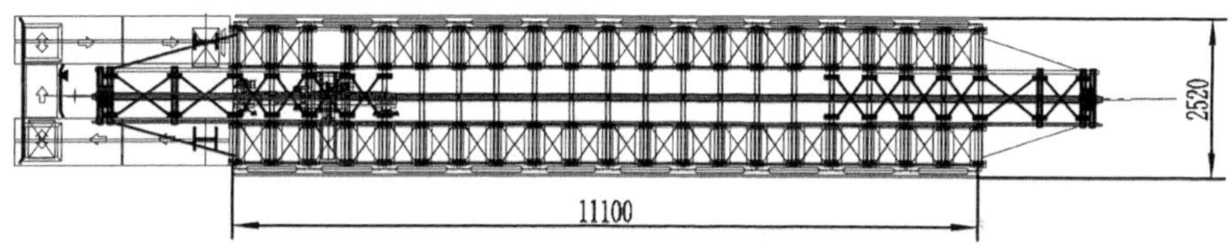

图 4 –4 –10　料箱式立库系统俯视图

四、流利式货架拣选系统

流利式货架拣选系统（见图 4 –4 –12）主要由辊式输送机、流利式货架、隔板式货架、重力式货架、仓储管理信息系统组成。流利式货架拣选系统属于半自动化拣选系统，解决了货物人工拣选的低效率问题，适合大量货物的短期存放和拣选。可配电子标签，实现货物的轻松管理，常用容器有周转箱、零件盒及纸箱。其优点在于投入成本很低，技术也很成熟。

流利式货架拣选系统被广泛应用于快递、电子商务、超市等行业的配送中心。

流利式货架拣选系统一侧设计为隔板式货架，一侧设计为流利式货架，如图 4 –4 –13、图 4 –4 –14、图 4 –4 –15、图 4 –4 –16 所示。

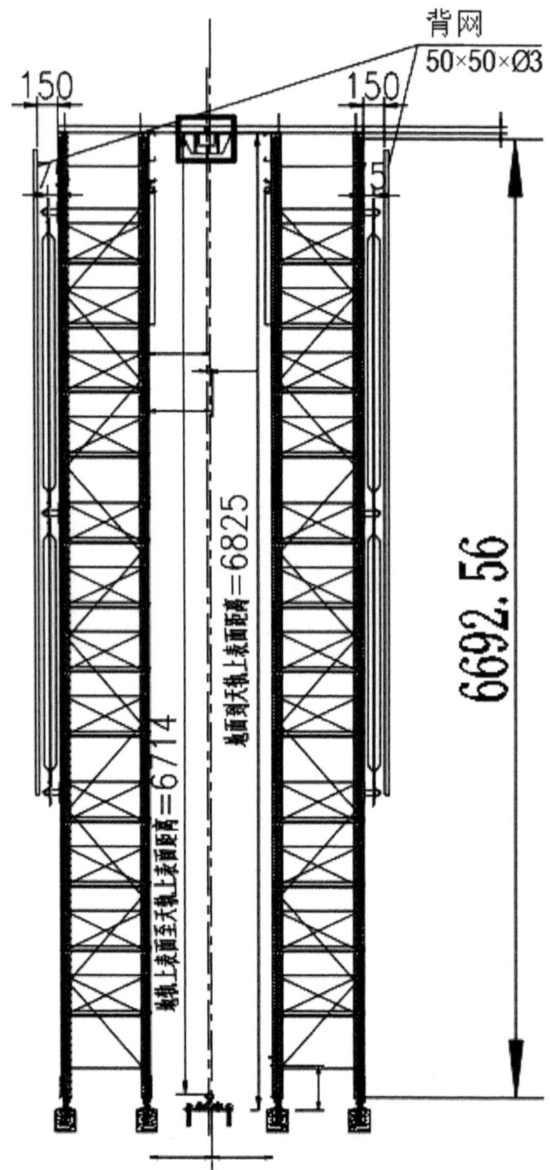

图 4－4－11　料箱式立库系统左视图

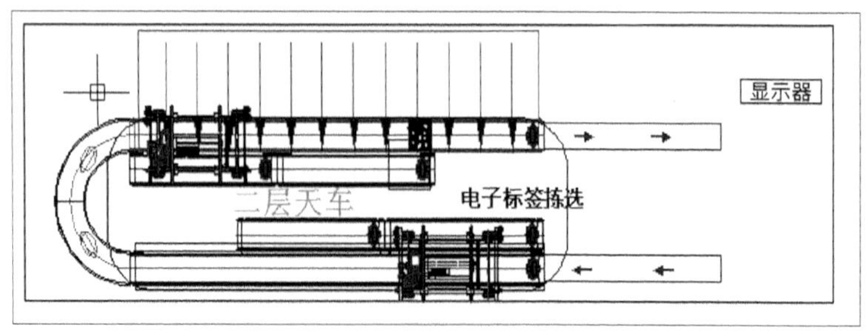

图 4－4－12　流利式货架拣选系统 CAD 设计图

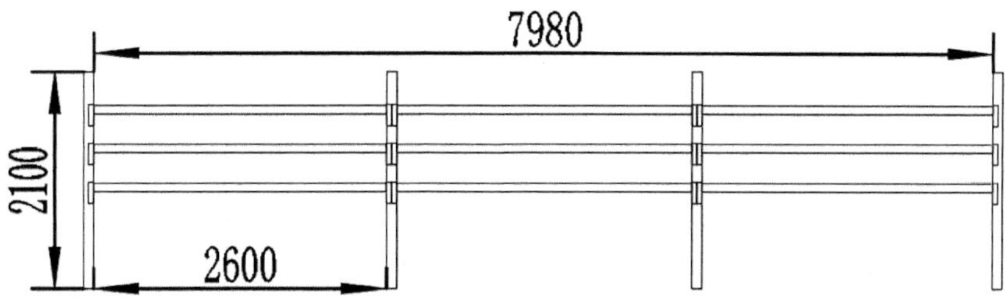

图 4-4-13　隔板式货架主视图

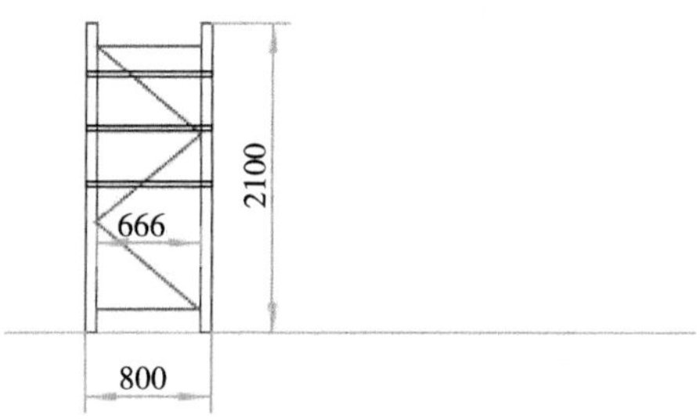

图 4-4-14　隔板式货架左视图

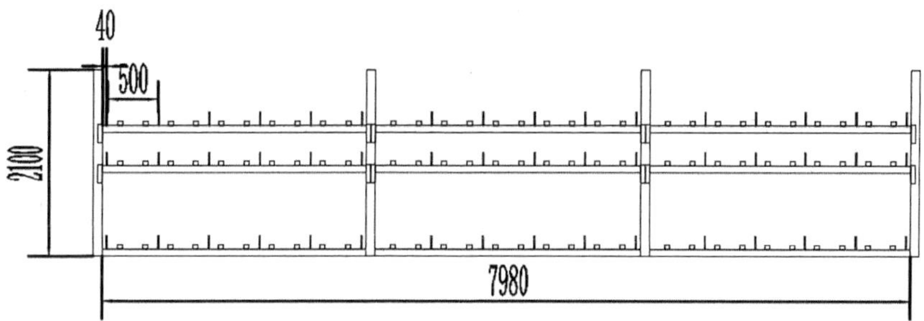

图 4-4-15　流利式货架主视图

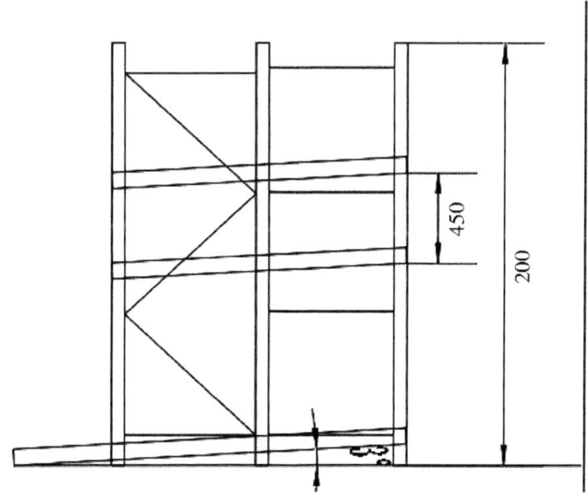

图 4-4-16　流利式货架左视图

五、滑块式分拣系统

滑块式分拣系统（见图4－4－17）主要由输送机、滑块、道岔等部分组成，它能根据控制系统的指令，通过射频识别码，定位货物的出入口，实现货物出入库的自动分拣。滑块式分拣机是一种水平、高速的物流输送设备，主要应用在成件货物的分拣出库。

滑块式分拣系统被广泛应用于快递、电子商务、烟酒、医药、食品、饮料、服装、通信、超市等行业的大型物流中心。

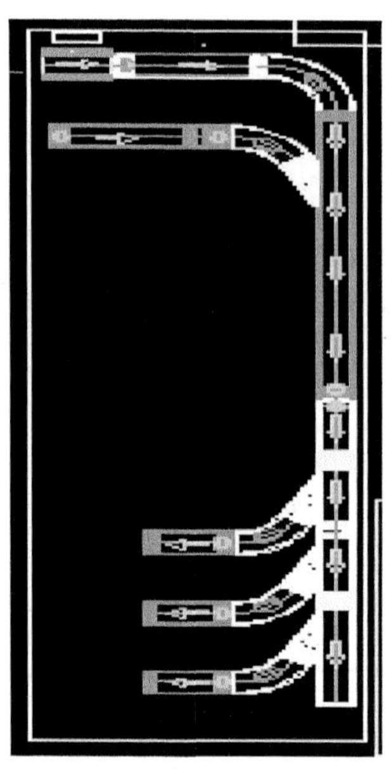

图4－4－17　滑块式分拣系统CAD设计图

六、提升单元

提升单元主要应用于大型多层立体仓储系统的货物存取，借助提升单元可以将货物在各楼层进行调配。提升单元由链条带动，通过变频调速电机，控制提升轿厢进行上下往复运动，是提升能力较强的大型机械设备。提升轿厢上配有传动机构，以便被输送物自动进入提升轿厢。该类提升单元将货物在各楼层进行调配，具有操作简单、控制先进、性能可靠、提升轿厢定位精度高等特点。

提升单元广泛应用于家电、食品、饮料、烟草、邮政、化工、机械电子、仓储物流等自动化生产行业。提升单元左视图、主视图、俯视图如图4－4－18、图4－4－19和图4－4－20所示。

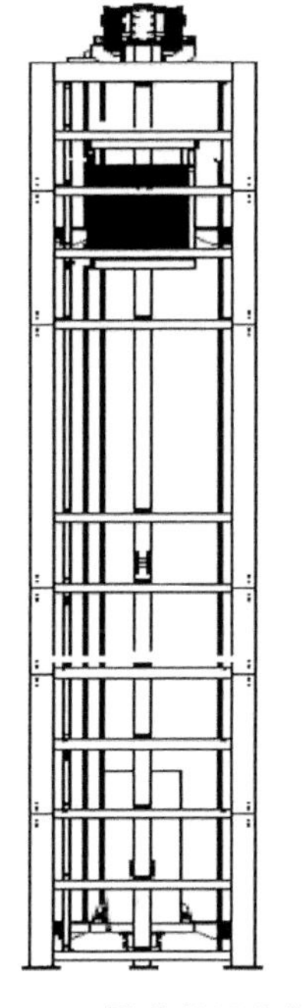

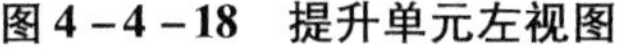
图4-4-18　提升单元左视图

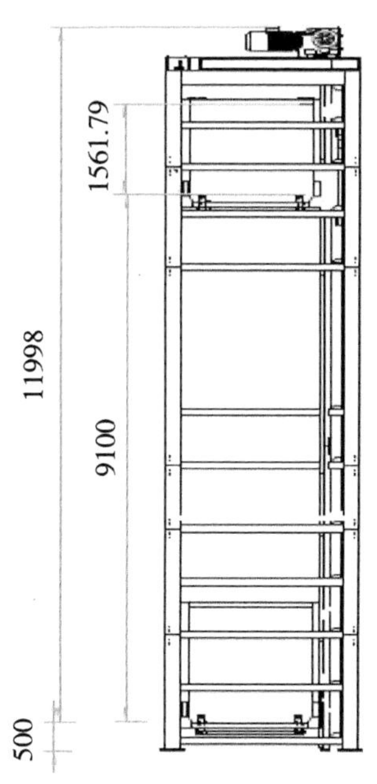

图4-4-19　提升单元主视图

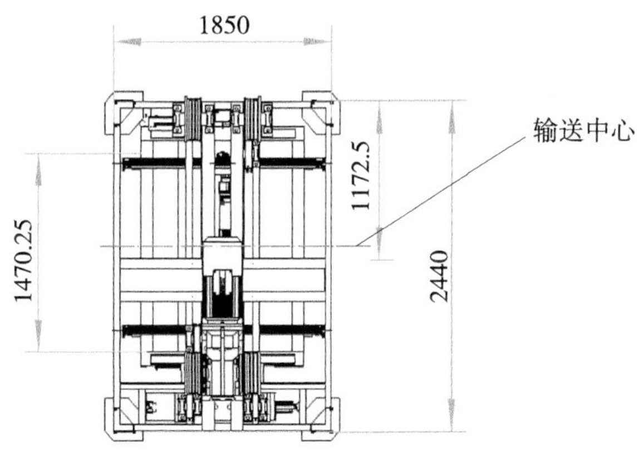

图4-4-20　提升单元俯视图

七、AGV 拣选系统

自动引导车（AGV）拣选系统（见图4-4-21）是模拟配送中心“货到人”的拣选方式，所谓“货到人”拣选，简单来说就是在物流中心的拣选作业过程中，由自动化物流系统将货物搬运至固定站点以供拣选，即货动人不动。它既大幅度缩短了拣选作业人员的行走距离，实现了高于“人到货”模式数倍的拣选效率，大幅度降低了劳动强度，又在提高存储密度、节省人力等方面拥有突出优势。

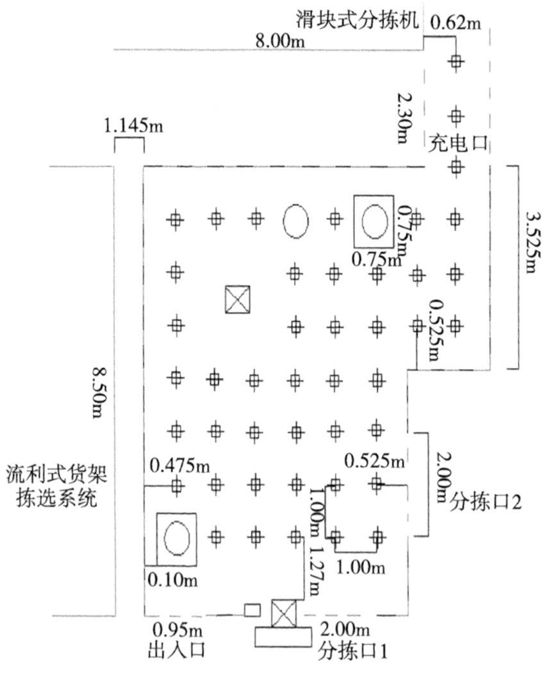

图 4 －4 －21　AGV 拣选系统示意

第五节　物流系统与技术实验教学示范中心设计实施方案

一、三年建设总体计划

物流系统与技术实验教学示范中心的建设期按三年进行设计，以主楼建设为例，具体建设计划如表4 －5 －1 所示。

表 4 －5 －1　　物流系统与技术实验教学示范中心三年建设计划

年份	阶段	功能模块	实施位置	主要工作	备注
2016	项目规划、实施	示范中心	老体育馆	总体方案设计	
		料箱式立库系统	主楼一层西北侧	堆垛机搬移； 安装全新货架系统； WCS 开发调试； WMS 开发调试	将堆垛机从老博物馆搬移；申请经费购置货架系统
		滑块式分拣系统	主楼一层东北侧	滑块式分拣机安装调试； WCS 开发调试； WMS 开发调试	2016 年专项购置滑块式分拣机

续　表

年份	阶段	功能模块	实施位置	主要工作	备注
2016	项目规划、实施	触控演示系统	主楼一层各区域	触控屏安装调试； 显示素材制作； 显示管理系统	2016 年专项政采购置触控一体机
		巨屏展示区	主楼一层北侧	LED 屏安装调试； 显示管理系统调试； 展板设计、制作	2016 年专项政采购置 LED 屏
		虚拟仿真平台	主楼二层东侧	虚拟仿真平台设计、开发； 平台调试、磨合	配合国家级虚拟仿真实验教学中心申报同步进行
		仓储配送中心展示系统	主楼二层西南侧	三种货架系统搬移、调试	北实验楼设备
		科研实验室	主楼一层南侧	振动试验机、跌落试验机搬移及安装	老博物馆设备
		独立物流子系统	主楼一层各区域	Smart Bin、语音拣选系统、条码打印系统、3D 打印系统、多层穿梭车系统搬移及安装	老博物馆、南实验楼设备
		典型叉车	主楼一层南侧	手动液压叉车、平衡重叉车、拣选叉车搬移及安装	老博物馆设备
2017	项目实施	流利式货架拣选系统	主楼一层中部	流利式货架、电子标签拣选系统、输送系统安装； WCS 开发调试； WMS 开发调试	申请购置流利式货架及电子标签拣选系统
		托盘式存储系统	主楼一层西南侧	全新托盘货架安装； 堆垛机搬移； 环形穿梭车搬移； 输送机站台搬移； 拆叠盘机搬移； WCS 开发调试； WMS 开发调试	在老博物馆既有设备基础上，申请购置托盘货架
		虚拟现实体验区	主楼一层中南侧	沉浸式设备安装； 体验系统开发调试	申请购置相关设备

续 表

年份	阶段	功能模块	实施位置	主要工作	备注
2017	项目实施	物流实验室	主楼二层西北侧	实验室设备搬移； 实验室环境建设； 其他相关工作	北实验楼设备
		虚拟仿真模型	主楼二层东侧	模型设计、开发、调试	申请专项开发
2018	项目实施	新技术、新产品体验区（一）	主楼一层中南侧	RFID 技术、伺服驱动控制技术、BPS 认址技术、激光测距产品应用	实时更新
		新技术、新产品体验区（二）	主楼一层中南侧	新技术、新产品、伺服驱动控制技术应用； 其他相关工作	申请购置
2018 年以后	系统调试、实施	示范中心各分系统	主楼一层各区域	WCS 开发调试； WMS 开发调试	持续实施

注：上表所列工作内容，需根据实际工作量及实施难度确定报价。

二、具体建设计划（以 2016 年为例）

2016 年建设主要内容为总体规划、土建施工（基建处负责），料箱式立库系统、滑块式分拣系统、触控演示系统、巨屏展示区、虚拟仿真平台、仓储配送中心展示系统的实施。建设计划如表 4－5－2 所示。

表 4－5－2　　2016 年建设规划

时间节点／工作内容	5月			6月			7月			8月			9月			10月			11月			12月		
	上旬	中旬	下旬	上旬	中旬	下旬	上旬	中旬	下旬	上旬	中旬	下旬	上旬	中旬	下旬	上旬	中旬	下旬	上旬	中旬	下旬	上旬	中旬	下旬
总体规划	方案撰写						方案论证						方案定稿											
土建施工（基建处负责）				土建施工																				
料箱式立库系统																			搬移安装调试					
滑块式分拣系统																			安装调试					
触控演示系统																			安装调试					
巨屏展示区																			安装调试					
虚拟仿真平台																			设计开发					
仓储配送中心展示系统																			搬移安装					
科研实验室建设																			搬移安装					
独立物流子系统建设																			搬移安装					
典型叉车																			搬移安装					

（一）总体规划

总体规划的主要任务包括设备的总体布局和施工规划等。该阶段对示范中心的建设效果起决定性作用。

（二）土建施工（基建处负责）

该阶段完成对示范中心地面基础的改造，设备用电预埋管的铺设以及其他外观改造等。

（三）料箱式立库系统

料箱式立库系统用于单件物品或小型批量物品的存取和分拣，存储单元为单料箱货位，通过料箱或货物本身包装箱存放货物，单元额定载重通常为30～100kg，系统通常包括轻型高速堆垛机及轨道系统、高层货架系统、物料出入库系统、仓库综合监控及管理系统、计算机信息管理系统、条码识别及管理系统、无线通信网络系统及库区周边安全系统等成套设备。

（四）滑块式分拣系统

滑块式分拣机作为物流配送领域必不可少的一种设备，在国外已经广泛用于邮政分拣中心、商品配送中心以及各行各业的仓储中心等领域，其适用于不同种类的物品，并能实现较高的分拣效率。此系统主要用于向学生们展示滑块式分拣机的运行方式原理以使学生能够实际操作，增强对物流设备的了解及认识。

（五）触控演示系统

触控演示系统主要通过WCS操作国家级物流系统与技术实验教学示范中心的物流设备，一方面使学生能够实际操作控制物流设备，另一方面通过操作设备了解更多物流专业知识技能。

（六）巨屏显示区

巨屏显示区为新媒体中心，区域内有一套巨屏供演示视频资料等使用。在两侧有若干展板区和LED展区，用于展示静态和动态的资料，如示范中心介绍、各种物流产品及应用案例的展示等。该区域位于物流系统与技术实验教学示范中心的入口处，是整个示范中心的窗口。

（七）虚拟仿真平台

虚拟仿真平台是在国家级物流系统与技术实验教学示范中心平台基础上开发的远程实验教学系统。平台集成了众多物流领域教学软件，与示范中心实体设备形成“虚实结合”的教学模式。

（八）仓储配送中心展示系统

各展示区域的设备都规划有LED展示屏。整个项目是分阶段实施的，经过三年完成实施。在未实施阶段，通过在相应区域安装条屏或电视以及展板，用照片及视频实现展示功能。

（九）科研实验室建设

将物流专业范围内的振动试验机、跌落试验机等在用科研实验设备从老博物馆、南实验楼集中至物流系统与技术实验教学示范中心，建设科研实验室。

（十）独立物流子系统建设

将各独立物流子系统所涉及的 Smart Bin、语音拣选系统、条码打印系统、3D 打印系统、多层穿梭车等设备从老博物馆、南实验楼设备集中至物流系统与技术实验教学示范中心，统一规划。

（十一）典型叉车

将老博物馆的手动液压叉车、平衡重叉车、拣选叉车等典型叉车设备集中至物流系统与技术实验教学示范中心，划定专门区域，用于集中展示、示范教学。

示范中心建筑结构
3D演示

示范中心物流系统
3D演示

第五章　物流系统与技术实验教学示范中心招标与采购

第一节　物流系统与技术实验教学示范中心采购需求

物流系统与技术实验教学示范中心的采购有明确的计划，根据采购需求制定计划书。以“可视化项目”的采购需求计划书为例。

北京物资学院货物采购需求计划书

一、填报说明

（1）项目负责人依据财政批复完善货物采购明细，上报的采购内容应与评审后批复的采购内容一致。

（2）产品技术规格应围绕产品需具备的使用功能进行描述，不得利用技术规格描述间接指向某一具体产品或厂商。

（3）所提交的货物采购明细及相关要求中不得擅自规定供应商等级资质，不得擅自规定废标条款，不得出现妨碍公平竞争的约束条件。

（4）如确有对产品和供应商的特殊要求，需填报“北京物资学院招标采购特殊要求申报表”，按规定程序进行审批。

（5）采购方式分为公开招标、邀请招标、竞争性谈判、单一来源、询价。

（6）提交此需求计划书需附财务处预算批复。

二、项目基本信息

项目名称	人才培养质量建设－一流专业建设－示范中心可视化二期		
项目单位	北京物资学院物流学院		
经费来源	人才培养质量建设－一流专业建设（已纳入政府采购预算）		
采购金额		采购方式	公开招标
计划书提交时间	2019 年 9 月 20 日	货物使用时间	2019 年 11 月 15 日
项目联系人		联系电话	
采购内容与批复是否一致	一致	项目负责人签字	

三、项目概况及采购明细

（一）项目概况（项目基本情况，产品在项目应用层面的基本功能，产品使用对象、使用环境等）

北京物资学院国家级物流系统与技术实验教学示范中心主体由主楼和配楼两部分组成，共计建筑面积3150平方米。作为国内创建较早，规模大、设施先进的物流领域教学示范中心，拥有包括物流虚拟仿真计算中心、包装实验室、智能识别分拣与码垛实验室、冷链实验室、云采购实验室等在内的多个教学实验室。为了建成国内领先的单体规模最大的物流实验教学平台，现需要对本中心的各项管理引进可视化系统。

该系统拟最少包括三个子系统：可视化二期子系统、实验室对讲子系统、智慧班牌子系统。

1. 可视化二期子系统

可视化二期子系统（视频监控子系统）主要是对配楼的各个实验室进行监控。并对主楼进行少量镜头补全。

各摄像机应为智能网络摄像机，配楼采用200万像素摄像机，主楼采用800万像素和3200万像素的全景摄像机，支持越界侦测、区域入侵侦测、进入/离开区域侦测，支持联动白光报警，支持联动声音报警等功能。

硬盘录像机支持至少16路周界报警（越界、区域入侵）和误报分析，且同时支持16路人体图片二次识别、人员属性分析/人员属性检索/人体以图搜图/3U标准机架式IP存储/嵌入式处理器/嵌入式软硬件设计/智能检索/智能回放/车牌检索/热度图/客流量统计/分时段回放/超高倍速回放/双系统备份，以及配备相应的网络交换机、至少6T的监控硬盘、视频监控软件等。

所有设备应能兼容一期监控设备。楼道监控由保卫处负责，但后期需要将保卫处的摄像头接入。

前端采集系统支持H.265、H.264、MPEG4、MPEG2、MJPEG等多种视频编码格式，并可提供不同分辨率视频及接口，可支持实时流和存储流双流设计，码流可以根据用户需求任意调整。前端采集设备采用电信级制造工艺，可以基于各种网络环境高质量、可靠地满足各类网络监控前端编码、存储和解码的需求。

具体需求如下。

（1）在整个配楼实验室和主楼安装摄像头，实现无死角监控。摄像头采用POE供电（以太网供电），录像时间≥60天。

（2）能够接入保卫处的摄像头。

(3) 所提供的摄像设备能够接入一期的视频监控软件，可以将视频监控画面投射到3m×4m的液晶显示屏上。

2. 实验室对讲子系统

实验室对讲子系统主要用于各实验室和主楼一层实验区域的实验人员发生意外或出现其他情况需要进行视频语音通话时，通过对讲子系统呼叫值班室值班人员寻求帮助。

需提供平台软件对此系统进行管理。

另外配6台移动对讲机供移动讲解时使用。

3. 智慧班牌子系统

在各个实验室门口放置电子班牌，实验人员通过预约系统预约实验室，预约系统将信息推送到媒体发布系统，媒体发布系统将预约信息发布到各个电子班牌上。实验人员通过刷卡的方式进行实验室签到，到达和走时均需签到，从而达到统计实验时间、进行后期分析的目的。

4. 系统集成

信息发布系统需要与一期的预约系统和闸机系统进行无缝对接，需要将预约系统的信息发布到电子班牌上，并将排课信息发布到主楼一层进门处的大屏显示器上。投标企业应具有系统对接能力，提供至少一个与物流相关的软件著作权证书。

需要将学校一卡通信息推送到整个系统中。

投标单位应协助甲方申请软件著作权，并在技术方案中说明如何进行软件著作权申请。

对以上系统进行软硬件集成，对一期、二期的设备进行集成，从而形成一个大系统。

(二) 采购产品清单

序号	名称	数量及单位
一、可视化二期		
1	半球摄像机	11台
2	枪型摄像机	5台
3	全景摄像机	1台
…	……	……
10	PVC线槽	200米

（三）产品功能及相关技术规格

序号	名称	数量及单位	技术规格
一、可视化二期			
1	半球摄像机	11 台	1. 具有 200 万像素 CMOS 传感器，镜头不小于 2. 8mm。 2. 内置 GPU 芯片。 …… 9. 支持 H. 264、H. 265 视频编码格式，且具有 High Profile 编码能力。 10. 需具备区域入侵监测、越界监测，进入区域、离开区域监测等功能。 11. 需支持 DC12V/POE 供电。 12. 同一静止场景相同图像质量下，设备在 H. 265 编码格式时，开启智能编码功能和不开启智能编码相比，码率节约 80%。 #13. 要求原厂提供三年质保，提供原厂售后服务承诺函，并加盖原厂公章。 #14. 提供公安部检测报告证明

注：标有“#”的为重要技术指标。

（四）交货期及售后服务要求

（1）交货期限：自签订采购合同之日起，30 个日历天内完成供货、安装及调试。

（2）质量保证期：自项目通过最终验收起不少于 12 个月。

（3）投标人负责对采购方技术人员、操作人员进行培训，直至操作人员掌握为止。并提供详细的技术资料。

（4）提供 7 ×24 小时热线支持，解答用户在使用过程中的技术问题；对发生的问题在 2 小时内给予响应，4 小时到现场，并尽快予以解决，无法及时修复的故障须提供应急解决方案。

第二节　物流系统与技术实验教学示范中心项目评估

一、实验室项目评估的含义

实验室项目评估指在项目可行性研究的基础上，由第三方（国家、银行或有关机构）根据国家颁布的政策、法规、方法、参数和条例等，从项目（或组织）、国民经济、社会角度出发，对拟建项目建设的必要性、建设条件、生产条件、产品市场需求、工程技术、经济效益和社会效益等进行评价、分析和论证，进而判断其是否可行的一个评估过程。

项目评估是项目投资前期进行决策管理的重要环节，其目的是审查项目可行性研究的可靠性、真实性和客观性，为银行的贷款决策或行政主管部门的审批决策提供科学依据。由于一个独立的项目评估机构（或投资咨询机构）是从第三者的角度对建设项目进行评估的，这就决定了其评估结论的客观、公正性。又由于有一套比较完整的评估理论和评估方法，因而就决定了其结论的科学性。

项目评估的最终成果是项目评估报告。

二、实验室项目评估的内容

实验室项目评估的重点内容有以下几个方面。

（一）建设必要性、现实性、可行性和市场预测的评估

建设该项目的意义（经济的、政治的、社会的）。评估的目的就是判断实验室项目能否带来良好的社会效益和经济效益，产出的科研成果、提供的教学资源或服务能否促进科学发展、社会进步，能否满足教学科研需要和有无竞争力。

（二）建设条件的评估

建设条件是实验室项目建成后的物质保证。建设条件主要包括仪器设备硬件、能源、动力和实验软件升级等各种投入的需求平衡。

（三）技术方案的评估

在充分认识技术与经济关系的基础上，项目最重要的问题是技术选择，即在特定的社会和经济条件下，选择什么样的技术去实现特定的目标。技术方案的评估关键是多方案选优。一是找出最优方案，二是在不存在最优方案时，择其各方案之长，根据实际需要产生一个较优方案。技术方案评估的原则是要根据国家对某一行业（或产品）的技术政策来确定该项目选用工艺技术和技术装备的先进性、实用性、可靠性和经济性，并进行评价。

（四）机构设置和管理机制的评估

根据多年来的实践经验，人们认识到实验室项目的机构设置和管理机制也是影响项目成败的重要因素。因此，项目的机构设置和管理机制必须逐步适应建立现代实验室管理的需要和项目的实际。

（五）社会经济效果的评估

一般情况下实验室项目的社会经济效果评估主要依据财务评价，有关国家安全、

公共服务、公益和教育事业的实验室项目除外。财务评价是从组织的角度出发，以组织最大盈利为目标对建设项目进行评价。对项目财务收支一般要进行动态分析，要考虑货币的时间价值、机会成本、边际效益和投入产出效果。

（六）社会效益评估

社会效益包括科技发展、人才培养、社会进步、技术创新、医疗服务效果、精神文明建设、环境保护效果、节能效果等，评估时应逐一分析比较。特别要评估项目能否起到提高人民的物质和精神生活水平的效果。

（七）综合评估

通过上述几方面的分析比较和评估后，对建设项目微观经济的优缺点进行综合评估，再从社会和国家角度的宏观层面出发，提出综合评估意见或修改方案。

三、实验室项目评估的程序

（1）成立评估小组，进行分工，制订评估工作计划。评估工作计划一般应包括评估目的、评估内容、评估方法和评估进度。

（2）开展调查研究，收集数据资料，并对可行性研究报告和相关资料进行审查和分析。

（3）分析与评估。

（4）编写评估报告。

（5）讨论、修改报告。

（6）专家论证会。

（7）评估报告定稿。

四、实验室项目评估报告的内容大纲

（一）项目概况

（1）项目基本情况。

（2）综合评估结论。如果需要贷款，应提出是否批准或可否贷款的结论性意见。

（二）详细评估意见

（三）总结和建议

（1）存在或遗留的重大问题。

（2）潜在的风险。

（3）建议。

第三节　物流系统与技术实验教学示范中心招标与采购管理

一、实验室项目招标与采购管理概述

（一）实验室项目招标与采购管理的重要性

实验室项目的建设与实施有三种基本方式：自行开发、定制开发和订购产品。由于实验室项目的特殊性、综合性和专业性，科教文卫单位的大中型实验室项目，一般都委托专业的实验室设计建设公司定制开发或订购实验设备仪器，如实验室的土建项目需要选定承包商来提供施工服务，实验室的技术援助项目需要聘请咨询专家等。这些项目称为利用外界资源的实验室项目。通过从外界获取资源，实验室项目组织者可以获得专门技能和技术。另外，采购费用往往占整个实验室项目费用的绝大部分，因此，采购工作是实验室项目实施中非常重要的一环，甚至关系到实验室项目建设的成败。如果采购工作不当或管理不得力，不仅会影响项目的顺利实施，而且会影响项目的预期效果，严重的还会导致实验室项目的失败。

许多成功利用外界资源的实验室项目，常常归功于好的项目采购管理。采购就是从外界获得产品或服务。采购这个术语被广泛用于政府行为中；许多企业使用“购买”这个词；在实验室项目中，多使用“外购”这一术语，许多实验室项目都要外购产品和服务。了解实验室项目采购管理对实验室项目组织者来说是非常重要的。

（二）实验室项目招标与采购管理的定义

实验室项目招标与采购管理是指在实验室项目的实施过程中，有关实验室项目组织为完成项目可交付成果，而从外部积极寻找和采购项目所需各种资源的活动和管理过程。项目所需资源基本上分为两大类：产品和服务。产品包括实验室用房、仪器设备、实验用材料、能源等各种类型的物资；服务包括劳务、咨询、设计、中介等各种服务。

（三）采用外购仪器设备和服务的原因与目的

（1）节约建设和管理经费：采购成本（建设费用，实验材料、仪器设备费用，运行费用等）是成本控制的主体和核心，可通过控制采购成本降低固定成本和经常性成本。

（2）把重点放在核心业务上。

（3）提高工作效率和经济效益。

（4）获取技能和技术。

（5）提高实验室建设和管理的灵活性。

(6) 降低风险，在实验室建设和管理过程中即使有1%的设备和材料不能及时供应，实验室的建设和运行也将被迫中断。

(7) 政策、行规、业务范围的限制。

二、实验室项目招标与采购的内涵与外延

(一) 实验室项目招标与采购的含义（内涵）

“采”是选择，“购”是取得。实验室项目采购不同于一般概念上的商品购买。除了购买之外，还包括通过租赁、借贷交换等各种途径取得或通过努力从系统外部获得资源使用权的过程。

(二) 实验室项目招标与采购的内容与形式（外延）

1. 按采购内容可分为土建工程采购、实验仪器设备采购、咨询服务采购三种

(1) 土建工程采购（有形采购），是指通过招标或其他商定的方式选择工程承包单位，即选定合格的承包商承担项目施工任务。

(2) 实验仪器设备采购（有形采购），包括硬件如试管、烧杯、计算机等，和软件如系统软件、管理软件、工具软件等；还包括相应的服务，如运输、保险、安装、调试、培训、初期维修等。

(3) 咨询服务采购（无形采购），可分为以下四类。

①决策阶段：项目投资前期准备工作的咨询服务，如可行性研究、项目评估。

②设计、招投标阶段：实验室工程设计和招标文件编制服务。

③施工阶段：项目管理、施工监理等执行性服务。

④其他：技术援助和培训等服务。

2. 按采购方式可分为招标采购和非招标采购

(1) 招标采购主要包括公开招标和邀请招标。

(2) 非招标采购主要包括国际、国内询价采购（或称“货比三家”），直接采购，自营工程等。

三、实验室项目招标与采购的方式与原则

(一) 项目招标与采购的方式

1. 招标采购

招标是在一定的范围内公开货物、工程或服务采购的条件与要求，邀请众多投标人参加投标，并按照规定程序从中选择交易对象的一种市场交易行为。

(1) 公开招标：由招标单位通过报刊、广播、电视等媒体工具发布招标广告，凡

对该招标项目感兴趣又符合投标条件的法人，都可在规定的时间内向招标单位提交意向书，由招标单位进行资格审查，核准后购买招标文件，进行投标。

（2）邀请招标：招标人以投标邀请书的方式邀请特定的法人或者其他组织（必须有 3 家以上）在规定时间内向招标单位提交投标意向，购买招标文件，进行投标。

2. 非招标采购

（1）询价采购，即比价方式，一般习惯称作“货比三家”。它适用于项目采购时可直接取得的现货采购或价值较小、标准规格的实验仪器设备采购。

（2）直接采购，指在特定的采购环境下，不进行竞争而直接签订合同的采购方法。它主要适用于不能或不便进行竞争性招标、竞争性招标优势不存在的情况下。

（3）自营工程，指由于实验室项目的特殊要求以及成本收益的限制，利用组织自身的人力、物力和财力自己制造或提供所需的实验仪器设备或服务。

（二）项目招标与采购的原则

1. 经济性和效率性

含义：投入单位货币或单位时间对应的产出。

要求：实验仪器设备和土建工程的采购，需要讲求经济性和效率性，此两项采购额占到总采购额的 90%。咨询服务采购主要讲究质量，经济性属次要。

表现：较高的质量，合理的、较短的时间。

2. 均等的竞争机会

含义：合格竞争者拥有均等的机会，表现在以下方面。

（1）参与均等。所有合格竞争者均有资格参与预审、投标、报价。

（2）来源均等。所采购的实验仪器设备、服务必须来源于合格竞争者。

（3）评审均等。所有来自合格竞争者的资格预审申请、投标文件和报价都必须受到公正对待。

3. 透明度

有利于提高采购过程的客观性，避免腐败现象，如高价采购拿回扣等。

4. 方式灵活

为什么需要采用不同的招标方式？除了竞争性之外，还要考虑其他因素，如采购对象的特殊性、时限要求、采购费用、对供应商的吸引力等。根据不同条件选择合适的招标方式。

四、实验室项目招标与采购流程

实验室项目招标与采购流程如图 5 - 3 - 1 所示。

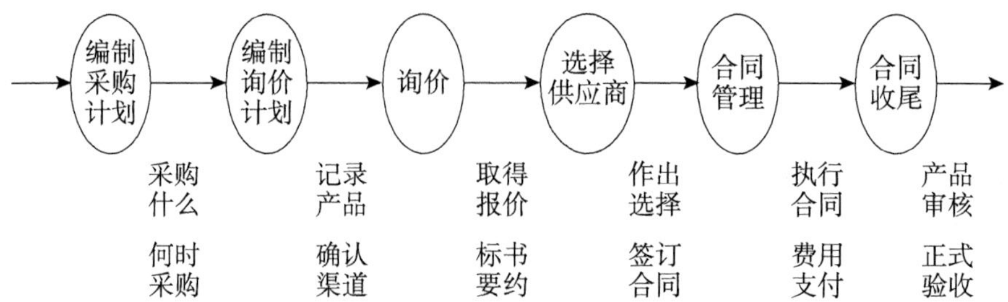

图 5－3－1　实验室项目招标与采购流程

五、实验室项目需求建议书

（一）客户视角的 RFP

从客户视角看，是客户向服务商发出的用来说明如何满足其已识别需求的建议书，是客户与服务商建立正式联系的第一份书面文件，又称招标书。

（二）投标商视角的 RFP

从投标商视角看，是投标商按照招标书要求编制的项目需求建议书，一般称为投标书。2018 年校内专项预申报表如表 5－3－1 所示。

表 5－3－1　　2018 年校内专项预申报表

申报单位：（加盖公章）　　时间：2018 年 1 月 5 日

项目名称	校内专项－国家级物流系统与技术实验教学示范中心－地面门窗吊顶改造项目		
项目负责人及电话	王×× 010－89534×××	项目联系人及电话	王×× 010－89534×××
项目建设内容	请简要、明确地列明项目的主要任务 （1）主楼窗户更换； （2）配楼地面改建、门窗更换； （3）配楼室内吊顶		
项目建设的必要性	建设“国内领先”的“国家级物流系统与技术实验教学示范中心”，为起“全国示范”作用，更好地满足物流实验教学需要，供全国近千所开设物流专业的院校参观交流，另外响应北京副中心的搬迁建设，按照学校领导要求高质量、高标准按时完成示范中心的建设。示范中心主楼一层主要是物流装备系统，二层有中控室，三层有虚拟仿真平台，主楼实验室预计 2018 年夏季能够建设完毕投入使用。为南实验室设备顺利搬出、不影响新示范中心正式安全开放，需要及时对主楼窗户更换，对配楼吊顶、地面改建及门窗更换		

续　表

<table>
<tr><td>预期成果</td><td colspan="4">请简要、明确地列明项目的主要产出
（1）新“国家级物流系统与技术实验教学示范中心”能够安全及时开放；
（2）南实验室一层物流设备能够顺利搬出，信息学院能够早日投入使用；
（3）可以高质量、高标准按时完成示范中心的建设，为北京副中心的建设添砖加瓦；
（4）可供全国近千所开设物流专业的院校参观交流</td></tr>
<tr><td rowspan="6">资金需求</td><td colspan="4">项目总金额：　××　万元</td></tr>
<tr><td>支出内容</td><td>金额</td><td>支出内容</td><td>金额</td></tr>
<tr><td>工程款</td><td>××万元</td><td></td><td></td></tr>
<tr><td></td><td></td><td></td><td></td></tr>
<tr><td></td><td></td><td></td><td></td></tr>
<tr><td colspan="4">（如购置设备，请在此说明何种设备）</td></tr>
</table>

注：根据内容，可加页。

第四节　招投标程序

依据《中华人民共和国招标投标法》，招投标程序如下。

（1）招标人采用公开招标方式的，应当发布招标公告。招标人采用邀请招标方式的，应当向三个以上具备承担招标项目，能力、资信良好的特定的法人或者其他组织发出投标邀请书。

（2）招标人根据招标项目的具体情况，可以组织潜在投标人勘察项目现场。

（3）投标人投标。

（4）开标。

（5）评标。

（6）确定中标人。

（7）订立合同。

一、招标程序

（1）具备招标条件的单位填写招标申请书，报有关部门审批获准后，组织招标班子和评标委员会。

（2）编制招标文件和标底。

（3）发布招标公告。

（4）投标者资格预审。

（5）文件答疑。

（6）接收投标方提交的投标文件。

二、投标程序

（1）投标人应当按照招标文件的要求编制投标文件。投标文件应当对招标文件提出的实质性要求和条件作出响应。

（2）投标人应当在招标文件要求的提交投标文件的截止时间前，将投标文件送达投标地点。

（3）投标人可以在招标文件要求的提交投标文件截止时间前，补充、修改或者撤回已提交的投标文件，并书面通知招标人。

（4）投标人根据招标文件载明的项目实际情况，拟在中标后将中标项目的部分非主体、非关键性工作进行分包的，应当在投标文件中载明。

两个以上法人或者其他组织可以组成一个联合体，以一个投标人的身份共同投标。

三、开标程序

开标应当在招标文件规定的提交投标文件截止时间公开进行；开标地点应当为招标文件中预先规定的地点。开标由招标人主持，邀请所有投标人参加。开标时，由投标人或者其推选的代表检查投标文件的密封情况，也可以由招标人委托的公证机构检查并公证。经确认无误后由工作人员当众拆封，宣读投标人名称、投标价格和投标文件的其他主要内容。招标人在招标文件要求的提交投标文件截止时间前收到的所有投标文件，开标时都应当众拆封、宣读。开标过程应当记录并存档备查。

四、评标程序

评标由招标人依法组建的评标委员会负责。依法必须进行招标的实验室项目，其评标委员会由招标人的代表和有关技术、经济等方面的专家组成。评标委员会组成方式与专家资质将依据《中华人民共和国招标投标法》有关条款来确定。

评标委员会可以要求投标人对投标文件中含义不明确的内容进行必要的澄清或者说明，但是澄清或者说明不得超出投标文件的范围或者改变投标文件的实质性内容。

评标委员会应当按照招标文件确定的评标标准和方法，对投标文件进行评审和比较；评标委员会完成评标后，应当向招标人提出书面评标报告，并推荐合格的中标候选人。招标人根据评标委员会提出的书面评标报告和推荐的中标候选人确定中标人。招标人也可以授权评标委员会直接确定中标人。

中标人的投标应当符合下列条件之一。

（1）能够最大限度地满足招标文件中规定的各项综合评价标准。

（2）能够满足招标文件的实质性要求，并且经评审投标价格最低。但是，投标价格低于成本的除外。

五、中标程序

中标人确定后，招标人应当向中标人发出中标通知书，并同时将中标结果通知所有未中标的投标人。招标人和中标人应当自中标通知书发出之日起30日内，按照招标文件和中标人的投标文件订立书面合同。招标人和中标人不得再行订立背离合同实质性内容的其他协议。中标人应当按照合同约定履行义务，完成中标项目。

第五节　物流系统与技术实验教学示范中心招标方式

物流系统与技术实验教学示范中心主要采用比选招标的形式，比选招标是招标方式的一种，它是指比选人或比选代理人事先公布出条件和要求，对自愿报名参加比选的申请人按照规定进行比选。

一、比选的适用条件

比选是法定招标方式（公开招标和邀请招标）的有益补充，有其自身的适用条件。

（1）单项合同估算价在200万元人民币以下（不含200万元）20万元人民币以上（含20万元）的施工项目。

（2）单项合同估算价在50万元人民币以下5万元人民币以上的勘察、设计服务。

（3）单项合同估算价在30万元人民币以下5万元人民币以上的监理服务。

（4）单项合同估算价在100万元人民币以下10万元人民币以上的设备、材料等物资的招标。

值得注意的是，必须进行招标的项目，依法开展两次招标失败后，经政府投资主管部门同意不再进行公开招标的，应当通过比选确定承包人。

二、比选的程序

比选的必经程序有：比选人发布比选文件—比选申请人提出申请—确定被邀请人—组建评审委员会并制定评审标准—进行比选评审—确定中选人—签订合同等。

三、比选参选人资格必须符合下列要求

（1）在中华人民共和国境内注册，能够独立承担民事责任，有生产或供应能力的本国供应商，包括法人、其他组织、自然人。

（2）供应商具备以下规定的条件。

①具有独立承担民事责任的能力。

②具有良好的商业信誉和健全的财务会计制度。

③具有履行合同所需的设备和专业技术能力。

④有依法缴纳税收和社会保障资金的良好记录。

⑤参加采购活动前三年内，在经营活动中没有重大违法记录。

⑥法律、行政法规规定的其他条件。

（3）供应商不能被列入“信用中国”网站（www. creditchina. gov. cn）和中国政府采购网（www. ccgp. gov. cn）失信被执行人、重大税收违法案件当事人名单，政府采购严重违法失信行为记录名单，否则其参选将被拒绝。

第六节　物流系统与技术实验教学示范中心招标采购打分方法

一、打分方法

物流系统与技术实验教学示范中心物流设备的招标采购拟采用的打分方法为综合评价法，总分为100分，分值分配如表5－6－1所示。

表 5－6－1　　物流设备招标采购分值分配

序号	评分因素	分值
1	价格部分	30
2	技术部分	55
3	商务部分	15
合计		100

物流系统与技术实验教学示范中心系统工程与软件建设的招标采购拟采用综合评分法，满分为 100 分，价格部分 30 分、技术部分 46 分、商务部分 14 分、业绩部分 8 分、政策功能部分 2 分，具体如表 5－6－2 所示。

表 5－6－2　　系统工程与软件建设招标采购分值分配

序号	评价因素	分值
1	价格部分	30
2	技术部分	46
3	商务部分	14
4	业绩部分	8
5	政策功能部分	2
合计		100

二、打分细则

以物流系统与技术实验教学示范中心物流设备招标采购打分细则为例，展示示范中心的打分原则，具体如表 5－6－3 所示。

表 5－6－3　　物流设备招标采购打分细则

评审项目	评审内容及得分	打分标准
价格部分（30 分）	报价（30 分）	投标报价得分 =（评标基准价/投标报价）× 价格权值 × 100

续 表

评审项目	评审内容及得分	打分标准
技术部分（55分）	企业信誉（5分）	机电工程施工总承包二级及以上资质证书； 建筑机电安装工程专业承包三级及以上资质证书； 安全生产许可证； 建筑智能化工程设计与施工一级资质证书； ISO 9001：2008 质量管理体系认证证书； 以上投标人资质证书每有一项得 1 分，没有不得分
	软件著作权（9分）	投标人需提供与本项目内容相关软件系统的著作权证书： 调度系统； 仓库管理系统； 设备监控系统； 每提供上述一种系统的著作权证书得 3 分，不提供不得分
	SIEMENS自动化系统高级集成商（7分）	本项目系统配套的 PLC（可编程逻辑控制器）一直采用 SIEMENS 产品，为保证与原有系统兼容，保持一致性，要求新增系统也采用 SIEMENS 系列 PLC，对 SIEMENS 系列产品的集成能力做出如下要求：有 SIEMENS 自动化系统高级集成商认证的得 7 分，没有 SIEMENS 自动化系统高级集成商认证但有其他高级集成商认证的得 3 分，没有任何高级集成商认证的不得分
	科研及人才培养能力（6分）	本项目系统应用于国家级示范中心，用于硕士生和本科生培养； 有硕士及以上学位点的得 6 分； 有学士学位点的得 3 分； 有其他人才培养能力证明的得 1 分； 没有学位点的不得分
	对项目需求的理解和把握（7分）	项目的建设内容有仿真动画展示的得 7 分； 项目的建设内容没有仿真动画展示，通过 PPT 和方案图表现的得 5 分； 项目的建设内容没有仿真动画和 PPT，只通过文字和方案图表现的得 2 分
	项目组织计划（4分）	实施方案科学、合理，可操作性强，施工计划和人员组织合理得 4 分； 实施方案科学、合理，可操作性较强，施工计划和人员组织较合理得 2 分； 实施方案科学、合理，可操作性一般，施工计划和人员组织一般得 1 分

续　表

<table>
<tr><th>评审项目</th><th>评审内容及得分</th><th colspan="2">打分标准</th></tr>
<tr><td rowspan="3">技术部分（55分）</td><td>整体方案（15分）</td><td colspan="2">（1）提供系统整体布局方案，提供每个子系统的细化方案，并对系统流程和功能进行说明；方案科学合理，可实施性强的得9分，较强得5分，一般得1分；此小项累计最高得9分。
（2）关键设备机械设计图纸，包括托盘式存储系统（内含环形穿梭车系统）、料箱式立库系统、流利式货架（包括拣选）系统、提升及输送单元中的设备等；每提供一套关键设备机械图纸得0.5分，没提供不得分；此小项累计最高得3分。
（3）关键设备电气设计图纸，包括托盘式存储系统（内含环形穿梭车系统）、料箱式立库系统、流利式货架（包括拣选）系统、提升及输送单元中的设备；每提供一套关键设备电气图纸得0.5分，没提供不得分；此小项累计最高得3分</td></tr>
<tr><td rowspan="2">政策功能（2分）</td><td>环境标志产品（1分）</td><td>投标人所投产品列入财政部、生态环境部发布的“环境标志产品政府采购品目清单”，且认证证书在有效日期内，得1分（投标人提供相关证明材料）</td></tr>
<tr><td>节能产品（1分）</td><td>投标人所投产品列入财政部、国家发展和改革委员会发布的“节能产品政府采购品目清单”，且认证证书在有效日期内，得1分（投标人提供相关证明材料）
（注：如采购物资列入财政部、国家发展和改革委员会发布的“节能产品政府采购品目清单”中规定强制采购的节能产品，则投标人必须提供该清单中的产品，否则将导致投标被拒绝）</td></tr>
<tr><td rowspan="2">商务部分（15分）</td><td colspan="3">类似业绩（12分）：投标人须提供三年内单笔合同金额在280万元以上有效的业绩证明材料（包括中标通知书或销售合同、验收报告及项目负责人联系方式等），每提供1个证明材料齐全的业绩得2分，最多得12分</td></tr>
<tr><td colspan="3">企业财务状况（3分）：企业财务状况好的得3分；较好的得2分；一般的得1分；未提供的不得分</td></tr>
</table>

物流系统与技术实验教学示范中心系统工程与软件建设招标采购打分细则如表5－6－4所示。

表5－6－4　　　系统工程与软件建设招标采购打分细则

序号	评审项目	评审内容及得分	打分标准
1	价格部分（30分）	报价（30分）	报价得分＝（评标基准价/投标报价）×30， 即满足招标文件要求且最终报价最低的报价为评标基准价，其价格分为满分

续　表

序号	评审项目	评审内容及得分	打分标准
2	技术部分（46分）	重要技术指标（20分）	标有“#”的技术参数为重要技术指标，完全满足得20分，有一项不满足扣2分，本项最多扣至0分
		一般技术指标（10分）	除上述重要技术指标外，其余技术参数为一般技术指标，完全满足得10分，有一项不满足扣1分，本项最多扣至0分
		实施方案（14分）	（1）提供科学、可行的详细项目实施方案，提供详尽合理的人员安排、项目进度计划表，对项目实施期间的供货、安装、集成、验收、培训等各个环节进行合理规划； （2）实施方案中必须编写如何申请软件著作权，有此内容得2分，无此内容不得分； （3）方案清晰完整、功能完善、符合用户性质及需要且可以完全满足用户要求的，得9～12分； （4）方案比较清晰完整、功能比较完善、符合用户性质及需要且可以部分满足用户要求的，得5～8分； （5）方案不清晰完整、功能不完善、不符合用户性质及不能满足用户要求的，得0～4分，未提供的得0分
		项目人员构成（2分）	组建合理、学历高、相关专业经验丰富，需提供相应的高级项目经理或PMP证书（有证书得2分，无证书得0分）； 提供相关证书复印件和该员工近三个月的社保证明复印件并加盖投标人公章
3	商务部分（14分）	培训方案（5分）	项目培训方案考虑详细、编制完整，针对性强，能达到预期的培训效果，得5分； 项目培训方案基本完整，有一定针对性，基本达到预计效果，得3分； 项目培训方案不具备可行性，达不到预计效果，得0分
		售后服务方案（9分）	售后服务方案全面优于招标文件要求，科学合理，针对性强，完全能达到承诺的售后服务效果，得9分； 售后服务方案部分优于招标文件要求，有一定的科学合理性，能达到承诺的售后服务效果，得6分； 售后服务方案基本符合招标文件要求，能达到招标文件要求的售后服务效果，得3分； 售后服务方案不详细，达不到招标文件要求的售后服务效果，得0分
4	业绩部分（8分）	同类项目业绩（8分）	评委根据供应商提供的证明文件情况，每提供一个有效业绩得2分，最高得8分

续　表

序号	评审项目	评审内容及得分	打分标准
5	政策功能部分（2分）	环境标志产品（1分）	投标人所投产品列入财政部、生态环境部的“环境标志产品政府采购品目清单”，且认证证书在有效日期内，得1分（投标人提供相关证明材料）
		节能产品（1分）	投标人所投产品列入财政部、国家发展和改革委员会发布的“节能产品政府采购品目清单”，且认证证书在有效日期内，得1分（投标人提供相关证明材料） （注：如采购货物列入财政部、国家发展和改革委员会发布的“节能产品政府采购品目清单”中规定强制采购的节能产品，则投标人必须提供该清单中的产品，否则将导致投标被拒绝）

第七节　物流系统与技术实验教学示范中心合同管理

在确定中标人后，立即进入合同谈判阶段。实验室项目合同谈判的方法一般是先谈技术条款，后谈商务条款。

技术谈判的主要内容包括合同技术附件内容、合同实施技术路线、质量评定标准、采购设备和系统报价以及投入开发人员的比重等。

商务谈判的主要内容，即投标函中的基本条件，包括投标价的优惠条件，质量、工期服务违约处罚，以及其他需要谈判的内容。

项目采购合同管理就是为了完成实验室项目计划，保证供应商或承包商按照合同约定履行义务，而运用各种手段、采取各种措施对实验室项目的建设和运行进行管理。在实验室项目的整个实施过程中，合同管理都贯穿其中，是对实验室项目进行全面管理的一个重要组成部分。一般来讲，项目采购合同管理的主要内容有以下几点。

（1）对供应商或承包商工作的监督管理。

（2）采购质量控制管理。

（3）合同变更的管理。

（4）解决纠纷。

（5）项目组织内部对于变更的理解。

（6）支付管理。

一、项目合同概述

1. 项目合同的概念

实验室项目合同是指实验室项目业主或其代理人与项目承包人或供应人为完成某

一确定的项目所指向的目标或规定的内容，明确相互的权利义务关系而达成的协议。

2. 项目合同的分类

按合同计价方式，实验室项目合同分为固定价合同或固定总价合同、成本补偿合同和单价合同。

（1）固定价合同或固定总价合同。

定义：经项目组织和供应商协商，以双方同意的固定价格作为今后结算的依据，而不考虑实际发生的成本是多少的合同。

奖罚：固定总价合同可能还包括达到或超过既定项目目标的奖励，以及没达到目标的罚款。

比较：固定总价合同对于买方来说风险最小，其次是固定总价加激励费合同。

（2）成本补偿合同。

定义：以供应商提供资源的实际成本加上一定的利润或费用为结算价格的合同。成本补偿合同适用于那些不确定性因素较多，所需资源的成本难以预计又急于实施的项目。

类型：成本加奖励费；成本加固定费；成本加成本百分比。

（3）单价合同。

定义：供应商每单位产品付出的劳动与劳动单位价格的乘积为结算价格的合同。这种合同适用于那些比较标准，但是工作量难以预计的项目。

说明：单价合同可能为高风险合同，也可能是低风险合同，这取决于项目的性质和合同的其他条款。当产品数量或工作任务和范围不是非常明确时，单价合同风险很大，反之较小。

二、项目合同主要内容

合同的内容由合同双方当事人约定。不同种类的合同其内容不一，程序差别很大。签订一个周全的合同，是实现合同目的、维护合法权益、减少合同争执的最基本的要求。合同通常包括如下几方面内容。

（1）合同当事人。

（2）合同标的。

（3）标的数量和质量。

（4）合同价款或酬金。

（5）合同期限、履行地点和方式。

（6）违约责任。

（7）解决争执的方法。

三、项目合同的订立

合同订立应遵循以下原则，即不能违反法律的原则，由合格的法人在协商基础上达成协议的原则，公平合理、等价交换原则，诚信原则等。

《中华人民共和国民法典》（以下简称《民法典》）规定，“当事人订立合同，可以采取要约、承诺方式或者其他方式。”

1. 要约

《民法典》规定，要约是希望与他人订立合同的意思表示。发出要约的人被称为“要约人”，接受要约的人被称为“受要约人”。在实验室项目招标投标中，承包商的投标书就是要约。

2. 承诺

《民法典》规定，承诺是受要约人同意要约的意思表示。如招标人向投标人发出的中标通知书，是承诺。承诺即接受要约，承诺也是一种法律行为，“要约”一经“承诺”，就被认为当事人双方已协商一致，达成协议，合同即告成立，承诺可以迟延、可以撤回。

四、项目合同的效力

合同效力是指合同所具有的法律约束力。只有有效的合同才受到法律保护。

1. 合同生效要件

合同生效，即合同产生法律约束力。合同生效后，业主和承包商须按约定履行合同，以实现目标。

2. 无效合同

无效合同是相对于有效合同而言的，是指合同虽然已经成立，但因其在内容和形式上违反法律、行政法规的强制性规定和社会公共利益，因此被确认为无效。

3. 可撤销合同

可撤销合同是指因意思表示不真实，通过享有撤销权的机构行使撤销权，使已经生效的合同归于无效。欺诈、胁迫、乘人之危、重大误解等原因均可导致合同当事人的意思表示不真实。

4. 效力待定合同

所谓效力待定合同是指合同虽然已经成立，但因其不完全符合有关生效要件的规定，因此其效力能否产生，尚未确定，一般须经有权人表示承认才能生效。如在代理过程中，发生以下情况，其签订的合同效力待定。

（1）行为人没有代理权。

（2）合同超过代理范围。

（3）曾经有代理权，在代理权终止后还以被代理人的名义签订合同。发生以上情况时，行为人可以催告被代理人在一个月内予以追认。如果被代理人追认，则该合同对被代理人有效；否则对被代理人不产生效力，由行为人承担责任。

五、项目合同的履行与违约责任

1. 合同的履行

合同的履行是指合同生效后，当事人双方按照合同约定的标的、数量、质量、价款、履行期限、履行地点和履行方式等完成各自应承担的全部义务的行为。严格履行合同是双方当事人的义务。因此，合同当事人必须共同按计划履行合同，达到合同约定的目标。

项目合同的履行有实际履行和适当履行两种形式。

2. 违约责任

违约责任是指合同当事人违反合同约定。不履行义务或者履行义务不符合约定所应担的责任。没有违约责任制度的合同使“具有法律约束力”成为空话。违约责任制度是保证当事人履行合同义务的重要措施，有利于促进合同的全面履行。

当事人方不履行合同义务或履行合同义务不符合约定的，应承担如下责任。

（1）继续履行合同。

（2）采取补救措施。

（3）支付违约金。

（4）赔偿损失。

因不可抗力导致不能履行合同责任，可以部分或全部免除合同责任。但如果当事人拖延履行合同责任后发生不可抗力，不能免除责任；法律规定和合同约定有免责条件，当满足这些条件时，可以不承担责任。

3. 合同纠纷的处理

解决项目合同纠纷主要有以下四种方式。

（1）协商。

（2）调解。

（3）仲裁。

（4）诉讼。

六、项目合同变更、转让、解除和终止

1. 项目合同变更和转让

（1）合同的变更通常是指由于一定的法律事实而改变合同的内容和标的的法律行为。当事人双方协商一致，就可以变更合同。合同变更应遵循合同签订的原则和程序。

（2）债权人可以将合同的权利全部或部分转让给第三人，但某些情况除外。

（3）合同当事人一方经对方同意，可以将自己的权利和义务转让给第三人。

（4）如果当事人一方发生合并或分立，则应由合并或分立后的当事人承担或分别承担履行合同的义务，并享有相应的权利。

2. 项目合同解除

合同的解除是指消灭既存的合同效力的法律行为。主要特征：一是合同当事人必须协商一致；二是合同当事人应尽恢复原状之义务；三是其法律后果是消灭原合同的效力。合同解除有两种情况：协议解除和法定解除。

只有在不履行主要债务、不能实现合同目的，也就是根本违约的情况下，才能依法解除合同。如果只是合同的部分目的不能实现，或者部分违约，如延迟或者部分质量不合格，一方是不能解除合同的，而应当按违约责任来处理，可以要求违约方实际履行、采取补救措施、赔偿损失。

合同的权利和义务终止，并不影响合同中结算和清理条款的效力。

3. 项目合同的终止

有下列情形之一的，项目合同的权利义务终止。

（1）合同已经按照约定履行。

（2）合同解除。

（3）当事人双方混同为一人而终止。

（4）合同因不可抗力而终止。

（5）合同因当事人协商同意而终止。

（6）仲裁机构裁决或者法院判决终止合同。

第六章　物流系统与技术实验教学示范中心实验室建设

第一节　实验室建设背景、原则、理念、目标

一、建设背景

（一）解决原示范中心不能满足教学需求的问题

北京物资学院物流系统与技术实验教学示范中心为国家级实验教学示范中心。原示范中心由于以下主要原因，无法满足正常的教学示范需求，所以提出新建物流系统与技术实验教学示范中心以满足更高层次的教学示范需求。

1. 操作空间不足，校内物流实验教学无法正常开展

由于场地有限，原示范中心（中心主体）内部的设备已经出现了大面积的堆积现象，原设计的通道已经被实验教学设备所占据，基本的教学空间无法保障，严重影响了教学效果。原示范中心内的设备包括自动化立体仓库、AGV 等 40 多套设施设备，固定资产总值超过 1000 万元，需要的教学面积应该为目前的 2 倍，否则学生在教学过程中无法正常进行实验操作，教师无法开展正常的教学活动。以自动化立体仓库实验为例，其可利用的教学面积不超过 5 平方米，20 余名学生无法在该条件下开展正常的实验活动。

2. 临建主体老化严重，存在重大安全隐患

原示范中心（中心主体）建于 2008 年，是北京物资学院为迎接教育部本科教学质量评估建设的临时性实验室，采用的是钢结构与彩钢板的架构模式。按照当初基建处的设计要求，使用时间不超过 5 年，现已经超出了其设计使用年限，因此常年受到漏雨等困扰，虽经后勤处多次努力维修，但是仍未得到有效解决，最严重的一次过水面积已超过 30%，险些酿成重大安全事故。同时，原示范中心的门窗、照明设施等也严重老化，防尘等措施不足，每年的维护经费不断增加，日常维护经费已经不能满足要求。北京市属于风沙偏大、恶劣天气多的地区，为保障教学安全，原示范中心的日常

维护经费还会呈现大幅上升的趋势，未来将加重学校的财政经费负担。

现代物流作为国家十大调整与振兴规划产业，已经进入快速发展时期，物流人才被列为国家十二种紧缺人才之一；“十三五”期间，国家重点要求全面提高高校学生的创新精神和实践能力，推动高校实验教学改革和创新驱动能力，提高高等教育实验教学质量。具有较强的物流实践操作技能，同时又掌握物流理论基础知识、现代科技知识、专业技术知识的物流管理及工程技术人才必将成为物流行业的紧缺人才。因而建设具有创新创业人才培养模式的新示范中心十分必要。

新建示范中心拟在老体育馆的基础上改造。新规划的示范中心功能强大，不仅承担本校物流管理、物流工程等相关专业的实验教学，还承担着对外开放的示范教学及体验中心、校企合作基地、物流科技成果孵化基地与物流博物馆等任务。

（二）实现学校总体建设发展目标

在物流系统与技术产业发展过程中需要大量具有现代先进物流科学理念、熟练掌握现代物流科学技能的高级应用型专业人才，因此高等院校物流人才培养体系和配套设施建设就显得尤为重要。

传统实验教学是以实体实验室为基础，学生通过动手操作掌握基本的实验技能，但受场地、经费等因素限制，有些基础实验不能在实体实验室进行，需要在虚拟环境中进行，因而虚实结合实验亟待开展。

由于物流系统操作的特殊性，部分实验由于场地、危险性、仪器设备规模等原因，无法在实验室开设，影响了学生对物流系统的综合理解。而北京物资学院本校非物流专业学生普遍缺少接触物流类实验的机会，对物资流通的认识日渐淡薄。

（三）适应现代物流企业发展的需要

随着互联网以及国民经济的飞速发展，物流业的市场需求逐渐扩大，中国物流业保持较快的发展速度，物流体系不断完善，行业运行日益成熟和规范。现代企业的发展不仅需要知识型人才，更需要操作型、复合型人才。

（四）发展物流系统学科实验教学的要求

近十几年来，现代物流系统快速发展极大地改变着传统物流产业的面貌。各学科与物资流通学科紧密交叉和融合，使利用现代物流科学理念改造传统物流进而打造现代物流成为物流产业未来发展的必然趋势，相应地，高等物流院校现代物流人才培养体系和配套设施建设就显得尤为重要。

（五）培养应用型、研究型和复合型高素质人才的需要

实验教学是提高学生实践能力和创新能力的有效途径。物流实验室应成为培养物流管理、物流工程专业学生实践能力和创新能力的重要基地。因此，搭建物流系统与

技术实验教学示范中心，加强北京物资学院物流管理、物流工程专业实验建设，强化实践教育环节，改革现代物流实验教学体制与机制，对提高物流管理、物流工程专业学生实践创新能力，大力提升人才培养水平有重要价值。

二、建设原则

（一）坚持校企紧密合作的原则

物流系统与技术实验教学示范中心建设必须和企业紧密合作，坚持校企共同建设的原则。坚持以就业为导向，根据物流企业技术进步的要求调整实验课程设置，更新实验教学内容，突出动手操作技能的培养和综合能力的培养，确保为相关物流企业输送高素质的毕业生。

（二）坚持技术先进性与适用性相结合原则

建设物流系统与技术实验教学示范中心必须把握物流相关专业技术发展的前沿，结合我国物流业的发展趋势和北京市对物流人才的需求特点。学校的物流实践教学内容必须反映新理念、新知识、新技术和新方法，物流实验实训设施的装备水平必须与之相适应，做到适度超前并留有可发展的空间，使投入具有前瞻性、持久性。在追求先进性的同时，应满足相关专业各层次的不同需求，避免先进而不适用。

（三）坚持示范性和实践性并重的原则

物流系统与技术实验教学示范中心的建设，对培养区域经济建设发展所需的高素质人才有着重要的作用，对相关高校也有一定的示范效应。针对地方高校国家级实验教学示范中心的特色建设，实验教学团队、教学科研实验平台建设，强化实验教学的实效性和网络信息化应用，为当地企业培养综合型物流人才发挥着示范和引领作用。

（四）坚持社会共享性原则

共享性指的是教学资源共享，尽可能保证所建设的物流系统与技术实验教学示范中心与各种资源平台对接的兼容性，注重示范中心的通用性，使之能够进行多学科的综合性教学、实训，能够满足不同院校、不同专业以及社会服务、企业培训的实验教学科研需求。

（五）坚持物流创新人才培养的原则

物流创新人才是国家战略布局和产业结构调整的关键。物流系统与技术实验教学示范中心要本着坚持物流创新人才培养的原则对物流专业学生进行综合培养，使学生具有凭借先进理论、思维方法、经营管理方式和科学技术手段，对传统物流格局中的商流、物流、资金流和信息流进行全面改造和提升的能力。

三、建设理念

物流系统与技术实验教学示范中心的建设过程全面贯彻“增素养、拓思维、育专长、促创新”的实验教学理念与“虚实结合，互为补充，能实不虚”的建设理念，形成了以下三个建设层面。

第一，在“能实不虚”的基础上提出“绿色实验”的新理念，以高成本、高消耗的大型综合物流实验项目为中心，率先开展虚拟化研究与建设，用这些前期建设与研究成果促进其他实验项目的虚拟化水平提升，包括仓储与库存管理实验、物流装备选型与集成实验、物流管理信息系统实验等。

第二，形成以信息化管理为基础的开放式实验教学支撑服务系统，包括以学生为中心的在线实验预习、在线实验讨论、在线提交报告、成绩查阅等服务系统和以教师为中心的集实验教学教务管理、实验教学课程资源管理、实验设备管理、开放教学管理为一体的管理系统。

第三，形成以网上教学为主的实验教育资源拓展和教育形式的创新，即根据实验教与学环节提供最优的教学资源，为学生提供“虚实结合”的实验环境，使学生在真实的实验环境中利用较低的实验成本掌握基本的实验操作技能并在此基础上能进行创造性、开发性的实验研究。

四、建设目标

（一）增强实际操作能力

让学生理解物流中心作业过程及操作要点，通过模拟物流中心作业，使学生掌握物流基本流程、环节，提高操作能力，直观了解物流企业的实际运作流程和单据流转流程。

（二）掌握关键的物流技术

采用先进、实用的物流技术及设备，锻炼学生的物流技术应用及设备的操作水平，如自动拣选系统、立体仓库的自动化控制系统、电子标签辅助系统、GPS 技术及设备、条码技术等。

（三）提升物流知识应用和分析能力

通过对系统流程的分析和运用，加强学生对物流中心内部信息、职能和流程的掌握，逐步提高学生的物流知识应用和分析能力。

（四）培养学生企业入职所需的基本能力

通过实操、模拟、讨论，确保学生深刻体会物流在企业管理中的重要性，通过角色的互换和交流，掌握企业中各物流岗位的基础入职要求和所需的基本技能。

（五）培养学生的创新创业能力

深入发掘物流企业需求与人才培养的结合点，努力探索创新创业人才培养模式和方法，不断完善学生实践创新能力与创业能力的培养机制和方法，为其他高校学生创新创业能力的培养提供借鉴和参考。

新物流系统与技术实验教学示范中心将涵盖物流信息、物流技术、物流经营和物流仿真类全方位、系统化的物流实验课程体系，分别是以 PLC 编程技术为代表的物流技术类实验课程、以计算机网络实训为代表的物流信息类实验课程、以物流运营管理为代表的物流经营类实验课程和以 FlexSim 为代表的物流仿真类实验课程，具体实验课程体系内容如图 6 –1 –1 所示。

物流技术	物流信息
物流装备控制——PLC编程技术 物流工程设计——电工电子技术 物流编程技术 物流实训 应用回归分析实训 物流统计 社会调查方法 物流技术与装备 现代物流技术 数据分析实训	计算机网络实训 物联网技术导论 传感器技术与传感器网络 虚拟仪器技术 物联网技术实训 数据挖掘 计算机编程语言
物流经营	**物流仿真**
物流运营管理 国际货运与货代 配送中心业务实训 电子商务物流管理 仓储运行管理 企业沙盘经营模拟 ERP沙盘实训 企业资源规划实训 国际贸易实务实训 运输路径规划	物流仿真——FlexSim 物流工程设计——CAD绘图实验 配送中心经营模拟 物流系统仿真模拟 物流系统建模 MATLAB ERP系统模拟

图 6 –1 –1　物流系统与技术实验教学示范中心拟开设课程

第二节　物流机械类实验室

物流系统与技术实验教学示范中心机械类实验室主要包括力学实验室和精工实验室。

一、力学实验室

（一）建设目标

力学实验的授课对象是物流工程、机械工程专业的学生，课程类别属于专业基础课。力学实验室的建设目标是学生在完成相关理论知识学习后，通过实验来了解有关的力学性能，掌握基本的测试方法与手段，通过实验了解实验理论，掌握实验技术，进一步深化理解理论知识，提高学生动手、分析问题与解决问题的能力。

学生通过本实验课程的学习，应了解相关的实验理论，掌握各种实验设备的工作原理及使用方法。

（1）通过分组实验，加强学生间相互配合团结协作的精神，以小组为单位评定操作成绩，促使学生积极动手，认真操作。

（2）通过学生自主进行实验相关知识以及理论的预习，完成实验操作，以培养学生自主学习能力和独立设计实验方案的能力，给学生更多的思考空间，为培养学生创新意识创造条件。

（3）通过明确实验要求与目的，使学生能够进行实验结果分析和数据处理，培养学生理论联系实际的能力，学习通过实验得出或证明结论的过程，为今后继续学习相关理论知识、掌握专业实操技能和参与科学研究打下基础。

（二）建设成果

力学实验室设有摆锤式冲击试验机、微机控制电液伺服万能试验机、全数字闭环测控系统、电子扭转测试机、电动塑料洛氏硬度计、布洛维硬度计、静态应变仪、多功能力学实验台等各类仪器设备（见图6－2－1和图6－2－2）。可以完成材料力学实验和教学实习，同时为毕业生论文设计提供实验平台。

目前，可用于开发《力学基础实验》《实验力学》《高等实验工程力学》《工程应用光测技术》《振动力学》等课程。

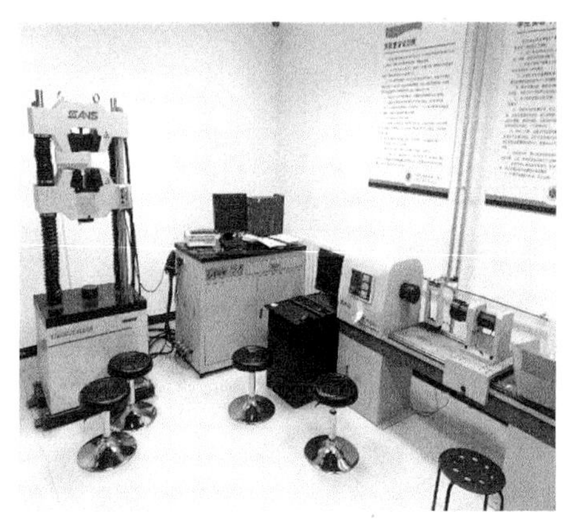

图6－2－1　力学实验室1

图6－2－2　力学实验室2

二、精工实验室

（一）建设目标

精工实验的授课对象是物流工程、机械设计制造及其自动化和物流管理专业的学生，课程类别属于专业基础课。精工实验室将为对精工感兴趣的学生提供实验教学与研创的空间与平台，并以设计实务和技术操作为基础，融合不同专业设计所需，注重培养学生的技术学习和实践能力，使学生在实际操作中提升对设计的整体感知水平，既是培养优秀设计师的必要前提，亦是践行“工匠”精神的重要途径，力争将实验室的潜能与功用发挥到极致，进一步提升大学的设计教育水平及团队的科研创新与职业实践能力。

（二）建设成果

精工实验室设有小型精密和小型多工等各类仪器设备（见图6-2-3），目前为相关教师与科研人员提供了必要的研创实验服务，可用于开发《高分子材料实验》和《精密实验》等课程。

图6-2-3　精工实验室设备

第三节　物流设备类实验室

物流系统与技术实验教学示范中心的物流设备类实验室主要包括智能识别分拣与码垛实验室、冷链实验室和包装实验室。

一、智能识别分拣与码垛实验室

（一）建设目标

码垛机器人是机、电一体化高新产品，是把输送机输送来的料袋、纸箱或其他包装材料按照客户工艺要求的工作方式自动堆叠成垛，并将成垛的物料进行输送的设备。

智能识别分拣与码垛实验室的建设是为了让学生现场观看智能码垛机器人如何进行高效码垛。让学生能够根据用户的生理特征和行为习惯及设备的人机舒适度，通过用户调研、亲身体验、课程教学等方式进行分析，并对相关数据进行整合，最后获得较为合理的人机尺寸并进行操作体验。

（二）建设成果

智能识别分拣与码垛实验室的实验设备为智能识别分拣与码垛机器人系统一套。

智能识别分拣与码垛机器人系统是机、电一体化高新技术产品。自动分拣与码垛应用三维机器视觉系统获取货物三维点云数据，通过算法计算出货物的三维位置及姿态，生成抓取或吸取路径引导机器人从料箱中抓取或吸取货物，并对货物做二次精准定位及放置，进行无序物料的识别、分拣、码垛，实现工业机器人自动化生产线的真正柔性工装。

智能识别分拣与码垛（分拣与码垛机器人）系统，能够实现对产品的自动识别、分区，减轻分拣人员的劳动强度，节省人力成本，并实现连续不断的分拣，提高分拣效率，让以人工为主的传统物流运作流程逐步向智能化、智慧化转变。

应用分拣与码垛机器人，不仅提高了产品的质量和劳动生产率，还保证了人身安全，改善了劳动环境，减轻了劳动强度；同时对于节约原材料消耗以及降低生产成本也有着十分重要的意义。将工业机器人技术应用于运输工业领域，促使码垛自动化，可以加快物流速度，获得整齐一致的物垛，减少物料的破损和浪费。

分拣与码垛机器人特点有以下几方面。

（1）结构简单、零部件少。因此零部件的故障率低、性能可靠、保养维修简单、所需库存零部件少。

（2）占地面积小。有利于客户厂房中生产线的布置，并可留出较大的库房面积。即使将分拣与码垛机器人设置在狭窄的空间，也可有效使用。

（3）适用性强。当客户产品的尺寸、体积、形状及托盘的外形、尺寸发生变化时，只需在触摸屏上稍做修改即可，不会影响客户的正常生产。而机械式码垛机更改相当麻烦甚至是无法实现的。

（4）能耗低。通常机械式码垛机的功率为 26kW 左右，而分拣与码垛机器人的功率为5kW左右。大大降低了客户的运行成本。

（5）全部控制在控制柜屏幕上操作即可，操作非常简单。

（6）只需定位抓起点和摆放点，教示方法简单易懂。

如今，智能码垛实验室设有智能分拣与码垛机器人等设备（见图6-3-1），可用于开发《仓库管理》《物流设备》《机械制造工艺学》《控制工程》《机电一体化》等课程。

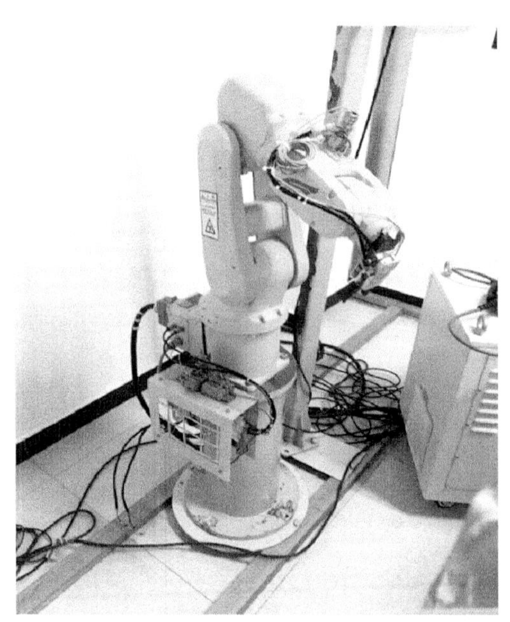

图6-3-1 智能识别分拣与码垛实验室设备

二、冷链实验室

（一）建设目标

冷链实验室是由物流学院和北京盛世华人供应链管理有限公司共同建立，旨在让学生了解使药品或食品在产品加工、贮藏、运输、分销和零售各个环节始终处于产品所必需的低温环境下，以保证食品质量安全、减少损耗、防止污染的特殊供应链系统。让学生了解冷链物流工艺以及各项技术在冷链物流中的应用。

（二）建设成果

冷链实验室现设有冷藏箱、冰排、冰箱、温控设备等各类冷链物流所需的基本工具（见图6-3-2、图6-3-3）。目前冷链实验室可用于开发《冷链物流》《冷链物流运营实务》《冷链运输》等课程。

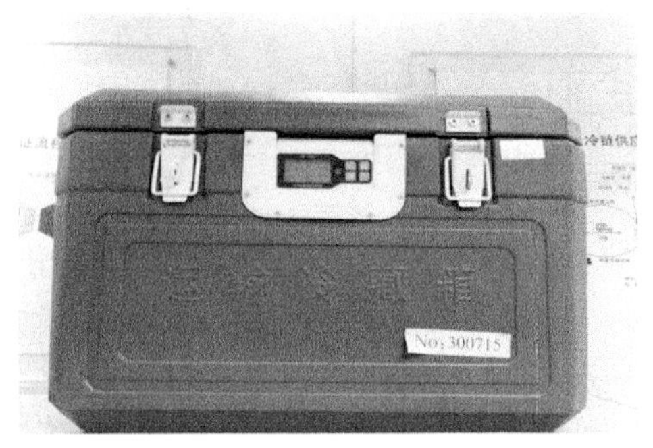

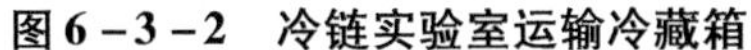
图6-3-2　冷链实验室运输冷藏箱

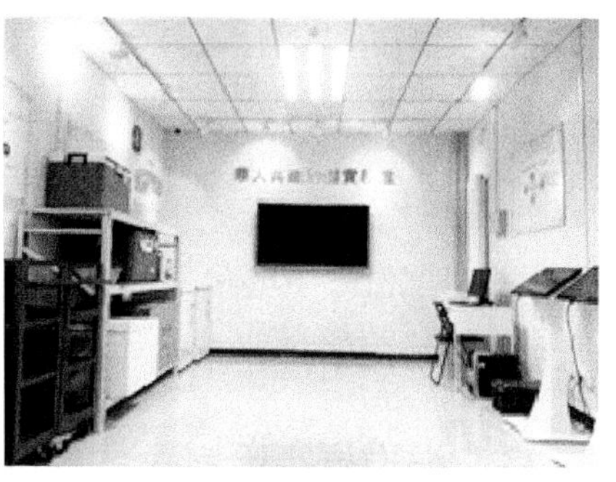

图6-3-3　冷链实验室

三、包装实验室

（一）建设目标

包装实验室承担物流工程、机械设计制造及其自动化等专业本科生、研究生的实验教学和科研工作。

包装实验室的建设旨在让学生了解包装在物流中的作用，让同学们了解通过压缩包装耗材的尺寸降低材料成本的方法，减少社会资源的浪费；用环保的新材料替代旧材料，使包装物能够循环利用，进而实现节能环保。以基本实验为基础提高学生动手能力，以设计实验为核心提高学生设计能力，以研究性实验为目标提高学生创新能力。

（二）建设成果

包装实验室主要设有称重式填充机、立式自动封口机、收缩包装机、立式自动裹包机、高台型半自动捆扎机、真空包装机、自动封箱机、多段式差速输送机等实验设备（见图6-3-4、图6-3-5），目前可以开发《工程质检》《现代包装技术》《包装结构设计》《包装测试技术》《高分子材料》和《包装印刷学》等课程。

图6-3-4　包装实验室设备

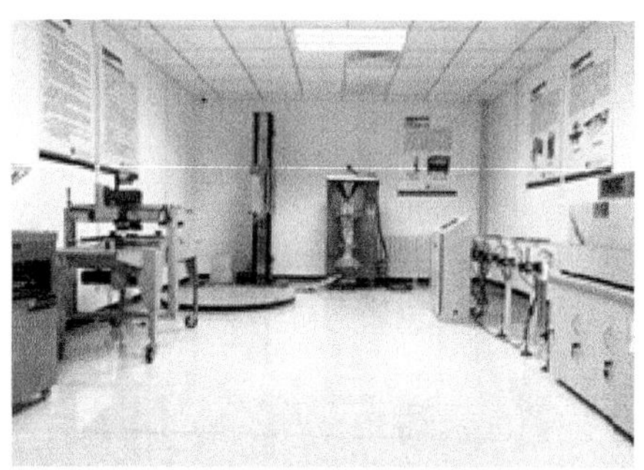

图6-3-5　包装实验室

第四节　物流虚拟类实验室

物流虚拟类实验室主要包括物流虚拟仿真计算中心、云采购实验室、VR/AR 实验室、智慧供应链协同创新实验室。

一、物流虚拟类实验室总体建设

（一）物流虚拟类实验室建设历程

学校充分利用物流系统与技术实验教学示范中心完善的软硬件实验设备和科研队伍，在数字化虚拟仿真实验室建设方面进行了深入探索与创新，建设“物流系统与技术虚拟仿真实验教学中心”。该中心的建设仍在不断深入，现阶段的建设成果已经投入实践教学，为应用型、创新型人才培养创造了有利条件，满足物流类专业厚基础、宽口径、重实践、强能力的复合型人才培养需求。

物流系统与技术虚拟仿真实验教学中心秉承“虚实融合互补，多元协作创新”的教学理念，坚持“三个阶段（基础阶段、高级阶段和发挥阶段），四种类型（基础型、应用型、综合型和专业型），五个层次（验证性、提高性、设计性、综合性和开发研究性）”的实验教学模式，拓展学生的创新性思维，提升学生的综合实践能力，为社会培育了大量实战型、复合型人才（见图 6－4－1）。

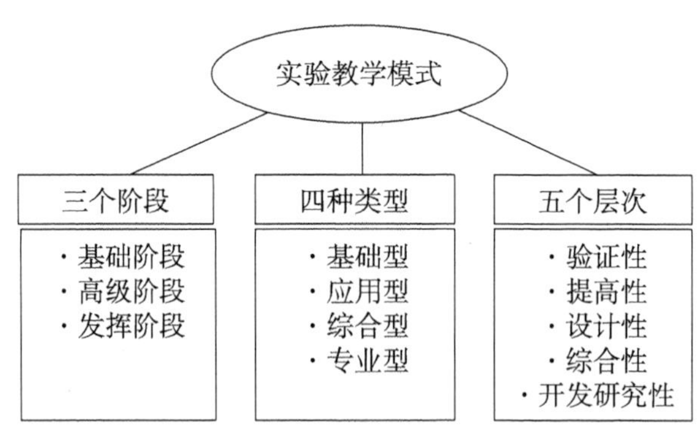

图 6－4－1　物流系统与技术虚拟仿真实验教学中心

（二）下一步建设目标

物流系统与技术虚拟仿真实验教学中心将进一步优化体系结构，强化对物流类专业人才的培养，突出平台建设、模块化设计，在原有的“多专业＋多课程＋多层次＋多要求”的内容体系基础上，形成满足跨专业需求，融合课程群建设，满足多层次要求，建立满足多元化能力培养需求的实验教学框架，构建包括物流综合学科基础实验平台、专业综合能力培养实验平台、创新能力培养实验平台、校外实践拓展实验平台在内的四层次实验教学体系。其中物流综合学科基础实验平台立足于物流基础学科实验培养要求；专业综合能力培养实验平台侧重于专业能力培养；创新能力培养实验平台依托现有学科基础研究平台，培养学生创新能力；校外实践拓展实验平台立足于校外实践基地，与企业共建校企合作实验室，完成理论知识的应用与实践，并鼓励学生进一步创新，从而检验学生的学习效果，形成闭环的实践教学培养模式。

物流系统与技术虚拟仿真实验教学中心计划在三年内完成以下建设目标。

（1）新增至少5个面向物流相关专业的虚拟仿真教学平台：结合学校与学院的学科特色优势与发展方向，计划新增5个相关学科虚拟仿真实验教学平台，并且在五年内，使中心的虚拟仿真实验教学资源覆盖学校的全部专业。

（2）新增30～40个虚拟仿真实验项目：计划在三年内新增虚拟仿真实验项目30～40个，包含物流学院物流管理专业、物流工程专业、机械设计制造及其自动化专业、采购管理专业、质量管理工程专业、供应链管理的虚拟仿真实验项目20个，其余相关专业学科虚拟仿真实验项目10个。

（3）扩大虚拟仿真实验教学中心教学资源共享的范围：从虚拟仿真实验项目共享范围与建设同步、校内外共享同步、底层开发平台的开放和共享、虚拟仿真实验教学管理资源的共享四个方面建设完善的虚拟仿真实验资源网络共享平台。

（三）虚拟仿真实验教学中心教学资源

物流系统与技术虚拟仿真实验教学中心有基础实验、专业技能实验、综合创新实验三大实验模块，共有三大平台：物流通识虚拟仿真实验平台，物流特色虚拟仿真实验平台、综合创新虚拟仿真实验平台。其中物流通识虚拟仿真平台主要面向物流工程和物流管理专业，开设2门实验课程，实验项目10个，通识实验系统 Lingo 和 SPSS Clementine 2个；物流特色虚拟仿真实验平台开设实验课程15个，实验项目75个；综合创新虚拟仿真实验平台开设实验课程6门，实验项目19个；承担国家级项目18项，省级课题90余项。物流系统与技术虚拟仿真实验教学中心框架及架构如图6－4－2和图6－4－3所示。

（四）课程及室验项目

物流系统与技术虚拟仿真实验教学中心主要拟开设课程及开展的实验项目如表6－4－1所示。

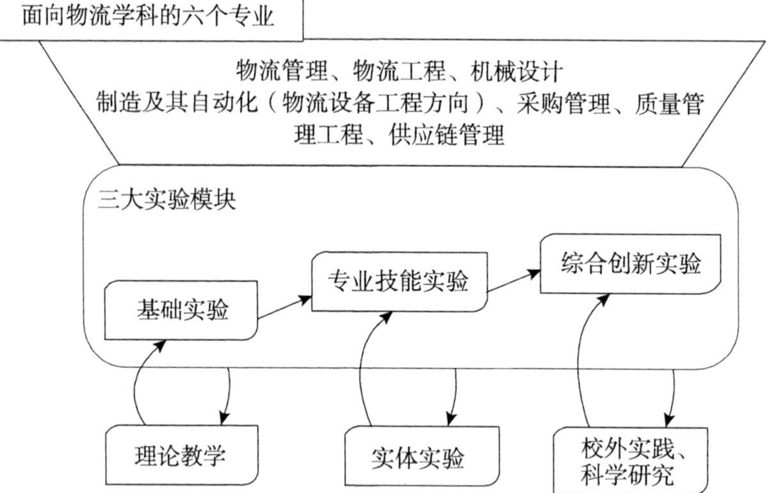

图 6－4－2　物流系统与技术虚拟仿真实验教学中心框架

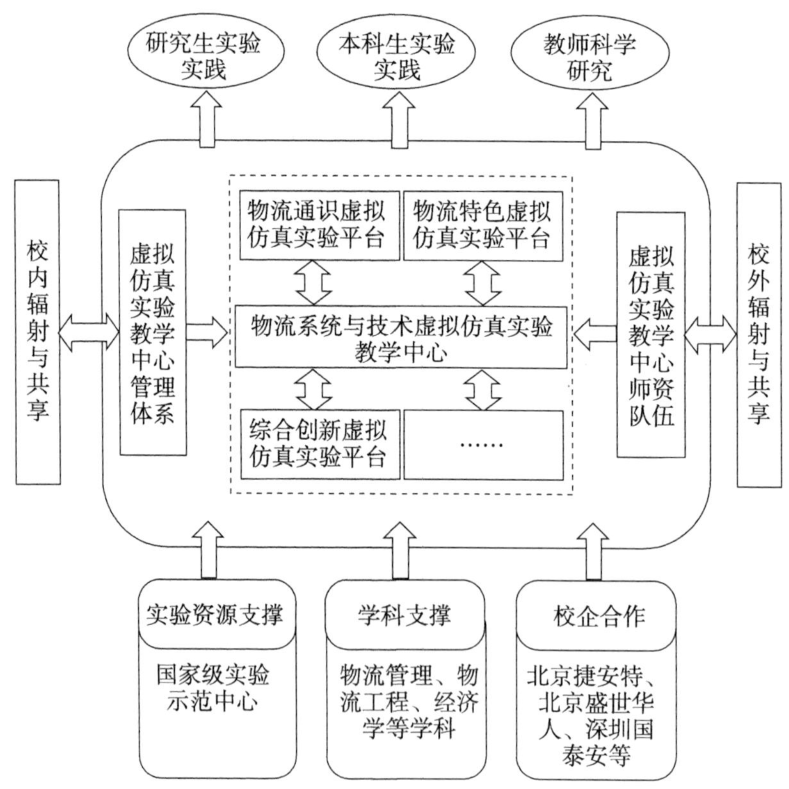

图 6－4－3　物流系统与技术虚拟仿真实验教学中心架构

表 6－4－1　　物流虚拟仿真实验教学中心主要拟开设课程及开展项目

<table>
<tr><th>序号</th><th>实验课程</th><th>面向专业</th><th>实验项目</th><th>实验系统</th></tr>
<tr><td rowspan="6">1</td><td rowspan="6">多元统计分析及软件应用</td><td rowspan="6">物流工程、物流管理</td><td>运输问题</td><td rowspan="6">Lingo</td></tr>
<tr><td>指派问题</td></tr>
<tr><td>数据包络分析 CCR 模型</td></tr>
<tr><td>允许缺货的经济订购批量存储模型</td></tr>
<tr><td>经济订购批量折扣模型</td></tr>
<tr><td>带有约束的允许缺货模型</td></tr>
<tr><td rowspan="4">2</td><td rowspan="4">数据挖掘理论及软件应用</td><td rowspan="4">物流工程</td><td>决策树</td><td rowspan="4">SPSS Clementine</td></tr>
<tr><td>聚类分析</td></tr>
<tr><td>关联规则分析</td></tr>
<tr><td>时间序列分析</td></tr>
<tr><td rowspan="3">3</td><td rowspan="3">物流中心作业仿真</td><td rowspan="3">物流工程、物流管理</td><td>物流设备仿真实训实验</td><td rowspan="3">物流设备 3D 模拟操作系统</td></tr>
<tr><td>设备布置与优化仿真实验</td></tr>
<tr><td>设备状态仿真与可靠性分析</td></tr>
</table>

二、物流虚拟仿真计算中心

（一）实验室建设

物流虚拟仿真计算中心为 FlexSim、AutoCAD、IBM SPSS Statistics 等高要求的实验软件提供实验教学平台，提升了实验室服务水平，为以物流系统模拟仿真为代表的物流系统类实验课程、以配送中心规划模拟仿真为代表的物流规划类仿真课程、以企业 ERP 模拟仿真为代表的企业运营类实验课程提供了虚拟仿真的实验平台，学生可更直观地学习相关专业知识。

（二）建设成果

物流虚拟仿真计算中心面积为 231.6 平方米，实验设备价值百万余元，实验软件系统十余套，涉及多门实验课程，能同时容纳约 120 人进行实验，能够满足物流管理、物流工程、质量管理工程等专业学生和本校其他院系学生物流类课程的日常教学、规划仿真及集中实训的实验需求，也能够为学生开展创新创业活动提供场地和设施设备的保障。物流虚拟仿真计算中心如图 6－4－4 所示。

图 6－4－4　物流虚拟仿真计算中心

三、云采购实验室

（一）实验室共建

云采购实验室为北京物资学院与上海汇招信息技术有限公司共建，公司为实验室配备招标采购云服务平台及其运维服务，提供随时可用的采购寻源和交易的“生产环境”，未来扩展到包括订单管理、物流仓储、结算支付的采购全过程。

（1）结合学院课程安排，定期或不定期举行实战培训，帮助学员掌握平台操作，并在此基础上充分了解互联网招标采购与传统纸质模式的差别和相对优势。条件具备时联合用人企业，针对高年级学生开设暑期招标采购实训班。

（2）邀请互联网招标采购领域的资深专家和实践者，为师生开设讲座，介绍国家改革动向、行业前沿动态以及企业最佳实践。

（3）吸引和组织学员对平台的功能设计和技术实现方式展开实验性的优化。

（4）依托实验室平台和上海汇招信息技术有限公司的数据，支持学院教师开展“互联网＋采购管理”以及数字化采购生态链等创新研究。

云采购实验室 2018 年建设计划如表 6－4－2 所示。

表 6－4－2　云采购实验室 2018 年建设计划

月份＼内容＼日期	1—7 日	8—15 日	16—22 日	23—30/31 日
3				提出规划
4	规划论证	硬件配备	设施改造	设施到位
5	平台部署	部署调试	用户培训	验收挂牌
6	投入使用			

（二）建设成果

云采购实验室建成后有36个工位（包含教师用），共有实验室电脑36台。让学生全面了解企业如何在一定的条件下从供应市场获取产品或服务作为企业资源，以保证企业生产及经营活动正常开展。

未来，实验室将充分利用各种资源，发挥“产学研”结合的互补优势，进一步探索新模式，为提高我国全社会采购管理水平和经济运行效率作出卓越贡献。云采购实验室现可以开发《采购管理创新创业课程》《ERP模拟实训》《采购与供应管理》《采购管理》《采购成本分析》等课程，云采购实验室如图6－4－5所示。

图6－4－5　云采购实验室

四、VR/AR实验室

（一）实验室建设

教育部等五部门印发《教师教育振兴行动计划（2018—2022年）》的通知，该“行动计划”中明确指出要充分利用云计算、大数据、虚拟现实、人工智能等新技术。VR/AR实验室利用虚拟现实技术呈现物流仓储、运输、港口、物流安全、物流文化、物流设备、仓库布局及海运地理等相关内容，同时支持海量内容的拓展。

虚拟现实/增强现实（VR/AR）作为一种新的技术手段在教育领域进行跨界融合，学习者能够在虚实融合的教学情境中，以最贴近自然的方式进行自主探索。基于增强现实的交互手段为课堂提供了新的教学方式，知识的交互性、流动性和情境性会越来越高。

虚拟现实技术是利用电脑模拟一个三维空间，供使用者进行视觉、听觉、触觉等感官的模拟，让使用者如身历其境一般，可以及时、无限制地观察三维空间内的事物。

VR/AR 实验室主要包括 8 个大系统，具体如表 6－4－3 所示。

表 6－4－3　　VR/AR 实验室系统

序号	系　统
1	VR 物流安全实验系统
2	VR 物流文化认知系统
3	VR 智慧仓储实验系统
4	VR 物流设备实验系统
5	VR 智慧港口实验系统
6	AR 仓储实验资源库
7	AR 运输实验资源库
8	AR 港口物流实验资源库

（二）建设成果

（1）承担专业课题的科研工作。

（2）支撑目标专业的核心课程日常教学。

（3）支撑专业知识和技能的虚拟实训场景的实践操作。

（4）虚拟资源库可与专业教学大纲高度匹配，完成专业技能的仿真训练。

（5）辅助学校进行学科与虚拟仿真技术结合的相关科研活动。

（6）为学校节省大量用于购买实训设备的资金。

VR/AR 实验室可开发《仓储管理实验》《运输配送实验》《国际物流实验》《冷链物流实验》《物流文化认知》《设施设备认知》和《电子商务实验》等课程，VR/AR 实验室设备如图 6－4－6 所示。

图 6－4－6　VR/AR 实验室设备

五、智慧供应链协同创新实验室

（一）共建实验室

为创新物流人才培养模式，深化课程与教学改革，提高学校物流人才培养质量与就业质量，依据《校企共建开放式物流创新实验中心合作计划》，北京物资学院与北京络捷斯特科技发展股份有限公司共建了智慧供应链协同创新实验室，推动产、学、研合作机制健全发展，加快培养创新型、高端复合型、技术技能型物流人才生力军，提升物流科研水平并积极发挥服务经济社会的职能，服务《中国制造 2025》战略目标，服务物流产业发展及转型，服务学生成长成才、创新创业及职业的可持续发展需求，提升人才培养服务经济社会与物流产业发展的能力。

智慧供应链协同创新实验室是以模拟供应链物流运作为主的实验室。实验室以供应链模拟平台为依托，搭建零售商、销售商、制造商、供应商和物流公司等企业，构筑一个类似真实的供应链环境，为学生塑造了一个了解企业、了解供应链的完整学习环境，指导学生运用信息技术开展综合物流实践活动，直观感受供应链上下游各企业的工作流、物流、资金流和信息流，切身体验供应链中各企业的不同岗位和作业流程，在实训中感悟和探寻供应链管理规律。

（二）建设成果

智慧供应链协同创新实验室基于大数据驱动下的供应链规划，以运营业务为主线，设计了 SC 实验室、DT 实验室、VR 实验室、X 实验室及互动教学区。为综合培养学生的统筹、协作、分析、执行、动手、创新的能力，以及逻辑思维、创造性思维和竞争意识，提供智慧学习环境。

智慧供应链协同创新实验室基于智慧供应链核心能力的基本要求，引入“供应链规划和计划”“运营和执行”“大数据和智能”“认知”四大平台约 20 个系统。可培养学生适应智慧供应链要求的复合能力，同时为创新创业及高校科研创新成果的产出提供支持。

智慧供应链协同创新实验室以供应链上核心环节对应岗位为导向，以工作流程为线索，配置了“供应链规划和计划”“运营和执行”“大数据和智能”“认知”四个方向的创新课程体系，总计 112 个实验，可满足 360 课时的教学需求。

智慧供应链协同创新实验室能够为物流管理、采购管理、供应链管理等专业践行校企融合的智慧供应链人才培养模式、理实结合的课程教学方法、跨专业耦合的开放式创新实验体系和以综合职业能力评测为核心的供应链人才认证服务体系等提供系统化、规范化、一体化的产品和服务，打破专业间的学科壁垒，提高各专业的科研水平及社会服务能力。

智慧供应链协同创新实验室可开发《供应链管理》《仓储与库存管理》《运输管理》《绿色物流》《采购与供应链管理》《供应链金融》等课程，智慧供应链协同创新实验室实景如图6－4－7所示。

图6－4－7　智慧供应链协同创新实验室实景

第七章　物流系统与技术实验教学示范中心物流系统建设

物流系统与技术实验教学示范中心物流系统的建设可以为学生创造更多的实践机会，提高学生职业技能，为培养学生的动手能力和自主创新能力开发更多的实践性课程。

依托物流系统与技术实验教学示范中心的物流系统可以让学生掌握自动化立体仓库与自动化分拣系统的构造及运行原理，且能够独立完成物流系统的基本操作，能够对自动化立体仓库与自动化分拣系统进行设计与优化；熟悉仓储管理信息系统，培养学生仓储管理信息系统开发与优化的技能，能够通过 VR/AR 设计物流场景及物流实验，使学生成为能够独当一面的实战型应用工程人才。

物流系统与技术实验教学示范中心的物流系统是根据物流企业典型的系统，针对物流工程专业教学特点而设计的，通过构建真实物流环境、按实际物流工作操作规范和业务流程设置相关实验项目，旨在为学生创造一个接近现实物流企业环境的教学实践模拟课程体系，为教师提供多种辅助教学手段，提高学生的专业实操能力和社会实践能力，通过物流系统的实践操作和物流场景的模拟，强化学生创造能力的培养，使学生具备在实验中发现问题、提炼问题、总结问题、分析问题和解决问题的综合能力，争取更多的就业机会。

物流系统实验能够让学生熟练操作自动化立体仓库的入、出库，自动化分拣系统的分拣，掌握自动化立体仓库与自动化分拣系统的选型与配置，了解自动化立体仓库与自动化分拣系统设计的内容、构成部分的名称及其技术参数，能够对仓储信息系统进行开发与优化，能够对自动化立体仓库与自动化分拣系统进行设计与优化，能够通过 VR/AR 实现物流场景的设计与优化。

第一节　多层穿梭车系统

一、建设目标

通过多层穿梭车系统的建设能够让学生直观形象地观察该物流设备是如何运行的，

让学生根据理论知识学会根据不同场景设计多层穿梭车系统，主要包括高运行速度、高节拍需求、穿梭车路径规划及调度；了解该系统的低能耗设计、多产品及订单量身定制、系统扩展灵活性和空间场地多样化等特点；了解穿梭车如何“推拉夹抱”快速取货，其行走定位精度、转轨技术、换层技术、供电技术以及高效率轻量化等方面的设计原理和运行机理。

二、多层穿梭车系统建设

（一）系统建设

多层穿梭车系统由北京物资学院与北京机械工业自动化研究所有限公司（北自所）共同建设，此系统建设为单巷道、两排、四列、四层的结构，该结构设计非常紧凑，比一般传统的解决方案占地面积减少了30%～50%。该多层穿梭车系统采用PLC控制和滑触线供电方式；穿梭车采用双深位伸缩货叉进行夹抱式存、取货，由提升单元和穿梭车配合完成货物的出入库任务。

（二）课程建设

针对多层穿梭车的课程建设主要分为三个阶段：第一阶段为让学生完成对多层穿梭车立库系统的认知，包括多层穿梭车系统的概念、特点及适用场景。第二阶段为掌握多层穿梭车的运行原理及系统的操作，包括运行流程及运行原理、出库实验、入库实验、盘点实验。第三阶段为多层穿梭车系统的设计，包括设计原则、设计步骤、设计主要内容、设计的优化等。学生通过以上三个阶段的学习能够完成对多层穿梭车立库系统的操作，并且能够根据企业实际需求对多层穿梭车系统进行设计与优化。

三、建设效果

目前，物流系统与技术实验教学示范中心多层穿梭车系统由多层穿梭车、货架和仓储管理信息系统等部分组成，能够供基本实验教学与教师学生研究所用，如图7－1－1所示。

图7－1－1　多层穿梭车系统

第二节　“托盘式立库＋循环搬运”系统

一、建设目标

通过“托盘式立库＋循环搬运”系统的建设让学生了解系统的结构与立库的工作原理，能够对立体货架进行分类，会根据不同仓库选择不同的货架。在一定的理论研究基础上，根据仓库的高度与深度，考虑垂直荷载、水平荷载、出入库效率、抗震性和各种工艺进行托盘式立库的设计。还应了解自动化立体仓库出入库与循环搬运系统衔接的问题。

“托盘式立库＋循环搬运”系统是教师与学生科研，或者毕业设计的应用工具，旨在引导与培养学生的创新精神与实践能力，也为相关教师与科研人员提供必要的研创实验服务，使实验室形成集教学、科研、实践于一体的综合性平台，力争将实验室的潜能与功用发挥到极致，进一步提升大学的设计教育素质以及团队的科研创新能力。

二、“托盘式立库＋循环搬运”系统建设

（一）系统建设

“托盘式立库＋循环搬运”系统由北京物资学院与北自所共同建设，此系统由托盘式立体货架与循环搬运系统组合而成，托盘式立体货架建设为单巷道、两排、六列、七层的结构，由于托盘所堆垛的货物较重，采用双立柱式堆垛机，该堆垛机采用三级货叉，伸缩性强，节省空间。“托盘式立库＋循环搬运”系统以1∶1比例按照现代化物流企业的标准建设，能够完成货物的出库、入库、盘点、存储等作业任务。

（二）课程建设

针对“托盘式立库＋循环搬运”系统的课程建设主要分为四个阶段。第一阶段为“托盘式立库＋循环搬运”系统的认知，包括托盘式立库系统的概念、托盘式立库系统的特点及适用场景、循环搬运系统的认知、循环搬运系统的特点及适用场景。第二阶段为掌握“托盘式立库＋循环搬运”系统的运行原理及对系统的操作，包括运行流程及运行原理、出库实验、入库实验、拆叠盘实验、码垛实验、盘点实验。第三阶段为能够根据不同场景对“托盘式立库＋循环搬运”系统进行选型，包括托盘的选型、堆垛机的选型、货架的选型、循环搬运车的选型。第四阶段为“托盘式立库＋循环搬运”系统的设计，包括设计原则、设计步骤、设计主要内容、设计的优化等。

三、建设效果

目前，物流系统与技术实验教学示范中心“托盘式立库＋循环搬运”系统由双立柱式堆垛机、立体货架和仓储管理信息系统、循环搬运系统等部分组成，能够供基本实验教学与师生科学研究所用，如图7－2－1所示。

图7－2－1 “托盘式立库＋循环搬运”系统

第三节 料箱式立库系统

一、建设目标

料箱式立库系统是针对平均或者低周转速度订单拣货的解决方案，采用单臂式堆垛机，以激光作为定位依据，其作业效率完全可以满足实际生产需求，既可以进行闭环循环存取以达到教学效果，也可以进行实际生产出入库。

建设料箱式立库系统能够让学生了解系统的结构与工作原理；能够对料箱式立体货架进行分类，会根据不同仓库选择不同的货架；在一定的理论研究基础上，设计料箱式立库，根据仓库的高度与深度，考虑垂直荷载、水平荷载、出入库效率、抗震性和各种工艺进行料箱式立库的设计；了解自动化立体仓库出入库与传送带衔接的问题。

料箱式立库系统是教师与学生进行科研，或者毕业设计的应用工具，旨在引导与培养学生的创新精神与实践能力。

二、料箱式立库系统建设

（一）系统建设

料箱式立库系统由北京物资学院与北自所共同建设，该系统的存储单元为料箱，建设为单巷道、双排、二十列、十八层的结构，存储单元质量较轻，采用单立柱式堆垛机，料箱式立库系统以 1∶1 比例按照现代化物流企业的标准建设，能够完成货物的出库、入库、盘点、存储等作业任务。

（二）课程建设

针对料箱式立库系统的课程建设分为三个阶段。第一阶段为料箱式立体仓库的认知，包括料箱式立体仓库的概念、料箱式立体仓库的特点及适用场景。第二阶段为让学生掌握料箱式立体仓库系统的运行原理及操作，包括运行的流程及运行原理、出库实验、入库实验、盘点实验、码垛实验。第三阶段为料箱式立体仓库系统的设计，包括设计原则、设计步骤、设计主要内容、设计的优化。学生通过三个阶段的学习能够完成料箱式立库系统的操作，并且能够根据企业实际需求对料箱式立库系统进行设计与优化。

三、建设效果

目前，物流系统与技术实验教学示范中心料箱式立库系统由单立柱式堆垛机、货架和仓储管理信息系统、辊式机等部分组成，能供基本实验教学与教师学生研究所用，如图 7－3－1 所示。

图 7－3－1　料箱式立库系统

第四节　流利式货架拣选系统

一、建设目标

流利式货架拣选系统的建设是为了让学生能够了解流利式货架、重力式货架、隔板式货架；让学生掌握流利式货架拣选系统的工作原理，让学生掌握按照订单拣选、按照批次（波次）拣选、按照流程拣选等各类拣选方式，并能够根据理论知识设计拣选系统。

二、流利式货架拣选系统建设

（一）系统建设

流利式货架拣选系统由北京物资学院与北自所共同建设，该系统的货架建设为隔板式货架、流利式货架、重力式货架等形式，让学生对货架的形式有更形象的认识。该系统根据电商企业、医药公司的真实情景建设，通过上位机命令的下达，配合电子标签的使用，进行半人工式的拣选；能够完成对货物的存储以及拣选。

（二）课程建设

针对流利式货架拣选系统的课程建设分为三个阶段。第一阶段为对流利式货架拣选系统的认知，包括流利式货架拣选系统的概念、流利式货架拣选系统的特点及适用场景。第二阶段为掌握流利式货架拣选系统的运行原理及对系统的操作，包括运行的流程及运行原理、分拣实验、包装实验。第三阶段为对流利式货架拣选系统的设计，包括设计原则、设计步骤、设计主要内容、设计的优化。学生通过对流利式货架拣选系统三个阶段的学习能够针对电商企业或医药公司的实际需求对货架的规格以及管理系统进行设计及优化。

三、建设效果

流利式货架拣选系统由流利式货架、重力式货架、隔板式货架、辊式输送机、仓储管理信息系统组成，能供基本实验教学与教师学生研究所用，如图 7－4－1 所示。

图7－4－1　流利式货架拣选系统

第五节　滑块式分拣系统

一、建设目标

滑块式分拣系统的建设是为了让学生能够了解滑块式分拣机的工作原理，了解货物如何进行分拣，通过哪些技术实现分拣；让学生能够根据理论知识针对不同场景的分拣要求从步进电机、导向轮、滑块等的选择开始来设计和优化滑块式分拣系统。

二、滑块式分拣系统建设

（一）系统建设

滑块式分拣系统是由北京物资学院与深圳市中诺思科技股份有限公司共同建设的，该滑块式分拣系统有三个入口和三个出口，入口处设置有排队机制，依靠 RFID 技术对货物进行识别从而完成货物的拣选。该系统真实模拟了配送中心或快递企业的分拣系统，能够让学生直观形象地了解配送中心或快递企业物流中心的实际运作情况。

（二）课程建设

针对滑块式分拣系统的课程建设分为三个阶段。第一阶段为对滑块式分拣系统的认知，包括滑块式分拣系统的概念、特点及适用场景。第二阶段为掌握滑块式分拣系统的运行原理及系统操作，包括运行流程及运行原理、分拣实验、包装实验。第三阶段为滑块式分拣系统的设计，包括设计原则、设计步骤、设计主要内容、设计的优化。学生通过对滑块式分拣系统三个阶段的学习能够对系统有足够的认识，能够针对不同情景对滑块式分拣系统进行设计与优化。

三、建设效果

滑块式分拣系统是由控制装置、分类装置、输送装置及分拣道口组成的。能供基本实验教学与教师学生研究所用，如图 7－5－1 所示。

图 7－5－1 滑块式分拣系统

第六节 提升单元系统

一、建设目标

提升单元系统的建设是为了让学生了解提升机的工作原理，让学生能够根据不同的应用场景选择不同动力源或不同载重能力的提升机。让学生能够根据需求选择合适的电机、联轴器、链条等重要部件进行提升单元系统的设计。学生通过对该系统的实验，可以掌握不同货物提升与下降的稳定性与运行速度、物品的特性及堆放结构等。

二、提升单元系统建设

（一）系统建设

提升单元系统是由北京物资学院与北自所共同建设的，该提升单元系统为三层结构，能够在物流活动中起到辅助跨层作业的作用，从而降低物流强度。提升单元系统真正实现了物料搬运、部件装配的高速、精准、便捷和安全，为企业大幅提高生产效率、降低人力成本提供了一种实实在在的方法。

（二）课程建设

针对提升单元系统的课程建设分为三个阶段。第一阶段为提升单元的认知，包括提升单元的概念、提升单元的特点及适用场景。第二阶段为掌握提升单元系统的运行原理及设备操作，包括运行的流程及运行原理、提升实验、码垛实验。第三阶段为提升单元系统的设计，包括设计原则、设计步骤、设计主要内容、设计的优化。

三、建设效果

提升单元系统由驱动装置、链条、齿轮等组成，能供基本实验教学与教师学生研究所用，如图 7－6－1 所示。

图 7－6－1　提升单元系统

第七节　AGV 拣选系统

一、建设目标

AGV 拣选系统的建设是为了给学生生动形象地展示物流企业中 AGV 的工作流程及场景，目的是让学生掌握 AGV 拣选的工作原理，让学生会操作 AGV 拣选系统，并了解 AGV 拣选系统的管理信息系统与作业调度。

AGV 拣选系统是由移动机器人、可移动货架、拣货工作站等硬件系统组成，以人工智能算法的软件系统为核心，完成拣选、补货、退货、盘点等流程的智能搬运系统。

二、AGV 拣选系统建设

（一）系统建设

AGV 拣选系统是由北京物资学院与北自所共同建设的。AGV 拣选系统真实展现了物流企业或快递企业 AGV 的拣选过程与“货到人”的拣选方式。AGV 拣选系统通过操作系统、调度系统、AGV 小车、地标二维码来实现“货到人”的拣选。

（二）课程建设

针对 AGV 拣选系统的课程开发分为三个阶段。第一阶段为 AGV 拣选系统的认知，包括 AGV 拣选系统的概念、特点及适用场景。第二阶段为掌握 AGV 拣选系统的运行原理及设备操作，包括运行的原理、基本运行实验、拣选实验、路径规划实验。第三阶段为 AGV 拣选系统的设计，包括设计原则、设计步骤、设计主要内容、设计的优化。

三、建设效果

AGV 拣选系统是由 AGV 小车、控制系统、调度系统、地标二维码、货架组成的，如图 7 -7 -1 和图 7 -7 -2 所示。

图 7 -7 -1　AGV 拣选系统

图 7 -7 -2　AGV 小车

第八章　物流系统与技术实验教学示范中心系统工程建设

物流系统与技术实验教学示范中心的系统工程建设主要包括地面工程、吊顶工程、空调及通风工程、家具工程、监控及可视化工程、标志标识工程、消防工程等。系统工程建设主要在北京物资学院原体育馆的基础上进行，系统工程的改建分为三个阶段。第一阶段是对地基以及地面进行改造；第二阶段是对吊顶、空调及通风系统、消防工程进行改造；第三阶段是家具工程、标志标识工程、监控及可视化工程的建设。

第一节　地面工程

在地面工程改造之前，先将原体育馆的地基进行改造（见图 8－1－1），并每月对工程进展情况进行汇报，最终完成地基处理、钢结构混凝土基础工程、钢结构主体施工（见图 8－1－2 和图 8－1－3）、二次结构施工、外立面改造（见图 8－1－4 和图 8－1－5）等工作。

图 8－1－1　原体育馆地基改造

图8-1-2 钢结构主体施工前期

图8-1-3 钢结构主体施工后期

图8-1-4 外立面改造前

图8-1-5 外立面改造后

待地基等基础工程施工完毕后，开始进行地面工程施工。物流系统与技术实验教学示范中心的地面工程选用环氧树脂地坪（环氧树脂平涂型地坪、环氧树脂自流平地坪、防静电环氧树脂平涂型地坪、防静电环氧树脂自流平地坪）、瓷砖、地毯等材料进行铺设。

一、环氧树脂地坪

环氧树脂地坪是用无溶剂环氧树脂材料经过专业施工而成的高密度、高亮光、抗压耐磨、抗酸碱、抗老化、免维护、环保节能型的高端地坪，被广泛使用于洁净工厂、无尘车间、无菌车间等地面装饰，具有平坦无缝、耐磨耐压、耐酸耐碱、防水耐油、抗冲击力强、抗化学药品、防潮止滑的优点。由于物流系统与技术实验教学示范中心主楼一层放置大型物流设备，对地面要求较高，故选用环氧树脂地坪材料作为地面。

（一）环氧树脂地坪施工准备

1. 环氧树脂自流平地坪处理和施工工序

基底处理→底涂→中涂层→自流平面涂层。

2. 技术准备

复核结构与建筑标高差是否满足各构造层的总厚度及找坡的要求，按照设计要求进行施工测量放样，对施工人员进行培训。

3. **材料准备**

对采用的原材料及成品应进行进场验收，严格按照项目材料管理规定组织进场。

专职质检人员应组织对材料的进场复检，对涉及安全、功能的原材料及成品按规定进行复验，并经监理工程师（建设单位技术负责人）见证取样、送检。保证项目的材料质量和正常供应，满足施工要求，避免停工待料。

4. **作业条件**

施工图纸已交底。

进场材料报验已合格，监理工程师同意使用。

基层施工已经完成并验收合格。

施工机具设备良好、齐全。

安全环保已交底。

（二）施工方法及控制要点

1. **基面处理**

做好基面处理后，将地面的残渣、粉尘使用大功率工业吸尘器吸净；配好料后，及时送往施工工地，由施工人员进行慢刮。

2. **中涂施工**

依照正确比例将主剂和硬化剂充分混合均匀，迅速送往施工区域；采用锯齿镘刀将混合好的材料均匀涂抹保持平整；中涂面硬化后，视实际情况按上道工序再涂一次；达到下一工序施工标准后，方可进行下道工序。由于地面坡度小，中途施工时需进行找坡。

3. **面涂施工**

依照正确比例将主剂和硬化剂充分混合均匀，迅速送往施工区域；采用锯齿镘刀将混合好的材料均匀涂抹保持平整，表面不允许有肉眼可见的杂质。面涂必须是一次性完工，而且前后须紧密衔接，以避免材料表面接近固化而无法平流。

环氧树脂地坪铺设效果如图 8－1－6 所示。

图 8－1－6　环氧树脂地坪铺设效果

二、瓷砖

物流系统与技术实验教学示范中心主楼及配楼部分实验室的地面选用瓷砖进行铺设。

瓷砖具有易于清洁、表面平整光亮、磨砂程度好、防火、档次高、使用年限长等优点，但具有保温隔热差、热得快、凉得更快、铺装成本高、铺装复杂、施工烦琐、不防滑、防腐性能不如 PVC 等缺点。

(一) 瓷砖地板施工要求

1. 工艺流程

基层清理→贴灰饼→标筋→铺结合层砂浆→弹线→铺砖→压平拔缝→嵌缝→养护。

2. 铺砖形式

一般有“直行”“人字形”和“对角线”等铺法。按施工大样图要求弹控制线，弹线时在房间纵横或对角两个方向排好砖，其接缝宽度不大于 2mm；当排至两端过边缘不合整砖时（或特殊部位），量出尺寸将整砖切割或用镶边砖；排砖确定后，用方尺规方，每隔 3 ~5 块砖在结合层上弹纵横或对角控制线。

3. 铺砖

将选配好的砖清洗干净后，放入清水中浸泡 2 ~3 小时后取出晾干备用；结合层进行弹线后，接着按顺序铺砖；铺砖时应抹垫水泥湿浆，按线先铺纵横定位带，定位带各相隔 15 ~20 块砖，然后从里往外退着铺定位带内地砖，将地面砖铺贴平整密实。

4. 压平、拔缝

每铺完一个段落，用喷壶略洒水，15 分钟左右用木槌和硬木拍板按铺砖顺序锤拍一遍，不得遗漏，边压实边用水平尺找平；压实后拉通线先抚纵缝后抚横缝进行拔缝调直，使缝口平直、贯通；调缝后再用木槌和拍板砸平，随即将缝内余浆或砖面上的灰浆擦去。上述工序必须连续作业。

5. 嵌缝、养护

铺完地面砖两天后，将缝口清理干净，洒水润湿，用水泥浆抹缝、嵌实、压光，用棉纱将地面擦拭干净，勾缝砂浆终凝后，宜铺锯末洒水养护不少于 7 天。

(二) 铺设要求及要点

1. 材料要求

水泥标号不低于 325 号，砂浆强度不低于 M15，稠度 2. 5 ~3. 5cm，块材符合现行国家产品标准及规范规定的允许偏差。

2. 施工要点

(1) 基层充分清理，清水冲洗，防止找平层起壳、空鼓。

（2）找平层施工前做好标高控制塌陷，找平层采用 1∶2 水泥砂浆，表面抹光，平整度不大于 5mm。

（3）在墙面内粉时应保证地面阴角为直角。

（4）块体地面施工前先要弹线分块，按弹线粘贴。

（5）粘贴材料应按设计要求，建议采用专用粘结剂（如 JCTA 粘结剂）。

（6）做好养护工作。

瓷砖铺设效果如图 8－1－7 所示。

图 8－1－7　瓷砖铺设效果

三、地毯

物流系统与技术实验教学示范中心三层 VR/AR 实验室及智慧供应链协同创新实验室的地面选用地毯进行铺设。

（一）地毯铺设准备材料要求

1. 地毯

品种、规格、颜色、花色、胶料和铺料及其材质必须符合设计要求和国家现行地毯产品标准的规定。

2. 倒刺板

顺直、倒刺均匀，长度、角度符合设计要求。

3. 胶粘剂

所选胶粘剂必须通过实验确定其适用性和使用方法，污染物含量低于室内装饰装修材料胶粘剂中有害物质限量标准。

4. **主要机具设备**

根据施工条件，应合理选用适当的机具设备和辅助用具，以满足设计要求为基本原则，兼顾进度、经济要求。常用机具设备有裁毯刀、裁边机、地毯撑子、手锤、角尺、直尺、熨斗等。

5. **作业条件与材料检验完毕并符合要求**

（1）所覆盖的隐蔽工程验收合格，并进行验收会签。

（2）施工前，应做好水平标志，以控制铺设的高度和厚度，可采用竖尺、拉线、弹线等方法；对所有作业人员进行技术交底，特殊工种必须持证上岗。

（3）作业时的环境如天气、温度、湿度等状况应满足施工质量可达到标准的要求。水泥类面层（或基层）表面层已验收合格，其含水量应在10%以下。

（二）地毯施工流程

检验地毯质量→技术交底→准备机具设备→基底处理→弹线套方、分格定位→地毯剪裁→钉倒刺板条→铺衬垫→铺地毯→细部处理收口→检查验收。

四、木地板

物流系统与技术实验教学示范中心主楼的楼梯采用木质地板进行铺设。

（一）木地板铺设要求

（1）木地板的材质品种、等级符合设计要求，含水率应在10%左右；木龙骨和垫木铺设前应检验是否做过防腐处理，木龙骨要安装牢固、平直，间距和固定方法符合规范要求；板面铺钉牢固、无松动，粘贴牢固、无空鼓；使用胶的品种符合规范要求。

（2）龙骨需做干燥和防蛀处理，一般合格的实木地板含水率为12%，木龙骨需经过干燥，这样不会因湿度差过大而使木地板快速吸潮，造成地板起拱、漆面爆裂。实木地板原木性好，容易生蛀虫，所以要在木龙骨内放樟木屑，标准是每8平方米放1千克樟木屑，注意要放均匀。

（3）事先留意色差问题，每一块实木地板的色彩会有所差异，所以应在正式铺设实木地板之前，挑选出颜色、纹理相近的地板，这样整体铺出来的效果也不会有太大的差异。需要注意的是，在地板进场时，最好通过手摸、目测的方式对地板质量进行检查，有问题及时发现、及时调换。

（4）地板需要做找平工作，在铺好第一排地板之后，安装人员应该通过拉直线的方式来测量这一排地板是否平直，以地板与直线平行为准，如不平直需要马上调整，因为这会影响后面地板的铺设。等全部地板铺完后，最好拿把直尺竖在地板上，看看直尺与地板之间有没有缝隙，以保证铺设的平整。

（二）木地板铺设步骤

基层清理→涂刷底胶→弹线、找平→钻孔、安装预埋件→安装毛地板、找平、刨平→钉木地板、找平、刨平→钉踢脚板→刨光、打磨→油漆→上蜡。

木地板铺设效果如图 8－1－8 所示。

图 8－1－8　木地板铺设效果

第二节　吊顶工程

物流系统与技术实验教学示范中心的吊顶工程是采用 PVC 扣板、石膏板等材料施工建设的。

一、施工条件

吊顶工程施工前应熟悉施工图纸及设计说明。

（1）施工前应按设计要求对空间净高、洞口标高和吊顶内管道、设备及其支架标高进行交接检查。对吊顶内管道、设备的安装及水管试压进行验收，确定好灯位、通风口及各种明孔口位置，并核对吊顶高度与其内设备标高是否相互影响。

（2）检查所用的材料配件是否准备齐全；在安装龙骨之前必须完成墙面作业；搭设好顶棚施工的操作平台架子。

（3）石膏板龙骨吊顶在大面积施工前，应做样板间进行试装，顶棚的起拱度、灯槽、通风口的构造处理、分块及固定方法等经鉴定合格后方可大面积施工。

二、施工工艺

轻钢龙骨石膏板吊顶特点：方便、快捷，按需组合，灵活划分空间，重量轻，强度能满足使用要求，装饰效果好，费用低，常用于干燥的区域。

（一）材料要求

1. 石膏板

材质、规格及质量性能指标符合设计及规范要求；品牌经过认可。

2. 龙骨

龙骨采用原厂产品配套镀锌龙骨，龙骨应不低于国家标准《建筑用轻钢龙骨》（GB/T 11981—2008）的要求，双面镀锌量不少于100g/m^2。

3. 零配件

镀锌钢筋吊杆、射钉、镀锌自攻螺钉。

（二）施工步骤

基层清理→测量放线→安装吊筋→安装主龙骨→安装边龙骨→安装横撑龙骨→成品保护→分项验收→审批验收。

1. 基层清理

吊顶施工前将管道洞口封堵处以及顶上的杂物清理干净。

2. 测量放线

根据每个房间的水平控制线确定吊顶标高线，并在墙顶上弹出吊顶龙骨线作为安装的标准线，以及在标准线上划好龙骨分档间距位置线。

3. 安装吊筋

根据施工图纸要求和施工现场情况确定吊筋的大小和位置，吊筋加工要求钢筋与角钢焊接，其双面焊接长度不小于4cm，并要将焊渣清除干净。在吊筋安装前必须先刷防锈漆，安装吊筋焊接角钢一般为40mm×4mm，吊筋采用φ8镀锌钢筋。顶棚骨架安装顺序是先高后低，角钢打孔后用膨胀螺栓固定在结构顶板上，一般所用的膨胀螺栓规格为φ8。吊点间距为1200mm，安装时上端与预埋件焊接或者用膨胀螺栓固定牢固，下端套丝后与吊件连接。套丝一般要求长度为10cm，以便于调节吊顶标高和起拱，并且安装完毕的吊顶杆端头外露长度小于3mm。

4. 安装主龙骨

吊顶采用U50主龙骨，吊顶主龙骨间距为600mm，沿房间长向安装，同时应起拱

(房间跨度的1/500)，端头距墙300mm以内。安装主龙骨时，将主龙骨用品挂件连接在吊杆上，拧紧螺丝，要求主龙骨连接部分要增设吊点，用主龙骨接件连接，接头和吊杆方向也要错开；并根据现场吊顶的尺寸，严格控制每根主龙骨的标高；随时拉线检查龙骨的平整度，不得有悬挑过长的龙骨。

5. 安装边龙骨

边龙骨间距为400mm，两条相邻的边龙骨端头接缝不能在一条直线上。边龙骨采用其相应的吊挂件固定在主龙骨上。边龙骨为U50型龙骨，根据吊顶的造型进行叠级安装，将边龙骨通过挂件吊挂在大龙骨上，注意在吊灯、窗帘盒、通风口周围必须加设副龙骨。

6. 安装横撑龙骨

在两块石膏板接缝的位置安装U50横撑龙骨，间距为1200mm；横撑龙骨垂直于副龙骨方向，采用水平连接件与副龙骨固定；石膏板接头处必须增设横撑龙背。

7. 石膏板安装

石膏板应在自由状态下固定，长边沿纵向龙骨铺设，自攻钉间距的纸包封边为10～15cm，切割边为15～20cm，自攻钉的间距为15～17cm。自攻钉头应略埋入板面，刷防锈漆，并按设计要求处理板接缝。

8. 刷防锈漆

按设计要求处理板接缝。

安装吊顶龙骨、吊顶施工与吊顶效果展示如图8－2－1至图8－2－3所示。

图8－2－1　安装吊顶龙骨

图 8-2-2　吊顶施工

图 8-2-3　吊顶效果展示

第三节　空调及通风工程

物流系统与技术实验教学示范中心的空调全部采用中央空调，并且中央空调带有新风功能，新风系统由新风机和管道配件组成，通过新风机将室外空气净化并导入室内，通过管道将室内空气排出，从而起到过滤通风、更新空气的作用。

一、空调系统

（一）系统介绍

空调系统由一个或多个冷热源系统和多个空气调节系统组成，该系统不同于传统冷冻机式空调（如单体机或 VRV）集中处理空气以满足环境舒适要求。其采用液体气化制冷的原理为空气调节系统提供所需冷量，用以抵消室内环境的热负荷；制热系统为空气调节系统提供所需热量，用以抵消室内环境冷负荷。

（二）中央空调安装步骤

现场定位、室内机安装→冷媒管安装→冷凝水管和电路安装→压力测试及保压、隐蔽工程验收→风口安装→控制器安装、填充冷媒→室外机安装→调试验收。

1. 现场定位、室内机安装

进场第一步就是吊装室内机，室内机离房顶距离不得小于1cm，以避免机器运行时与墙顶产生共振；室内机必须吊装于水平位置，安装后需要用专用工具测量机器是否水平；要求用保鲜膜整齐地将整机做好防尘包装保护，防止灰尘堆积；室内机单独固定，不能与其他设备公用吊架，且保证水平吊装；配管与室内机连接处用保温软管包好，管道安装时不得与其他线管交叉，并在管道吊架上固定好，管道固定桥架垂直于地面。

2. 冷媒管安装

安装完室内机后即可安装冷媒铜管，所有的焊接点应该在铜管与分歧管的连接处，不存在铜管与铜管焊接；在焊接过程中必须在铜管内冲入氮气（充氮焊接工艺），使铜管内部没有空气，避免焊接使内壁结炭从而在正式运转时进入压缩机而产生故障；焊接完成后应该用高压氮气进行管内吹灰，保持铜管内清洁。

3. 冷凝水管和电路安装

冷凝水管从室内机接出后至室外或地漏，至少保持1%以上的坡度。质量较高的安装则是从室内机接出后，就近落地，最后会同其他冷凝水管一起接出室外或地漏。

4. 压力测试及保压、隐蔽工程验收

充氮保压，焊接完成后必须对铜管进行压力测试，往铜管内充入一定压力的氮气进行保压，一般压力测试时间为24小时。若使用R410A冷媒，则需保持管内压力为40kg；若使用R22冷媒则需要保持管内压力为20kg。

5. 风口安装

通常回风口会与检修口安装在一起，风口尺寸必须与室内机回风口吻合，不能出现错位，保证达到最佳回风量并留出足够的维修空间。

6. 控制器安装、填充冷媒

在填充冷媒前需要对冷媒管进行抽真空，把管内的空气抽出，保持管内干燥、无水分，否则空气和水会与冷媒混合产生冰晶，严重的会造成设备损坏。冷媒管需要连接上室外机后进行操作；多联机抽真空的时间一般不少于两小时，一拖一风管机一般不少于20分钟。

7. 室外机安装

室外机地面混凝土高度考虑到雪埋深度，应高于地面150～200mm，同时留有排水沟以利于主机化霜水的排放；基础表面平整，保证机器正常运行；做到室外机风扇出风口50厘米内、后部15厘米之内无遮挡物；所有落地脚必须安装减震块，保证外机运转正常。

8. 调试验收

开启冷媒阀，释放出室外机内自带的冷媒，开机测试并检测压力，适当进行补充，直至调试完成。

（三）安装注意事项

1. 漏水问题

在空调制冷过程中，室内机会出现滴水的情况，这并不是空调使用的正常现象，而是由于空调安装不规范造成的，如室内机安装得比穿墙孔（管子通向外机的地方）低，内机安装不平整等。

检验方法：在空调安装完以后，马上试机（制冷），如果在运行了一段时间后没有水滴漏下，就基本不会出现漏水问题。

2. 漏氟问题

如果空调安装时，接头没有旋紧，或出现开裂等情况，就会导致漏氟。如果中央空调漏氟，那么用户就要经常补充，而正常使用变频中央空调一般数年内不需添加制冷剂。

检验方法：试机前应先进行制冷剂泄漏检查。检漏主要针对空调内外机接管的4个接口以及截止阀口等处。

3. 漏电问题

正规的安装人员，在安装空调前会对用户的电源进行检查，如果不符合要求，则会建议用户更改。电源线不符合规格就安装中央空调，容易出现漏电着火的现象，危及用户的人身安全。

检验方法：使用相关的电源检测工具对电源进行检测。

中央空调安装过程及安装效果如图8-3-1至图8-3-4所示。

图8-3-1　中央空调施工

图8-3-2　中央空调安装完毕

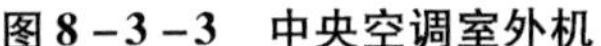

图 8-3-3　中央空调室外机

图 8-3-4　中央空调室内出风口

二、通风系统

（一）系统介绍

实验室通风系统是整个实验室设计和建设过程中，规模最大、影响最广的系统之一。通风系统的完善与否，直接对实验室环境、实验人员的身体健康、实验设备的运行维护等方面产生重要影响。实验室通风系统是结合实验大楼给排水消防、供电采暖、空调、供气等方面专业设计的，完备和科学的通风系统工程，以保障实验室安全，为实验室工作人员提供最安全舒适的实验室环境。

实验室的通风方式有两种，即局部排风和全室通风。局部排风是在有害物质产生后立即就近排出，这种方式能以较少的风量排走大量的有害物质，能耗小且效果好，是改善现有实验室条件可行和经济的方法，也是适应新实验室通风建设的最好方式。对于有些实验室不能采用局部排风，或局部排风满足不了排风要求的情况，需要采用全室通风。物流系统与技术实验教学示范中心采用全室通风的形式。

（二）通风系统建设方法

实验室通风系统对设备有一定的标准和要求。不考虑设备等因素，仅从系统设计方面考虑，实验室通风系统的设计要考虑以下几个主要因素。

（1）保证实验室的安全性，保证一定的换气次数。

（2）解决实验室通风系统负压的设计和系统控制。

（3）在满足换气次数和全新风条件下，控制能耗。

（4）系统稳定可靠。

（三）实验室通风系统建设步骤和方案

实验室根据工艺要求和功能布局需要选择一定数量的通风柜，有的还兼有局部排风罩。通常校核下来换气次数远远大于 10 次，一般在 20～30 次，满足换气次数要求。但是此换气次数是按照通风柜最大开启面积计算的通风量，资料和经验表明 100 台通风柜在 99% 的时间内，只有 18 台或更少的数量在使用，因此还应校核通风柜开启面积最小时的通风量和换气次数，若小于换气次数要求，则增加通风系统。

实验室通风采用全新风系统，通风柜的排气不在室内循环。由于实验室要求房间相对其他辅助区域为负压，所以实验室的新风量设计为总新风量的 70% ~80%；另外 20% ~30% 的新风送至实验室辅助房间、办公管理用房、内走道等区域，再由门窗缝隙补充到房间。

通风柜的风量平衡可以采用定风量控制系统来保证，即排风量恒定，送风量和窗户缝隙补充风量恒定。此方法适用于最大排风量满足最小换气次数要求的实验室。对于排风量远大于最小通风量要求的房间还可以采用两段式通风控制系统保证风量平衡，即根据通风柜的位移信号控制通风量。排风机、送风机有两种送风工况，低风量工况应用于维持最小换气次数的要求，节约能耗，此情形校检所采用的是变风量控制系统；通风柜风量变化时，排风量也会相对变化，此时要求放置在屋顶的排风机随着通风柜柜门的位置变化而变频，降低风量，保证通风柜面风速恒定。

通风系统施工现场与通风口如图 8 -3 -5、图 8 -3 -6 所示。

图 8 -3 -5　通风系统施工现场

图 8 -3 -6　通风系统通风口

第四节　家具工程

一、实验室家具分类

实验室是实验人员实验、学习、工作的场所，首先是要安全，其次是要实用，最后是要美观。家具不仅应具备优良的使用功能、符合行业标准、体现时代特征，还应具备优美的外观与和谐的色彩，以改善室内环境，体现时代特征。

实验室家具不同于办公家具，它的使用常与水、电、气以及仪器设备相接触，因此对家具的结构和材质提出了更高的要求。在实验室建设时，必须针对实验室的工作内容、环境条件和具体要求进行家具的设计与选型。

（一）按功能分类

实验室家具按功能可分实验台与实验柜。

实验台包括理化实验台、仪器台等。

实验柜包括安全储存柜、防火柜、文件柜、更衣柜、标本柜、样品柜等。

（二）按材质分类

实验室家具根据用料不同可分为木质家具、钢木家具与全钢家具。

（1）木质家具：用材主要为人造板，色彩丰富，个性化强，适合追求个性的用户。但其耐潮湿能力及承重力稍弱，不适用于潮湿的实验室及高承重要求的环境。

（2）钢木家具：是由金属框架与木制柜体组成的，实验台可配活动柜体或固定柜体，性价比高，但款式单一，适合追求经济效益的用户。

（3）全钢家具：采用冷轧钢板经磷化酸洗后表面烤环氧树脂而制成，承重性能好，结实耐用，综合性能最强，适合预算充足且要求高的用户。

（三）按结构分类

实验台根据结构形式不同可分为固定实验台、悬挂实验台、分体实验台与移动实验台。

（1）固定实验台：是一种传统的布置，落地柜支撑台面，灵活性不足。

（2）悬挂实验台：柜体挂在落地的金属框架上，防潮性能好，灵活性稍强，柜体可以重新布置而不影响工作台系统的其他部分。

（3）分体实验台：这种工作台的水、电、气服务系统与实验台属于分体的两部分，它们既可分开又可有机组合。实验台可以轻易移动，可以重新布置而不需重新安装水、电、气系统，灵活性最强，适合分步采购或为未来预留发展空间的用户，是未来发展的主流产品之一，这种实验台价格较贵。

（4）移动实验台：该种试验台装有轮子，为用户提供了一些灵活性来创造和改变他们自己的实验室空间。

二、家具安装

物流系统与技术实验教学示范中心的家具主要有三种结构类型：全钢结构、钢木结构、全木结构，以下是三种结构实验台的具体安装步骤和安装要求。

（一）全钢实验台的安装步骤

（1）观察钢架的正侧面，所有的钢架横梁方管的焊接缝不可放在可视面，在钢架上标出柜体的高度或做一个与柜体高度相同的靠栅。

（2）按照实验台的总长度，选择合适的横梁，用自钻螺丝把横梁固定到钢架上。钢架不可直接放在粗糙地面上，应略做铺垫，要使横梁与钢架连接处水平，其位置将影响到台面水平、抽面与横梁间缝隙的宽窄。打螺丝时要注意横梁间的平行，用水平尺检查钢架的横、纵线是否水平，通过调节调整脚来达到要求。

（3）在确保水平的前提下，方可挂吊柜体。可采用卧式和立式两种钢架吊装柜体，其做法基本相似：①把钢架上的支撑托梁拧到与柜体下悬的高度，然后放进柜体。每个柜之间用4mm×30mm的螺丝连接，推到柜体两端和钢架两端平齐，用扳手拧紧支撑托梁的螺帽，使其充分承受力；安装侧封板，用小直角和螺丝固定。②将装好滑轨的抽屉填进柜体，在抽屉顶上4mm处用麻花钻头打四只孔，根据抽屉的宽度布置距离；装抽屉面板，从背面的预留孔打4mm×30mm螺丝，找准位置；装门板。③柜体抽面、门板的安装要求：所有的门隙均匀，确保缝隙不大于2mm，横向线与竖向线的交叉不能错位。

（4）门板与抽面垂直，可用长直条检验；检查抽屉抽拉是否顺滑，有无异响。如果抽拉不顺，可能有两种原因：一是柜体侧板上滑轨定位不准；二是螺丝不正。

（5）确保门板与抽面开关时不与四面发生碰撞，铰链螺丝须拧紧，避免门板脱落。黏合台面的步骤：钢木结构通常先安装抽面，后安装台面。若台面上有试剂架安装，需待粘胶固化后再行安装操作。

（二）全木实验台的安装步骤

（1）将每个房间所需的柜体分放到位；将柜体翻面向下放，在底板上画好调整脚的位置，用螺丝拧上调整脚，并旋到指定的高度。

（2）按照安装图纸，将每套中央台或边台用所需柜体先摆放出轮廓再进行连接。用4mm钻头在侧板打上孔，一般打四个孔，把两个柜体表面并齐后用螺丝连接，再装上侧封板，使整套实验台成形、定位。用水平尺检查柜体是否水平，如有误差就调动柜底调整脚，调试至水平方止。

（3）门板和抽面可分为嵌入式和外盖式两种装法。门板装上以后，要进行调整。如果门板、抽面尺寸有轻微误差，则要使线条均匀。嵌入式门板是门板平面较侧板面凹进2mm，四周缝隙和十字缝隙为1.5～2mm。保持横线和竖线一致，无明显大小差距。十字交叉角不能错位，门板、抽面开关时不与四面发生碰撞。检查铰链螺丝是否松动，以防开启时脱落。

（4）选择合适长度的踢脚板，排列到每套实验台，角与角间用小直角连接完推进柜底，再用4mm×30mm的圆头螺丝，从底板上向下固定。一般踢脚线缩进柜体

20mm，使踢脚线与底板紧贴。螺丝的螺帽与底板打开，不要凸出或过分凹进。踢脚板装完不应贴地，以防受潮变形和膨胀。

（5）台面安装方法是先用硅胶，后打螺丝，其他程序和要求与全钢、钢木实验台安装一样，重点就是拼缝平整，无高低差。先进行试安装，根据现场的情况，如有墙角柱或水管之类的，就要按照尺寸进行切割；然后清理灰尘，贴上胶布，放上台面，若台面不平，用硬线垫高低处，拱起处用重物压实，前几步柜体已调平整，故垫高和重压，只是对台面的厚薄和拱起做微调；待硅胶固化后，做拼缝处理，在台面与墙角处，台面下与柜体处打上白硅胶。

（三）钢木实验台的安装步骤

（1）检查柜体底部调整脚的高度，把所有调整脚旋转到距地面5mm的距离，以便地面凹凸不平时调整。

（2）按照图纸把各种类型的柜体摆放到位，观察顶板是否有高低差。如不平整，就调整柜底脚，用水平尺参照测量，使横向、纵向水平。柜体边沿整齐后，用螺丝或带帽螺栓连接，连接注意表面的平整，有无凹凸，每个调整脚都必须着地，能承受重力。

（3）固定侧封板后，便可进行后台的安装。

物流系统与技术实验教学示范中心家具如图8－4－1所示。

图8－4－1　实验室桌椅

三、实验室家具放置

以物流系统与技术实验教学示范中心配楼为例，展示实验室家具明细，如表8－4－1所示。

表 8-4-1 示范中心配楼办公室办公家具明细（示例）

房间号	房间名称	桌子	椅子	文件柜	房间面积
101	末端配送实验室	2 张（140mm × 60mm）	办公椅 2 把	2 个（分体文件柜）	16.97m²
102	电子商务与物流实验室	2 张（140mm × 60mm）	办公椅 2 把	2 个（分体文件柜）	29.79m²
103	值班室	3 张（120mm × 60mm）	办公椅 3 把	2 个（分体文件柜）	15.29m²
105	装配及物流实训模拟室	1 张（120mm × 60mm）	圆凳 14 把	—	87.57m²
201	物流大数据中心	屏风工位 6 套、长茶几 1 个、方茶几 1 个	办公椅 6 把、三人沙发 1 个、单人沙发 2 个	6 个小推柜、4 个文件柜	42.48m²
202	图书资料室	阅览桌 3 个	座椅 13 把	书柜 15 个、文件柜 2 个	45.69m²
203	研讨室	会议桌 1 个（4000mm × 1000mm × 750mm）	座椅 8 把	文件柜 1 个	19.94m²
204	日本物流与智慧物流研究室	办公桌 2 张（1600mm × 800mm × 750mm）	办公椅 2 把（网孔）	文件柜 2 个	14.63m²

第五节 监控及可视化工程

一、监控工程

实验室作为科研与教学过程中的一个重要设施，是培养综合型人才的重要场所。随着科学的进步，人们对智能监控的要求也越来越高，而实验室综合监控作为智能监控的一部分，也将起到重要的作用。

（一）监控的作用

1. 确保公共安全

在实验室重要出入口、楼梯口安装主动式红外探头进行布防，在监控中心（值班室、中控室）安装报警主机，一旦某处有人进入，探头立即自动感应，触发报警，主机显示报警部位，同时联动相应的探照灯和摄像机，并在主机上自动切换成报警摄像画面，报警中心监控用计算机弹出电子地图并做报警记录，提示值班人员处理，大大加强了安保力度。报警系统是利用主动红外移动探测器将重要通道控制起来，并连接到管理中心的报警中心，当在非工作时间内有人员从非正常入口进入时，探测器会立即将报警信号发送到管理中心，同时启动联动装置和设备，对入侵者进行警告，可以进行连续摄像及录像，从而保证物流系统与技术实验教学示范中心的公共安全。

2. 便于日常管理

监控系统的安装可以使物流系统与技术实验教学示范中心人员及时了解把握实验室及物流设备的状况，便于实验室的日常管理。

（二）物流系统与技术实验教学示范中心监控布置

物流系统与技术实验教学示范中心为保障实验室安全，安装了监控系统，采用全覆盖、无死角、无冗余的设计，共计75个点位，具体分布如表8－5－1所示。

表8－5－1　　物流系统与技术实验教学示范中心监控点位设计方案　　单位：个

楼层	具体区域	监控个数	总数
主楼一层	公共区域	15	22
	小实验室	3	
	一至二层楼梯间	4	
主楼二层	公共区域	5	12
	小实验室与机房	5	
	二至三层楼梯间	2	
主楼三层	公共区域	9	21
	大实验室	9	
	小实验室	1	
	三层楼梯间	2	
配楼一层	公共区域	2	7
	大实验室	3	
	小实验室	2	
配楼二层	公共区域	3	7
	中实验室	4	
室外		6	6

监控系统效果如图8－5－1所示。

图 8－5－1 监控系统效果

二、可视化工程

为了提高示范中心的智能化、信息化水平，提高实验室可视化、智能化管理水平，提高教学管理水平、信息服务的质量和效率，给学员提供更直观、更清晰、更生动、更人性化的优质信息服务，物流系统与技术实验教学示范中心积极推进可视化工程建设。

可视化工程是建设一个综合性网络化管理平台，所涉及的各管理模块需在同一平台上进行，在该平台上可以进行多媒体信息化显示管理、学员身份认证、学员签到考勤管理、实验室状态显示、教室教学信息显示、实验室预约管理、远程实验和实验室器具器械管理等。

按照整体设计，物流系统与技术实验教学示范中心的可视化工程采取分步实施的方式建设三个子系统：一是中控大屏及管理可视化子系统，实现实验室管理可视；二是闸机及显示系统，可以管控进出实验室的人员，通过与视频的对比，初步实现实验室管理可控；三是电子班牌系统，可实现实验室预约、实时显示实验室内部情况的功能。

（一）中控大屏及管理可视化子系统

在整个实验楼安装视频监控，实现无死角监控，主要安装在主楼一、二、三层和配楼一层大厅进门处。摄像头采用 POE 供电，录像时间≥60 天。

（1）在二楼中控室放置 3×4 的 55 英寸液晶显示屏，显示监控画面。

（2）在二楼中控室放置办公桌（学院提供），放置 1 台 PC 客户端，可以监控整个大楼。

（3）安装一套配套的视频监控软件，可以将视频监控画面投射到 3×4 的液晶显示屏上。

物流系统与技术实验教学示范中心各层监控数量和监控区域如表 8－5－2 所示。

表 8-5-2　物流系统与技术实验教学示范中心各层监控数量和监控区域　单位：个

楼层	半球	枪机	监控区域
配楼一层	5		配楼大厅、配楼东走廊
主楼一层	4	19	主楼大厅6个系统、3个门、3个实验室和值班室
主楼二层	11		走廊、中控室、服务器室、4个实验室
主楼三层	15		走廊、物流虚拟仿真计算中心、VR/AR实验室、云采购实验室，智慧供应链协同创新实验室
合计	35	19	

（二）闸机及显示系统

（1）在实验室门口安装自动闸机，设置为4通道，双向进出，学生凭“一卡通”出入实验室。

（2）楼内各房间安装门禁系统，进门刷卡，出门按按钮，物流系统与技术实验教学示范中心安装门禁系统的房间如表8-5-3所示。

表 8-5-3　物流系统与技术实验教学示范中心安装门禁系统的房间

序号	位置	实验室名称	刷卡器	电磁锁	出门按钮
1	主楼一层	精工实验室	有	有	有
2	主楼一层	力学实验室1	有	有	有
3	主楼一层	力学实验室2	有	有	有
4	主楼二层	包装实验室	有	有	有
5	主楼二层	物联网实验室	有	有	有
6	主楼二层	冷链实验室	有	有	有
7	主楼二层	智能识别分拣与码垛实验室	有	有	有
8	主楼三层	302-1	有	有	有
9	主楼三层	302-2	有	有	有
10	主楼三层	302-3	有	有	有
11	主楼三层	304-1	有	有	有
12	主楼三层	304-2	有	有	有
13	主楼三层	305-1	有	有	有
14	主楼三层	305-2	有	有	有
15	主楼三层	306-1	有	有	有
16	主楼三层	306-2	有	有	有

续 表

序号	位置	实验室名称	刷卡器	电磁锁	出门按钮
17	主楼三层	306 - 3	有	有	有
18	主楼三层	306 - 4	有	有	有
19	配楼一层	105 - 1	有	有	有
20	配楼一层	105 - 2	有	有	有
21	配楼一层	末端配送实验室	有	有	有
22	配楼一层	配楼东门	有	有	有
23	主楼一层	多层穿梭车系统	有		
24	主楼一层	“托盘式立库 + 循环搬运”系统	有		
25	主楼一层	料箱式立库系统	有		
26	主楼一层	流利式货架拣选系统	有		
27	主楼一层	滑块式分拣系统	有		
28	主楼一层	提升单元	有		

（3）配备 48 口交换机一台，连接所有门禁和闸机。

（4）一套门禁管理软件，可以与学校的一卡通对接，有考勤功能。

（5）配备 PC 客户端一台，放置在二层中控室，能够了解整个物流系统与技术实验教学示范中心的人员进出状况。

（6）配楼一层门口安装 1 台 65 英寸液晶电视，显示进出人数，如图 8 - 5 - 2 所示。

图 8 - 5 - 2　配楼一层显示系统

主楼一层大厅有 6 个系统，刷卡用于考勤。若门为玻璃门，锁设置为电插锁。控制器采用双门控制器。安装门禁系统的实验室未来可以实现刷脸签到、预约实验室、显示实验室内部状况等功能。物流系统与技术实验教学示范中心可视化工程及门禁系统如图 8 –5 –3 至图 8 –5 –7 所示。

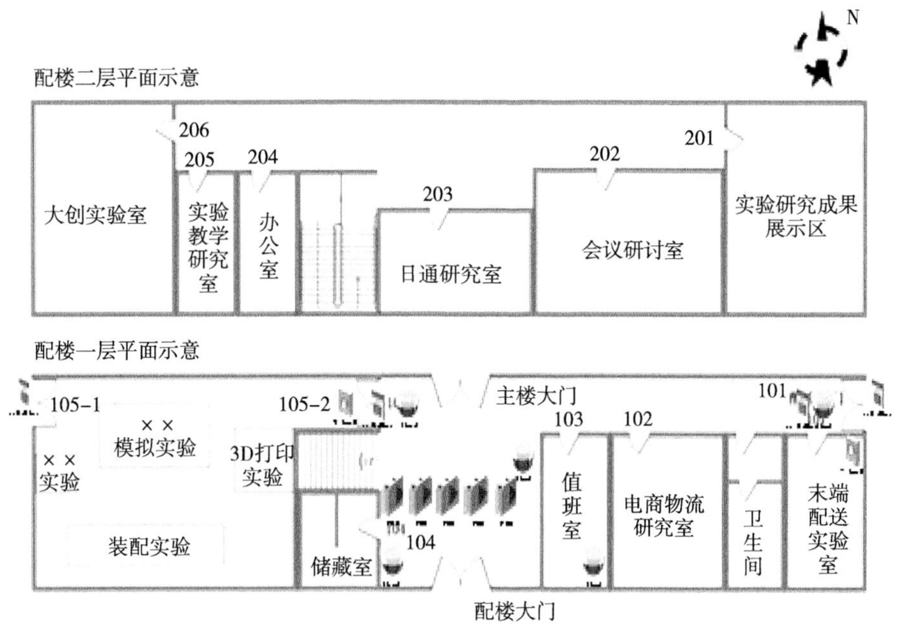

图 8 –5 –3　物流系统与技术实验教学示范中心门禁系统示意

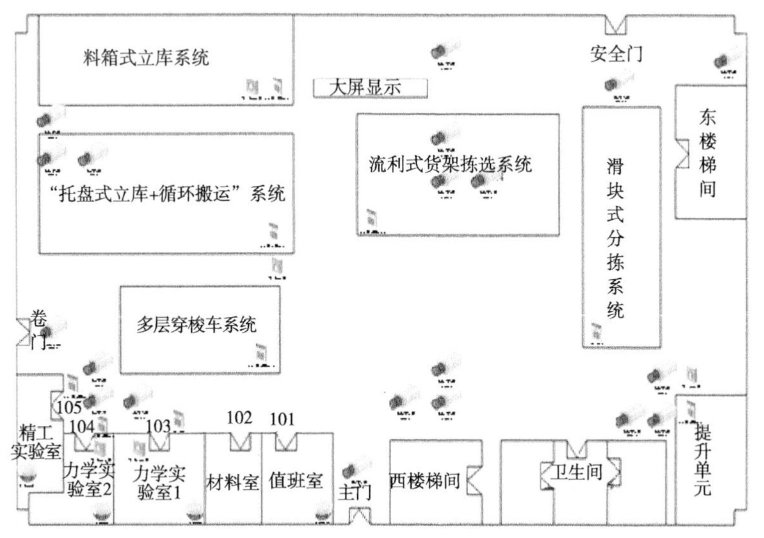

图 8 –5 –4　物流系统与技术实验教学示范中心可视化主楼一层布局示意

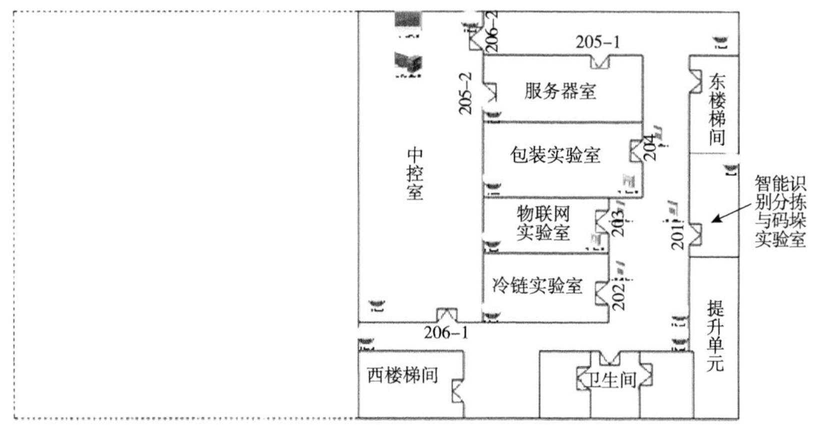

图 8-5-5　物流系统与技术实验教学示范中心可视化主楼二层布局示意

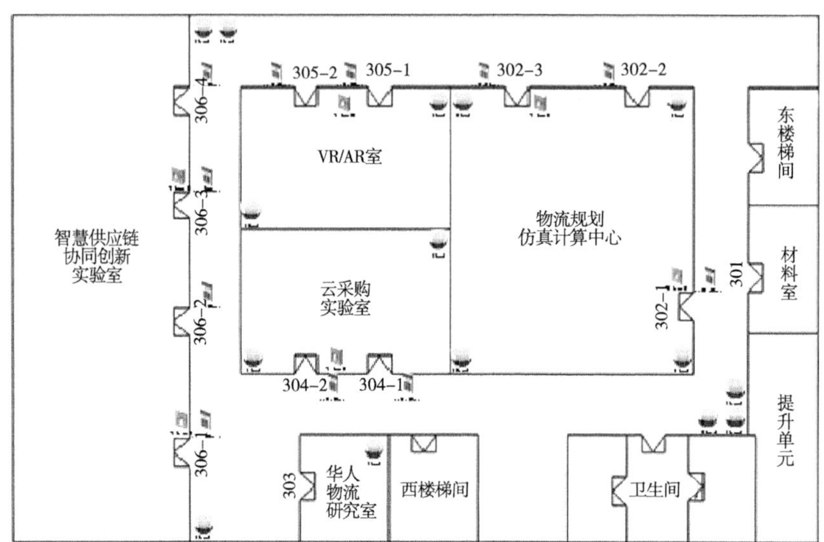

图 8-5-6　物流系统与技术实验教学示范中心可视化主楼三层布局示意

图 8-5-7　物流系统与技术实验教学示范中心门禁系统建成效果展示

（三）电子班牌系统

具体实施目标如下。

（1）在大楼设置一套语音对讲系统。中控室放置一台对讲管理中心机，在实验室放置对讲室内机。值班人员通过监控看见实验室有异常可以通过对讲系统进行语音视频通话，实验室人员若有困难也可通过对讲系统与值班室进行语音视频通话。

（2）在实验安装智能 PDU（电源分配单元），可远程监控电流电压，并可远程断电。

（3）在楼内各实验室门口安装 22 英寸电子班牌，实时记录和显示对应实验室学员情况，并可将学员信息与实验室预约平台、教务平台数据库进行比对分析，只有成功预约实验室的学员才能在预约时间段在预约的实验室进行刷卡签到，并计入学员考勤学时，将信息同步到教务平台。签到方式包括 IC/NFC 刷卡签到、二维码签到等方式。

实验室预约管理平台具有实验室预约管理、实验室工位管理、教室课桌管理等功能，学员可通过手机 App 进行实验室的预约，以及实验室工位的预约等，学员必须根据提前预约的实验室及工位进行考勤签到，对号入座，并将考勤同步到教务平台系统。物流系统与技术实验教学示范中心安装电子班牌的实验室如表 8－5－4 所示。

表 8－5－4　　物流系统与技术实验教学示范中心安装电子班牌的实验室

序号	位置	实验室名称	电子班牌	智能 PDU	对讲室内分机
1	主楼一层	精工实验室	需要	需要	需要
2	主楼一层	力学实验室 1	需要	需要	需要
3	主楼一层	力学实验室 2	需要	需要	需要
4	主楼一层	材料室	不需要	不需要	不需要
5	主楼二层	包装实验室	需要	需要	需要
6	主楼二层	物联网实验室	需要	需要	需要
7	主楼二层	冷链实验室	需要	需要	需要
8	主楼二层	智能识别分拣与码垛实验室	需要	需要	需要
9	主楼三层	材料室	不需要	不需要	不需要
10	配楼一层	105－1	需要	不需要	需要
11	配楼一层	105－2	需要	不需要	不需要
12	配楼一层	末端配送实验室	需要	需要	需要
13	配楼二层	大创实验室	需要	需要	需要
14	配楼二层	实验研究成果展示区	需要	需要	需要
15	配楼二层	会议研讨室	需要	不需要	不需要

整个物流系统与技术实验教学示范中心实验楼内室内对讲主机和电子班牌设置如图8－5－8、图8－5－9和图8－5－10所示。

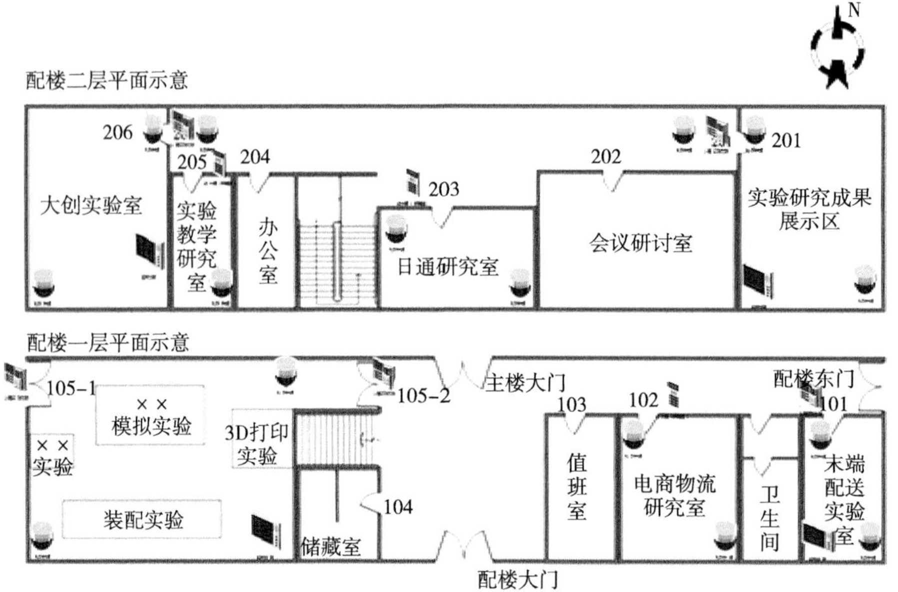

图8－5－8　物流系统与技术实验教学示范中心配楼室内对讲主机和电子班牌安装情况

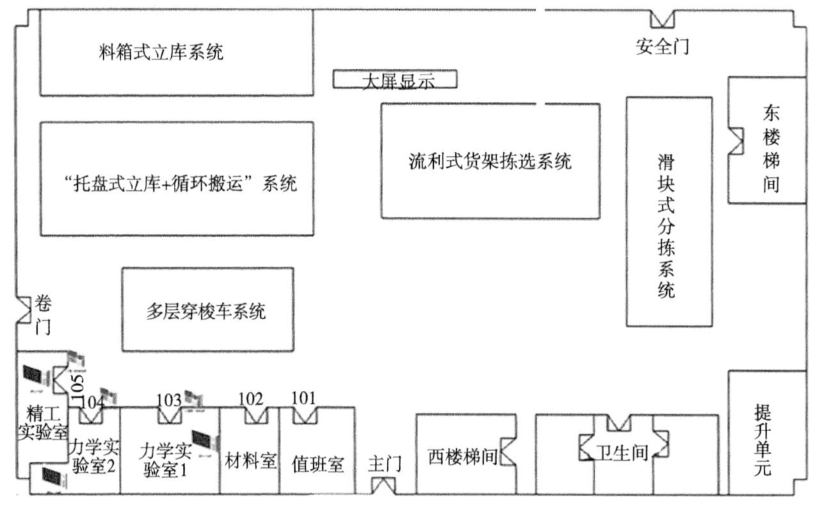

图8－5－9　物流系统与技术实验教学示范中心主楼一层室内对讲主机和电子班牌安装情况

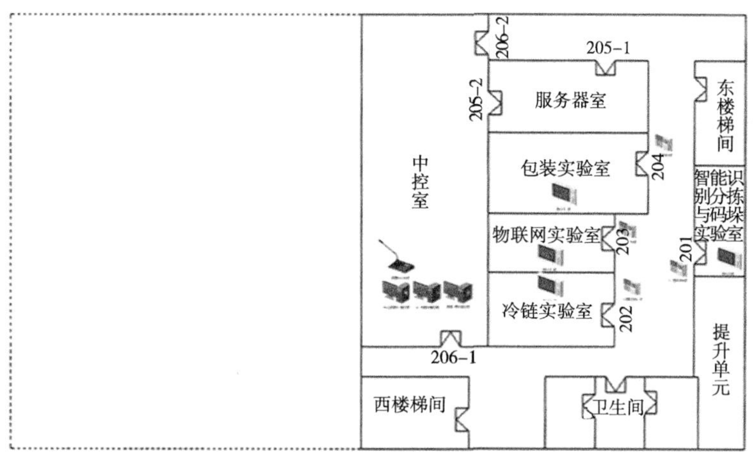

图 8-5-10　物流系统与技术实验教学示范中心
主楼二层室内对讲主机和电子班牌安装情况

（四）软件管理模块详细功能要求

（1）多媒体信息显示模块主要组成部分。

①信息发布系统中心服务器：信息发布系统中心服务器作为信息发布系统中央控制服务器，设立于数据中心或机房等运维。

②信息发布与预约系统管理软件：数字媒体信息发布与预约系统管理软件，安装于信息发布主控服务器上，作为整个信息发布与预约系统的运维中心软件。

③显示终端：包括前端的显示屏和对应的媒体控制器，媒体控制器需采用 Windows 系统，运行信息发布客户端软件，显示各类多媒体信息，并可直接调用用户指定的 . exe 文件。

④网络平台：TCP/IP 网络，信息发布点位敷设六类网线与中心机房交换机互通。第三方系统数据交换接口方式由各关联系统厂家协商确定。

（2）可以远程控制各终端媒体控制器的开机、关机、远程屏幕接管、远程状态监控和查看、远程重启等。

（3）能够与一卡通系统进行数据接口对接，可以自动获取刷卡签到信息，并通过信息发布系统在楼门口、各实验室门口和教室的信息发布终端进行自动更新显示，并具有一定的扩展性，可根据需要定制增加应用模块。

（4）系统随时可以向各个媒体显示终端发布相同或不同的多媒体信息，包括不经格式转换的各类视频、图片、PPT、滚动字幕、文本、Excel、网页等，调用专用 . exe 文件，可发送内置和定制的控制指令等，为了保证视频文件的清晰度，所播放的视频文件不允许经过格式转换，并能够支持后续新的多媒体格式

（5）支持文件进行打包后（以 . zip/. rar 格式）分发和执行。支持 exe 可执行文件

的运行。

（6）系统自带二维码生成器，可根据实际需要自动形成二维码，用户可用手机、平板等设备直接扫描终端上显示的二维码。系统自带视频播放器、远程桌面查看器、浏览器、幻灯片播放器、网页下载转换器、串口指令发送器等专用播放器。

（7）屏幕可以根据客户需要任意划分，划分的每个分屏区域里可以混合播放各种格式的多媒体文件（包括视频、图片、PPT、文字等）。

（8）为确保系统安全，系统可对控制器 USB 端口进行管理，远程禁用非法 USB 设备，仅经过授权的 USB 设备可以使用。

第六节　标志标识工程

一、建设目的

学校文化建设是学校综合办学水平的重要体现，是凝心聚力、推进学校更好更快发展的重要保证，是提升学校在社会公众心中的知名度和美誉度的重要途径。物流系统与技术实验教学示范中心的标志标识也是校园文化建设的重要内容。

二、总体目标

物流系统与技术实验教学示范中心文化建设要体现时代要求的办学育人理念，形成学校的思想文化，培养优良的校风、教风、学风，形成学校的精神文化，通过全员参与，开展各种文明创建活动，形成学校的行为文化，通过加强学校精神文明建设形成学校的精神内核，体现学校发展的核心竞争力。

（一）通过文化建设促进学生的全面发展

通过物流系统与技术实验教学示范中心标志标识工程等文化建设，营造有利于师生思想道德和文化素质提高的育人环境，培养科学的人文精神。力求使学生的价值观念、道德行为、心理品格、审美修养、艺术情趣得到全面提升，成为既具有健康个性又具有健全人格的人文之人。

（二）促进学校人文健康发展

以创新文化价值理念为引力，真正发挥物流系统与技术实验教学示范中心文化育人功能，通过物质的硬件文化和精神的软件文化建设，全面提高实验水平，增强学校发展的核心竞争力，打造学校品牌，使学校科学和谐发展，达到良性可持续发展的高层境界，真正成为育人的最佳场所。

三、建设内容及措施

根据示范中心的实际情况，从以下方面着手建设，建设内容包括室内墙壁文化、玻璃磨砂贴、走廊展板制作、实验室门牌等。

（1）在实验室和教室的墙壁上张贴装饰和展板，展现现代物流科技以及未来发展。

（2）在室内以及走廊的玻璃上铺贴半透明磨砂贴，既保证室内的透光性，也保证一定的私密性。

（3）在较长的走廊内张贴现代物流的展板，打破走廊的单调与沉闷，也较好地展示实验室的特性。

（4）在每个实验室的门上粘贴门牌，给使用的老师和同学提供便利，同时也可以更好地体现文化特性。

（5）在楼梯内用无毒合格的油漆涂上左右分界线，再贴上防滑条，既保证学生有序上下楼又防止人员绊倒摔伤。

（6）在每个机器设备安全标识线内粘贴“请勿入内、非请勿入、禁止触碰”的字样保证学生及参观者的安全，体现学校的人文关怀。

物流系统与技术实验教学示范中心文化建设将利用学校现有的资源优势，抓好特色课堂和校园文化建设，培养物流专业人才，增强学生集体荣誉感，展现学校与学生风采。

四、标识标志与文化墙

（一）标识线

1. 安全警示线

（1）灭火器存放处、应急通道出入口等，应标有禁止阻塞线（禁止阻塞线为等宽的黄色与黑色相间条纹，色条的宽度为100mm，倾斜45度角）。

（2）发电机组、落地安装的转动机械周围及控制台、配电盘前，应标有安全警戒线（安全警戒线为黄色，色条宽度为100～150mm）。

（3）平台与下行楼梯连接的边缘及人行通道高差300mm以上的边缘处，应标有防止踏空线（防止踏空线为黄色，色条宽度为150mm）。

（4）人行通道高度不足1.8m的障碍物上，应标有防止碰头线（防止碰头线为等宽的黄色与黑色相间条纹，色条的宽度为100mm，倾斜45度角）。

（5）人行通道地面上临时敷设的管线或易造成跌绊的其他障碍物上，应标有防止绊跤线（防止绊跤线为等宽的黄色与黑色相间条纹，色条的宽度为100mm）。

（6）明敷的接地线表面应标有警示线（警示线为等宽的黄色与绿色相间条纹，色条宽度为 15 ~ 100mm）。

物流系统与技术实验教学示范中心实验楼内的安全警示线如图 8 – 6 – 1 所示。

图 8 –6 –1　物流系统与技术实验教学示范中心实验楼内的安全警示线

2. **参观指引标识**

物流系统与技术实验教学示范中心设置参观指引标识，便于学生及参观人员参观实验室时路线清晰，如图 8 – 6 – 2 所示。

图 8 –6 –2　参观指引标识

（二）标志牌

每间实验室门口均设有标志牌，便于分辨不同实验室。一般设置为两种样式：横式与竖式。

（1）横式：整个比例横向比较长。一般整面都被用作标志标牌。在实验室门口和建筑的墙面上都可以看到。

（2）竖式：整个比例竖向比较长。一般整面都被用作标志标牌。

物流系统与技术实验教学示范中心标志牌的效果如图 8－6－3 至图 8－6－6 所示。

图 8－6－3　实验室门口标志牌

图 8－6－4　示范中心大门标志牌

图 8－6－5　示范中心各层实验室分布标志牌

图 8－6－6　洗手间标志牌

（三）文化墙

校园是师生学习、工作的空间，校园文化体现在学校内部形成其独特的校园环境、和谐的人际关系、共同的思想作风和行为准则，它是这一时空存在的物质文明和精神文明的总和。从文化形态上看，校园文化表现为物质文化和精神文化。学校德育工作不能局限于简单的政治说教，更应充分发挥德育工作的育人内涵，努力做到教书育人、活动育人、环境育人。

一面设计独特、富于创意的实验室文化墙对形成先进、独特的校园文化将会起到积极的作用。实验室文化墙作为展示学校的平台，能激励全校学生不断进取，奋发向上。建成效果如图 8 –6 –7 和 8 –6 –8 所示。

图 8 –6 –7　物流系统与技术实验教学示范中心文化墙

图 8 –6 –8　示范中心主楼一层文化墙

五、安全标语

物流系统与技术实验教学示范中心由于有众多大型物流设备，具有一定的危险性，所以在醒目的位置张贴安全标语，警示参观人员时刻注意安全。

安全标语的重要性有以下三方面。

（1）加强安全文化建设的关键是要倡导安全文化理念。

（2）安全文化建设是提高全员安全意识，使其掌握安全操作技能的主要途径。

（3）以强化安全文化建设为切入点，营造浓厚的安全文化氛围，促使实验员确立牢固的安全意识。

安全标语如图 8－6－9 所示。

图 8－6－9　安全标语

六、防护栏

物流系统与技术实验教学示范中心物流设备周围安装有颜色醒目的安全防护栏，起到将物流设备与参观人员分隔的作用，保障参观人员的安全，同时也给物流设备提供一个良好的运行环境。物流系统与技术实验教学示范中心防护栏效果如图 8－6－10 所示。

七、标示线建设过程

实验室的建设方案都是经过反复推敲而形成的，下面以物流系统与技术实验教学示范中心主楼一层物流设备 AGV 拣选系统的标识线建设为例，讲解实验室标识线建设

图 8－6－10　物流系统与技术实验教学示范中心防护栏效果

过程。

考虑到物流系统与技术实验教学示范中心教师、学生、参观人员、实验人员等的安全问题，在 AGV 拣选系统的边界处设置标识线，提醒相关人员注意避让 AGV 小车以及注意自身安全。

AGV 拣选系统标识线建设方案反复修改了三版，其中第一版如图 8－6－11 所示。此版标识线全部采用黄色警示实线设置在 AGV 拣选系统边界，黄色实线为不可跨越线，未考虑物流活动中的“货到人”拣选需要人进入 AGV 拣选区域。故将部分需要人员穿过的区域设置为黄色虚线，如图 8－6－12 所示。

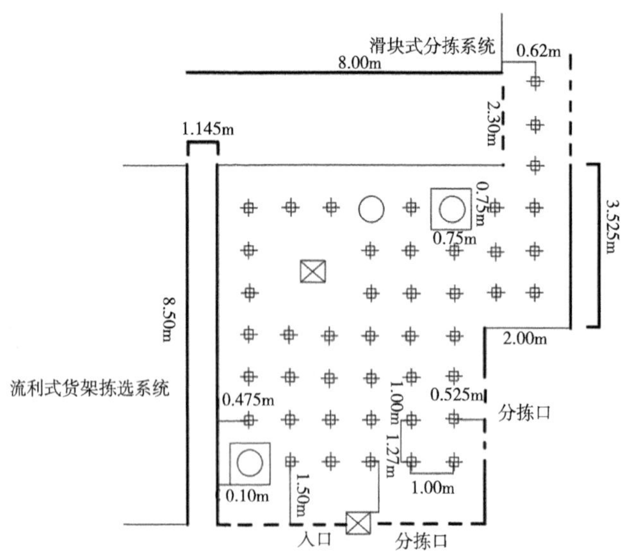

图 8－6－11　AGV 拣选系统标识线第一版

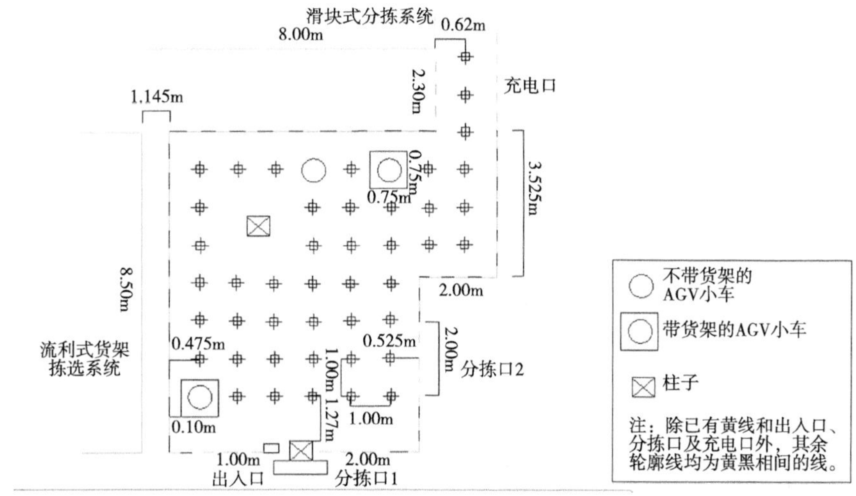

图 8－6－12　AGV 拣选系统标识线第二版

AGV 拣选系统标识线的第二版加入了需要人进入 AGV 拣选系统必需的出入口，设置出入口宽度为 1m，后经测量 AGV 拣选系统边界实际长度与 AGV 小车的规格，最终确定出入口的宽度为 0.95m，如图 8－6－13 所示。

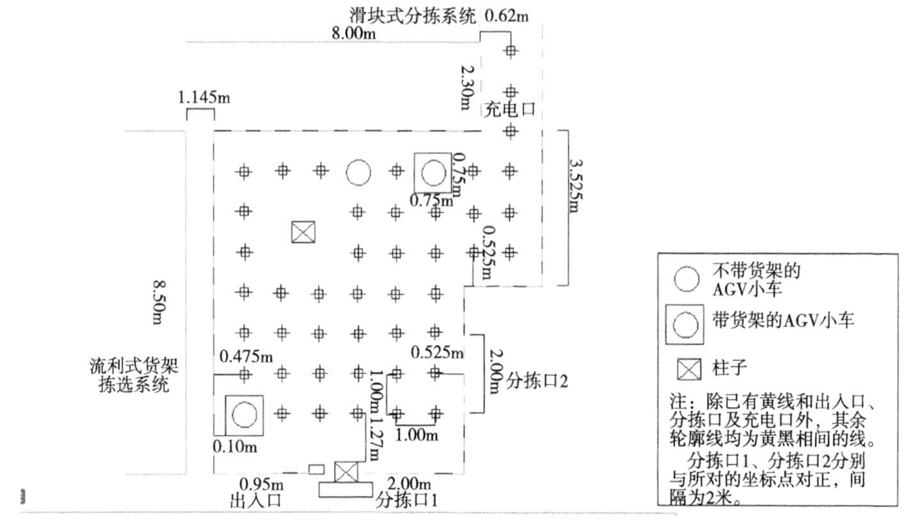

图 8－6－13　AGV 拣选系统标识线第三版

第七节 消防工程

一、消防系统

所谓消防系统主要由两大部分组成：一部分为感应机构，即火灾自动报警系统；另一部分为执行机构，即灭火系统及联动控制系统。

（1）火灾自动报警系统由探测器、手动报警按钮、报警器和警报器等构成，以供检测火情并及时报警所用。

（2）灭火系统的灭火方式有液体灭火和气体灭火两种，常用的为液体灭火方式。如目前国内经常使用的是消火栓灭火系统和自动喷水灭火系统。无论哪种灭火方式，其作用都是当接到火警信号后应执行灭火任务。

（3）联动控制系统有火灾事故照明及疏散指示标志、消防专用通信系统及防排烟设施等，均是为火灾情况下人员能较好地疏散、减少伤亡所设。

综上所述，消防系统的主要功能是自动捕捉火灾探测区域内火灾发生时的烟雾或热气，从而发出声光报警并控制灭火系统，同时联动其他设备的输出接点，控制事故照明及疏散标记、事故广播及通信、消防给水和防排烟设施，以实现监测、报警和灭火的自动化。

二、消防建设

（一）火灾探测器设置部位

火灾探测器设置部位应与保护对象等级相适应，依据国家现行有关标准、规范的规定，对于一级保护对象，在实验楼的资料室、重要设备室，可燃物较多和危险性较大的实验室均设置火灾探测器，防烟楼梯前室及合用前室、走廊、门厅及公用厕所均设置火灾探测器。设置一台集中火灾报警控制器，位于一层的值班室，数台火灾区域报警控制器，分别位于每层有专人值班的消防控制室或值班室。在消防控制室或值班室设置联动控制设备。

（二）消防联动控制设计

消防控制设备的控制信号和火灾探测器的报警信号在同层线回路上传输。消防水泵、防烟和排烟风机的控制设备采用总线编码模块控制，在消防控制室设置手动直接控制装置。

将火灾自动报警控制系统与消火栓系统、排烟系统、防火卷帘门湿式喷淋系统等进行联动设计，以实现整个消防系统的联动控制。

（三）火灾应急广播设置

在每层楼梯前的走廊上设置火灾应急广播扬声器，额定功率为4W。

（四）火灾报警装置设计

每层为一个防火分区，因此每层设置一个火灾报警装置——警铃。设在每层走廊靠近楼梯出入口处，报警装置采用自动控制方式，每个报警器声压级为75dB。

（五）消防专用电话设置

消防控制室设置消防专用电话总机，选择对讲通信电话设备，主要通风和空洞机房、排烟机房及其他与消防联动控制有关的且经常有人值班的机房设置消防专用电话分机。

（六）系统接地设计

火灾自动报警系统采用共用接地装置，接地电阻为0.75Ω。该系统设专用接地干线，并选用铜芯绝缘导线，芯线截面直径为6mm。消防控制器设置专用接地板。

（七）消防控制室设计

消防控制室的门向疏散方向开启，且入口处设置明显的标志。集中火灾报警控制器安装在消防控制室墙上，底边距地面高度为1.4m，位于侧墙面距里墙0.9m，操作非常方便。

（八）火灾探测器的选择

依据火灾探测器选择规范，对于火灾初期有阴燃阶段，产生大量的烟和少量的热，很少或没有火焰辐射的场所，选择感烟探测器，示范中心火灾类型基本为固体火灾和电气火灾，因此采用感烟探测器，且为点火型火灾探测器。

（九）手动火灾报警按钮的设置

依据每个防火分区应至少设置一个手动火灾报警按钮，从一个防火分区内的任何位置到最近的一个手动火灾报警按钮距离不应大于30m，将手动火灾报警按钮设置在楼梯出入口处。

手动火灾报警按钮设置在明显和便于操作的部位。将其安装在墙上，其底边距地面高度为1.4m，且应有明显的标志。

（十）火灾显示盘设置

为使火灾状况得以及时反馈，在每层楼梯前室设置一个火灾显示盘。

（十一）系统供电

火灾自动报警系统配置主电源和直流备用电源，主电源采用消防电源，直流备用电源采用火灾报警控制器的专用蓄电池或集中设置的蓄电池。火灾自动报警系统中的显示器、消防通信设备等的电源，由 UPS 装置供电。

火灾自动报警系统主电源的保护开关不采用漏电保护开关。该系统采用 220/380V 的供电和控制线路，采用电压等级不低于交流 500V 的铜芯绝缘导线，铜芯绝缘导线最小截面面积为 25mm^2。

（十二）屋内布线

该系统传输线路采用金属穿线管、经阻燃处理的硬质塑料管或封闭式线槽保护方式布线。消防控制、通信和警报线路采用暗敷设方式，采用金属管或经阻燃处理的硬质塑料管保护并敷设在不能燃烧的结构层中，且保护层厚度为 35mm。火灾探测器的传输线路采用不同颜色的绝缘导线。

物流系统与技术实验教学示范中心消防设备如图 8－7－1 至图 8－7－4 所示。

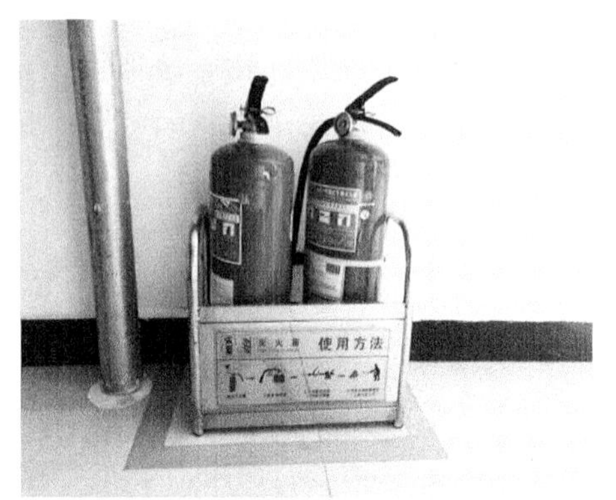

图 8－7－1　灭火器

图 8－7－2　消防栓

图 8－7－3　消防报警装置

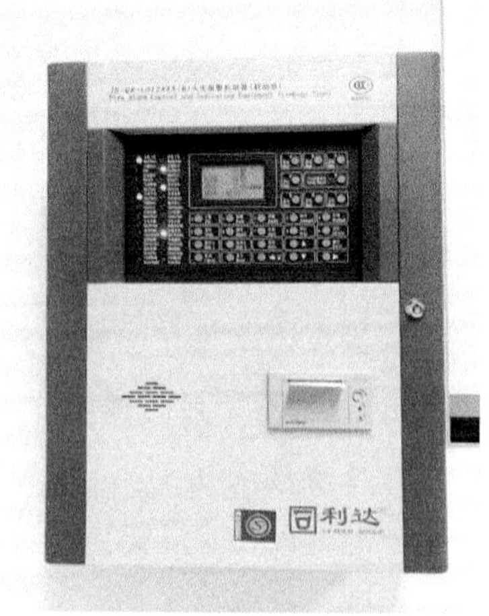

图 8－7－4　消防装置

第八节　其他工程

一、水电工程

（一）防水处理

1. 室内防水施工流程

基层处理→用美纹纸粘贴标高轮廓线→涂刷第一遍防水胶水→干燥后涂刷第二遍防水胶水→干燥→闭水实验。

2. 室内防水技术要求

（1）卫生间防水层的基层应用1∶2水泥砂浆抹平，并要进行三遍以上的压光。

（2）在抹平前，应对立管、套管和地漏与楼板节点之间进行密封处理。并应在管四周留出深8～10mm的沟槽，采用防水卷材或防水涂料裹住管口和地漏。

（3）防水材料应有出厂合格证。进场后应再次抽样送检复试，待符合质量标准要求后方可使用。在水泥砂浆找平层上铺涂防水卷材或防水涂料时，找平层表面应洁净、干燥，其含水率不应大于9%，并应涂刷基层处理剂。基层处理剂应采用与卷材性能配套的材料或采用同类涂料的底子油。

（4）卫生间的楼面结构层四周支承处除窗户外，应设置向上翻的混凝土边梁，其高度不应低于200mm，宽度宜同墙宽。在施工反梁时，其轴线、位置应准确，以免混凝土反梁移位。

（5）卫生间在涂防水涂料时，宜制定施工程序。在穿过楼板面管道四周处，防水材料应向上铺涂，并应超过套管的上口；在靠近墙面处，防水材料应向上铺涂，并应高出屋面200～300mm，或按设计要求的高度铺涂。阴阳角和穿过楼板面管道的根部尚应增加铺涂防水材料。

（6）铺设完毕后应做蓄水检验，蓄水深度不低于30mm。经24小时以上蓄水发现无渗漏为合格，并做验收记录。

（7）抹平层使用的水泥标号不宜低于325#，不得将不同品种或标号的水泥混合使用。

（8）抹平层的水泥砂浆厚度宜为15～20mm。铺抹时应压实，表面应提浆压光三遍，阴角均应做成圆弧。

卫生间的防水工程应编制施工方案或技术措施，在《单位工程施工组织设计》中有所体现。在施工之前应填写《防水工程施工报批表》，审批通过后方可进行施工。为保证卫生间墙面瓷砖能够粘贴牢固不空鼓，应对有做防水层的墙面进行“毛化”处理。施工完成后应采取有力措施防止人为的破坏。

物流系统与技术实验教学示范中心卫生间防水处理效果如图 8－8－1 所示。

图 8－8－1　物流系统与技术实验教学示范中心卫生间防水处理效果

（二）弱电工程

1. 开关、插座安装

（1）材料要求。

开关：规格型号必须符合设计要求，并有产品合格证。

塑料板：应具有足够强度，平整、无弯翘变形等现象，并有产品合格证。

其他材料：金属膨胀螺栓、塑料胀管、镀锌螺丝、木砖等。

（2）作业条件。

各种管路、电盒已经敷设完毕，电盒收口平整；线路的导线已穿完，并已做完绝缘摇测；墙面装修工作均已完成。

（3）工艺流程。

清理→接线→安装。

清理：用錾子轻轻地将电盒内残存的灰块剔掉，同时将其他杂物清出盒外，再用湿布将盒内灰尘擦净。

接线：将盒内甩出的导线留出需要长度，削出线芯，注意不要碰伤线芯。

安装：导线按顺时针方向盘绕在开关、插座对应的接线柱上，旋紧压头。

（4）开关安装规定。

拉线开关距地面的高度一般为 2～3m、距门口为 15～20cm，且拉线的出口应向下；扳把开关距地面的高度为 1.4m，距门口为 15～20cm；开关不得置于单扇门后；暗装开关的面板应端正、严密并与墙面齐平。

开关位置应与灯位相对应，同一室内开关方向一致。

成排安装的开关高度应一致，高低差不大于 2mm，拉线开关间距一般不小于 20mm。

多尘潮湿场所和户外选用防水瓷制拉线开关或加装保护盒。

在易燃、易爆和特别潮湿的场所，开关应分别采用防爆型、密闭型，或安装在其他处所控制。

同一场所的开关切断位置应一致，且操作灵活，接点接触可靠。

电器、灯具的相线应经开关控制。

2. 插座安装

（1）插座安装规定。

暗装和工业用插座距离地面不低于 30cm。

同一室内安装的插座高低差不应大于 5mm，成排安装的插座高低差不应大于 2mm，暗装的插座应有专用盒，盖板应端正严密并与墙面齐平。落地插座应有保护盖板。

插座反面的接线标识“L”为火线接入口，“N”为零线接入口，另外为地线接入口。通常情况下红、黄、绿三色线多为火线，蓝色线为零线，黄、绿双色线为接地线。在接线时按照标识插入各种颜色的线，插入后无铜线裸露。在实验室中电源插座必须有接地线。在施工中，不可带电操作，应先关闭总电闸，再进行操作，后合上总闸，检查所有插座或其他配电设备是否具备相应功能。

单相三孔、三相五孔插座的接地（PE）或接零（PEN）线接在上孔。插座接地端子不与零线端子连接，同场所三相插座接线的顺序一致。

接地（PE）或接零（PEN）线在插座间不串联。

（2）特殊情况下插座安装应符合下列规定。

当接插有触电危险的家用电器电源时，采用能断开电源的带开关插座，开关断开相线。潮湿场所采用密封型并带保护地线触头的保护型插座，安装高度不低于 1.5m。

物流系统与技术实验教学示范中心配楼地面电源布置如图 8－8－2 所示。

二、门窗工程

（一）门窗的安装工序

划线定位→钢门窗就位→钢门窗固定→五金配件安装。

（二）建设条件

（1）检查预留门窗洞口质量是否符合设计要求，如有问题，应进行相应的处理。

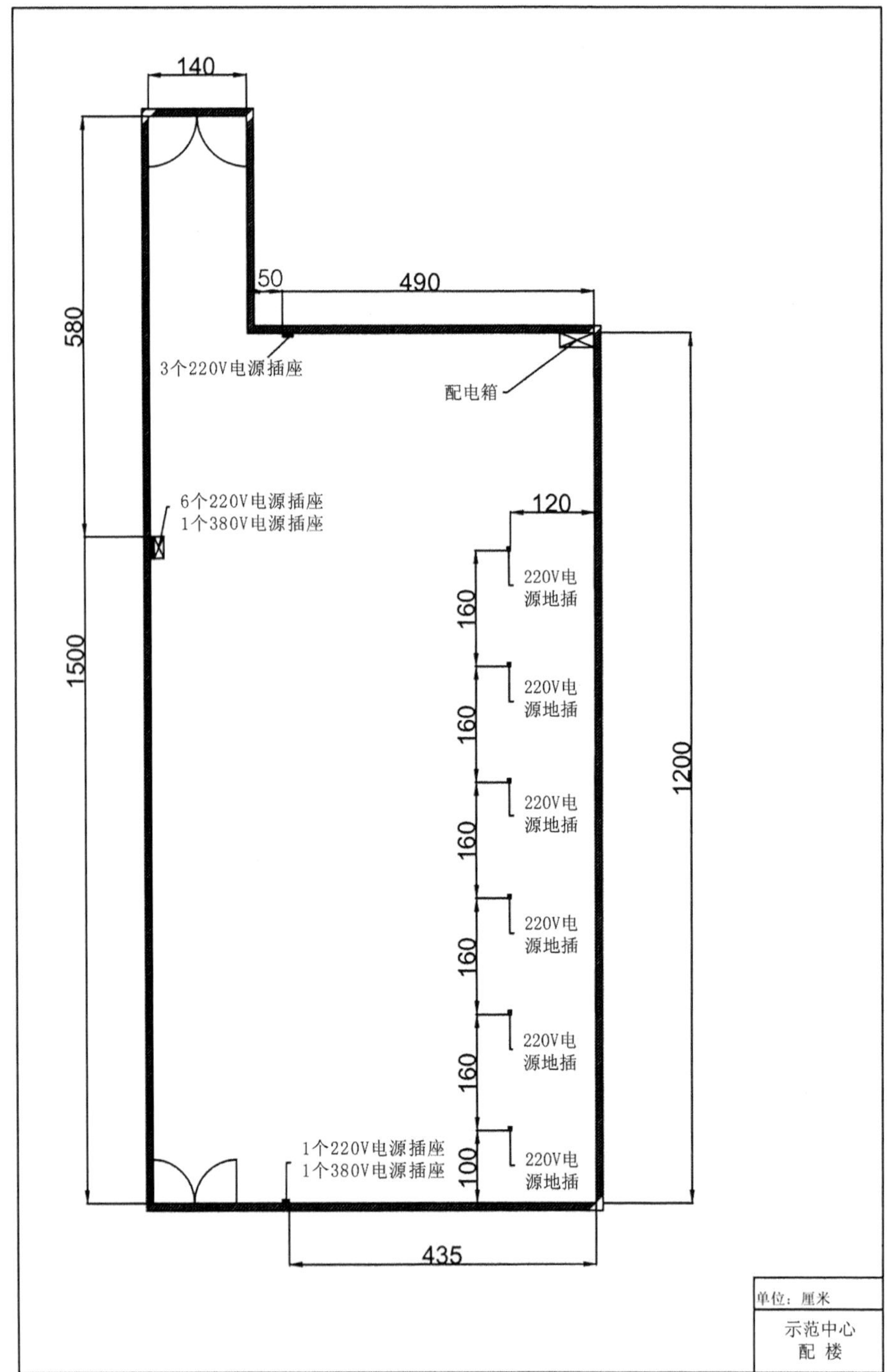

图 8-8-2　物流系统与技术实验教学示范中心配楼地面电源布置

（2）门窗框和扇安装前应先检查型号、尺寸是否符合要求，有无窜角、翘扭、劈裂，如有以上情况应先进行修理。

（3）木门窗框靠墙、靠地的一面应刷防腐涂料，其他各面及扇均应涂刷清油。刷油后应通风干燥。刷好油的门窗应分类码放在存物架上，架子上面应垫平，且距地20～30cm。码放时框与框、扇与扇之间应垫木板条通风。若露天堆放，需用苫布盖好，不能日晒雨淋。

（4）安装外窗前应从上往下吊好垂直，找出窗框位置，上下不对应者应先进行处理。窗安装的高度应根据室内水平线确定安装的标高尺寸，按水平线进行控制。

（5）门框应符合图纸要求的型号及尺寸，并注意门扇的开启方向，以确定门框安装的裁口方向，安装高度应按室内水平线控制。

（6）门窗框安装应在抹灰前进行，门扇和窗扇的安装宜在抹灰后进行。若必须先安装时，应注意对成品的保护，防止碰撞和污染。

（7）检查门窗框料及附件是否按照要求进场，是否齐全。

（8）检查门窗的规格、型号、颜色是否符合要求，是否有损坏或其他质量问题。检查各种安装机具设备能否正常运行，有问题及时解决，排除故障。按图纸尺寸弹好门窗位置线，根据弹好的标高线确定安装标高。准备好安装用脚手架。

（9）检查铝合金门窗四周连接铁脚的位置与墙体预留孔洞位置是否吻合，若有问题应提前处理。

（10）铝合金门窗拆包检查时，将窗框周围的包扎布拆去，按图纸要求核对型号质量。如发现有劈棱、窜角、翘曲不平、严重超标、严重损伤、外观色差大等缺陷时应找有关人员协商解决，经修整鉴定合格后才可安装。

（11）认真检查铝合金门窗保护膜是否完整，如有破损，应补粘后再安装。

门窗安装完成效果如图8－8－3所示。

图8－8－3　门窗安装完成效果

三、涂漆工程

（一）油漆、涂料材料要求

（1）油漆、涂料的等级和产品的品种应符合设计要求和现行国家有关标准的规定。

（2）油漆、涂料进场应有产品质量证明文件，应使用行业推荐的产品和环保型产品。油漆、涂料工程的基体或基层的含水率要求：混凝土和抹灰表面施涂溶剂型油漆涂料时，含水率不得大于8%；施涂水性和乳液涂料时，含水率不得大于10%；木材制品含水率不得大于12%。

（3）成品或半成品均应有品名、种类、颜色、制作时间、有效期和使用说明。

（4）外墙涂料应使用具有耐碱和耐光性能的涂料，腻子的配比应符合国家标准的规定。

（二）施工工序

清扫→补缝隙→刮腻子→磨平→刷地封闭→打磨→第一遍涂刷→第二遍涂刷直至验收合格。

（三）油漆工程施工工艺

（1）油漆选用优质漆品，施工时应先清理现场，尽量减少人员活动及产生粉尘的工序。

（2）检查清理基层，可用400#砂纸轻轻打磨表面毛刺，用干毛巾清洁，检查面板表面有无污迹，无破损方能使用。

（3）所有面板及线条均应在刮了透明腻子及一遍底漆后才能使用。基材清洁后，上透明腻子，根据面板类型，可刷涂或直接刮涂，透明腻子刮涂 2 次。涂好 4 小时干燥后打磨，腻子以薄而均匀为好。

（4）腻子打磨后，上透明底漆，透明底漆或特清透明底漆与固化剂、稀释剂的配合比为1∶0.3∶0.8～1。透明底漆使用前用200#滤网过滤后刷涂或喷涂，涂刷 2 次。涂好 4 小时干燥后用400#砂纸打磨光洁备用。

（5）油漆涂刷前，应进行成品保护，将门合页、锁具、门边线边等易污染部分用纸胶带仔细粘贴，油漆饰面板上严禁堆放其他物品。油漆涂刷物品时成品地面应用纸板保护，防止油漆滴落在成品地面。

（6）施工时，油漆与固化剂、稀释剂配合比参照油漆施工说明。配漆后用200#以上滤网过滤，静置15分钟后使用。

（7）填补钉眼，调出至少 4 色腻子后，用样板试色并上面漆涂刷 1 遍，确定效果良好后使用（50cm 远应不见明显钉眼）。填补钉眼时，注意检查工序缺陷部分，加以处理。

（8）采用喷涂工艺时，应清理现场，地面应喷少量水防尘，喷涂均匀。

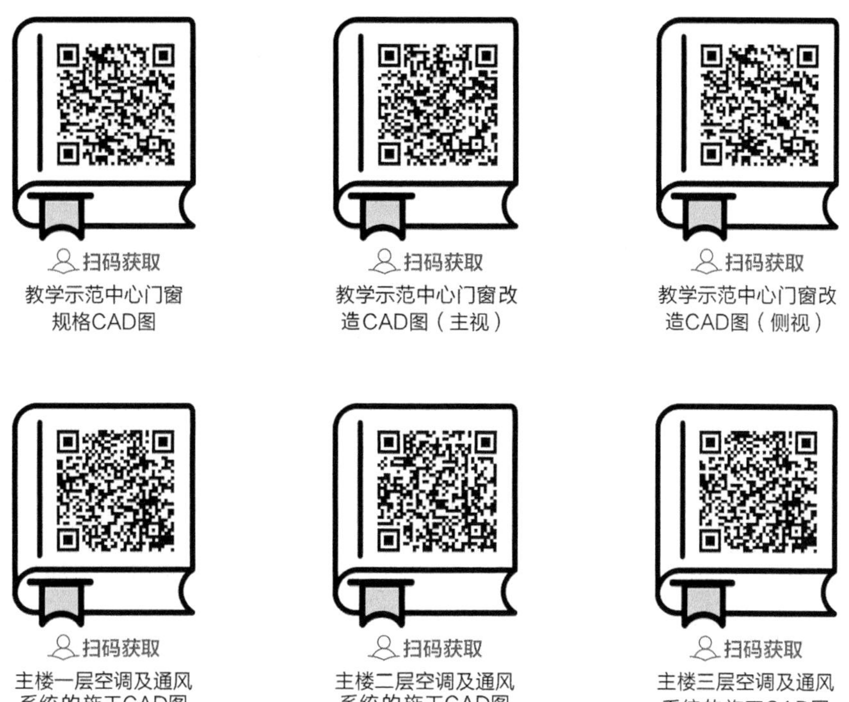

第九章　物流系统与技术实验教学示范中心实验室审核与验收

第一节　建设进度汇报

为了加快物流系统与技术实验教学示范中心建设，特邀请了校内校外专家定期召开项目进度会，定期汇报项目的进度情况，其中包括土建与经费使用情况的汇报以及建设中遇到的难题，及时反馈给学校，采取相应的措施加快项目进度。

依照建设计划表如期建设，如有延期或突发情况，及时改变对策，加快物流系统与技术实验教学示范中心建设。

工程进度情况汇报如下，工程进度计划表如表 9-1-1 所示。

物流系统与技术实验教学示范中心工程进度情况

一、土建施工情况

2017 年 10 月 10 日至 10 月 31 日施工内容如下。

（1）主楼二层、三层吊顶及静电地板安装。

（2）灯具、消防烟感、空调通风口安装。

（3）主楼一层地面绑钢筋，打混凝土。

（4）木门、防火门、玻璃门安装。

（5）楼梯踏步铺装木地板。

（6）主楼一层铺设环氧树脂面层。

物流系统与技术实验教学示范中心土建工程预计 2017 年 10 月底全部完工。

后续有可能影响工期的因素：混凝土施工、工程进料有可能会受到党的十九大期间限制工程施工的影响。

二、项目资金情况

一期土建项目合同金额：×万元；二期土建项目合同金额：×万元；物流系统与技术实验教学示范中心空调系统合同金额：×万元。

表 9－1－1　　**物流系统与技术实验教学示范中心工程进度计划表(示例)**

制表日期:2017/10/10

序号	位置	项目	子项目	2017 年 10 月											2017 年 11 月															2017 年 12 月															
				10	12	14	16	18	20	22	24	26	28	30	1	3	5	7	9	11	13	15	17	19	21	23	25	27	29	1	3	5	7	9	11	13	15	17	19	21	23	25	27	29	31
1	1F	托盘式存储系统	货架系统				数据测绘、方案规划								设计、制造、运输													安装、调试																	
			托盘堆垛机							拆卸、包装、运输至工厂					清洁、喷漆、保养、机械维护															运输、安装、调试															
			环形穿梭车							拆卸、包装、运输至工厂					清洁、喷漆、保养、机械维护															运输、安装、调试															
			输送机							拆卸、包装、运输至工厂					清洁、喷漆、保养、机械维护															运输、安装、调试															
			拆叠盘机							拆卸、包装、运输至工厂					清洁、喷漆、保养、机械维护															运输、安装、调试															
			滑触线、LED 屏、手持、工作站							下订单		备货、运输																		安装、调试															
			电气系统调试																																			电气系统调试							
			信息系统调试																																				信息系统调试						
			系统联调																																					系统联调					

第二节 验收标准

物流系统与技术实验教学示范中心建成后需要验收，根据施工建设进度，按照工程的进展阶段，对每一节点或关键步骤进行检查验收，确保工程质量，确保工程是在严格的质量监控下逐步实施并达到最终的工程总质量目标。物流系统与技术实验教学示范中心验收标准如下。

示范中心验收标准

一、一般规定

（一）实验室须持有主管实验室的授权书，并经业主、监理以及授权单位共同验收

（二）实验室一般应具备如下实验检验能力

(1) 水泥、矿物掺和料、外加剂、骨料、水的品质检验。

(2) 钢筋和预应力钢筋（丝）的品质检验。

(3) 混凝土拌和物性能检验。

(4) 混凝土力学性能检验。

(5) 混凝土耐久性能检验。

(6) 实体混凝土质量检验。

(7) 设计要求的其他检验。

（三）实验室应配齐开展检验项目的实验设备并按规定检查，检验合格的实验室应建立仪器设备档案和周期检定计划，定期校验实验设备，培训实验人员

（四）实验室应建立完善的质量保证体系，根据施工质量管理体系文件要求编写实验室质量手册，内容包括仪器设备管理制度、样品管理制度、工作制度、程序文件、作业指导书等

（五）实验室应根据规定进行规范的实验，保证数据准确、科学并用规定的表格清晰、完整地填写实验记录和实验报告

（六）实验室因条件所限无法开展特殊项目检验时，可委托有相应资质的单位检验

（七）实验室应建立良好的档案管理体系

二、实验室建设

（一）实验室的房屋面积应满足实验检验工作需要，布局合理

（二）工作室一般应设办公室、样品室、水泥室、砂石室、混凝土室、力学室、混

凝土耐久性能实验室等

（三）工作室环境条件应满足实验检验标准和仪器设备的具体要求。水泥室温度应控制在20℃ ±2℃，湿度不低于50%；混凝土标准养护室温度应控制在20℃ ±1℃，湿度不低于95%

（四）实验检验仪器设备的精度必须满足相关标准的要求

（五）实验室应配备足够的实验人员，实验室技术负责人应具有中级技术职称，全部实验人员应持有上岗资格证书

三、实验室日常工作

（一）原材料检验

（1）本着就地取材、尽量节约的原则，广泛开展调查研究，合理选用钢材、水泥、粗细骨料；外加剂、矿物掺和料及拌和用水等原材料选用时应考虑供货商的供应能力和质量保证等情况。

（2）按有关规定和检验计划要求对进场原材料进行进场检查、复检与批量抽检，无条件检验的项目应按检验频次要求进行送检，并将检验结果及时反馈给物资部门。

（3）原材料应按照相关标准规定的取样方法到现场取样，地材应到料厂（场）取样。

（二）混凝土配合比设计

（1）根据设计、施工要求以及原材料的品质情况，试拌并确定混凝土配合比。

（2）当混凝土原材料、施工工艺发生变化时，应重新选定混凝土配合比。

（三）参与相关施工过程控制

（1）施工过程中对进场原材料按已审批的混凝土配合比要求和检测计划要求进行抽检。

（2）混凝土开盘搅拌前检测砂、石料的含水量并换算施工配合比，开出施工配比通知单。

（3）混凝土浇筑前和浇筑过程中，配合质量主管部门按规定抽检混凝土拌和物性能、力学性能和耐久性能，按规定定制混凝土强度、耐久性检验试件，并在规定的龄期进行实验检验。

（4）当混凝土施工质量抽检结果出现不合格时，配合质量主管部门调查、分析原因，提出整改措施，必要时可对质量问题的分析处理结果进行实验论证。

（四）竣工资料的编制

（1）混凝土施工过程中，及时对混凝土原材料的品质、拌和物性能、力学性能以

及耐久性能的检验结果进行定期评定、分析。

（2）及时汇总实验检验结果，并按有关档案管理要求进行整理归档，由负责人签字、上报。

四、实验室管理

（一）仪器设备管理

（1）实验室要建立所有仪器设备档案，实行统一管理。

（2）仪器设备、计量器具应定期自检或选择当地有资质的计量部门送检，自检应有检定规程，计量器具应符合国家标准要求。

（3）仪器设备在搬运、维修和长期停用后，再次使用前应重新标定，用于测量和监控的软件在使用前应予以确认；仪器的维修、检定情况应及时填写在履历书上。

（4）各种仪器设备须在实验室内放置整齐，并按要求分别粘贴合格（绿色）、准用（黄色）、停用（红色）标志。

（5）检定合格的仪器方可投入使用，操作人员须经过技术培训了解仪器的性能，熟悉操作方法，方可上机工作。

（6）仪器设备的使用环境应满足相关标准和使用说明书的要求。

（7）在使用仪器设备的过程中，应及时妥善地做好仪器设备的维修、保养工作。

（二）样品管理

（1）试样取得后，应标明试样编号、取样地点、取样时间等内容并及时将样品交给实验检验人员进行实验检验。

（2）搬运试样时，应轻拿轻放，防止破坏或损坏试样的几何形状，以免影响实验结果。

（3）实验前需要进行加工的样品应严格按标准方法进行加工和制样。

（4）所有试样经过实验检验后均需留样保存，保存期不少于一个月。

（三）实验资料管理

（1）实验记录、实验报告应及时归档、统一编目管理。实验记录、实验报告应相互对应。

（2）实验室应收集各种技术标准、技术资料（包括业主、设计、监理、项目部等发放的文件），并以书面或电子文档形式对收到的文件进行分类、编目管理，做到易于识别，便于查找。要定期对文件进行评审，必要时予以修订并由授权人确认其适宜性。应及时将失效文件从所有发放和使用场所撤回，或采取其他措施防止误用。

第三节　物流系统与技术实验教学示范中心验收

一、验收流程

了解待验收的项目→验收标准收集→验收记录表准备→实施验收→验收证据收集及评价→验收结论→验收报告。

二、示范中心自建项目验收

物流系统与技术实验教学示范中心自建项目验收通过邀请校内、校外专家的方式进行，首先对物流系统与技术实验教学示范中心的各系统建设进行整体汇报，然后请专家参观各系统运行情况并对分系统进行讲解，由专家打分，请各位专家提出宝贵意见，最后签署验收意见，完成物流系统与技术实验教学示范中心自建项目的验收。验收现场如图 9 –3 –1 所示。

图 9 –3 –1　验收现场

三、示范中心共建项目验收

物流系统与技术实验教学示范中心除自建项目外还有与北京络捷斯特科技发展股份有限公司、北京盛世华人供应链管理有限公司等共建的项目，此类共建项目需要校方进行验收。

物流系统与技术实验教学示范中心与北京络捷斯特科技发展股份有限公司共建实验室的验收单如下。

纯软件验收单：

北京物资学院物流软件验收单

年　　月　　日北京络捷斯特科技发展股份有限公司的技术人员为北京物资学院安装实施了络捷斯特物流综合教学平台和商业企业连锁经营管理系统，同时提供了用于教学和培训的实训手册和操作手册等辅助材料，并为学院的指定老师提供了培训和操作指导，目前，系统运行正常，提供的材料齐全，可以验收。

北京物资学院

验收人（签字）：

年　　月　　日

硬件验收单：

北京物资学院供应链运营实验中心系统及设备验收单

系统/设备	配置型号	数量	备注
1.“供应链”桌椅	六角桌套装（一桌 6 椅） 桌子材质：实木	4 套	
2.“大数据”桌椅	椭圆形桌椅套装（一桌 8 椅） 桌子材质：实木	1 套	
3.“智能硬件”桌椅	仓库实验台桌椅套装（一桌 8 椅） 桌子材质：实木	1 套	
4.“VR”桌椅	实验台桌椅套装（一桌 6 椅） 桌子材质：实木	1 套	
5. 教师讲台	讲台 材质：金属材质	1 套	
6. 实验物品存放柜	三层隔板 底部是一个带门的柜子	1 套	

续　表

系统/设备	配置型号	数量	备注
7. LED 显示屏	（1）屏幕： P2 规格 LED 屏，含 5m × 2.1m 边框，256mm × 128mm 模组，105 套电源，3 张发送卡，60 张接收卡及屏体显示软件 （2）屏体结构： 钢结构外框，占地面积 10.5m^2 （3）图形处理器： 8 进 4 出，串口信号及网络信号控制，单口高清 1080p 采集，iPad 控制程序开发，配套编辑程序 （4）红外触摸玻璃： 定制钢化玻璃，内部红外触摸框	1 套	
8. 控制计算机（VR）	CPU 为 i7 7500 或以上、16G 内存 + 1T 存储硬盘、1080 显卡、23 英寸以上显示器	1 套	
9. 挂式音响	JBL 音响 2 个、无线麦克风 2 个	1 套	
10. VR 电脑桌	含标准电脑桌 1 套	1 套	
11. 计算机（教师端）	CPU 为 i5 7500 或以上、16G 内存 + 1T 存储硬盘、1080 显卡	1 套	
12. 悬挂液晶屏	LED 42 英寸 4K 显示屏	2 套	
13. 宣传屏幕	可触摸 55 英寸立式触摸一体机	4 套	
14. 主控电脑（LED）	UPS 供电工业电脑，支持断电系统保护，上电自动开机，Win7 系统	1 台	
15. 中央控制主机	LED 大屏使用，展示监控设备实时运行状态，液晶显示，八路串口，八路红外控制口	1 台	
16. 电源控制器	大功率电源管理器 H8	1 台	
17. LED 屏幕电源控制箱	大功率继电器集成电源管理器	1 台	
18. Hololens	微软 Hololens 头盔	1 套	
19. HTC VIVE VR 头盔	追踪套装升级版需要增加 HTC VIVE Tracker	1 套	
20. Oculus VR 头盔	Oculus Rift CV1、Oculus Rift Touch 手柄	2 套	
21. Oculus 头盔支架	Oculus 头盔支架	3 套	
22. 电脑	PC 笔记本电脑，CPU 为 i7 7500、1T 存储硬盘、8G 内存	32 套	

续 表

系统/设备	配置型号	数量	备注
23. VR 台式机	VR 教学区域 CPU 为 i5 7400 或以上、8G 内存 + 128G 固态硬盘、1060 显卡、联想 24 英寸显示器	6 套	
24. iPad mini4	iPad mini4	1 套	

验收说明：北京络捷斯特科技发展股份有限公司已经按照合同内容提供了全部软件系统及硬件设备，系统及设备运行正常，可以验收。

北京物资学院

验收人签字（盖章）：

年 月 日

第十章　物流系统与技术实验教学示范中心管理体系

第一节　组织保障机制

一、实施中心主任负责制

物流系统与技术实验教学示范中心是学校独立建制的实验教学实体和人才培养基本单位，实行主任负责制。中心主任由学校直接任命，全面负责中心的规划、建设、运行与管理，负责统筹调配和使用实验教学资源，在人力资源、实验资源、课程资源等方面根据教学需要实现资源优化配置和开放共享的目标。副主任负责实验教学管理、教学团队管理和实验中心建设与管理团队管理。物流系统与技术实验教学示范中心组织框架如图 10 – 1 – 1 所示。

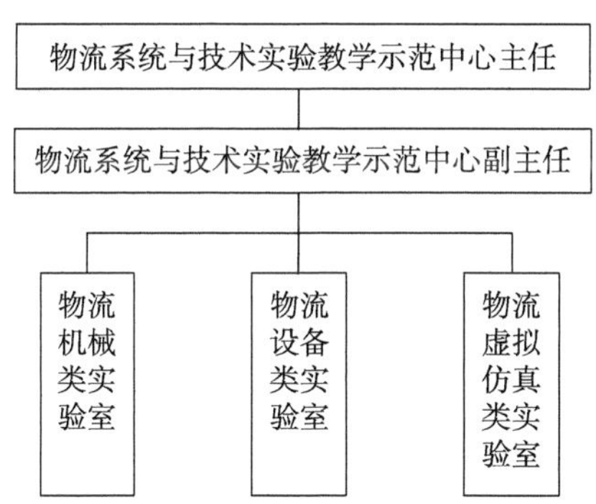

图 10 – 1 – 1　物流系统与技术实验教学示范中心组织框架

二、实施分工明确、运行高效的实验教学管理模式

物流系统与技术实验教学示范中心作为独立建制的教学实体，构建了分工明确、运行高效的实验教学模式。中心设立了“中心建设领导小组”“中心实验教学学术委员会”“实验教学团队”和“实验中心建设与管理团队”。物流系统与技术实验教学示范中心对实验教学进行集中式管理。

第二节　制度机制

一、实施实验教学资源高度共享的开放机制

为了培养交叉复合型人才，示范中心构建了开放的实验项目建设管理机制，学生和教师根据现有的实验教学需求、科研项目需求、实践需求等向示范中心提出实验申请。物流系统与技术实验教学示范中心实验教学资源对所有学生开放，所有实验室的开放实行教师预约和学生预约方式。示范中心根据教师和学生对实验教学资源的预约，为其提供相应的实验时间、地点、实验材料与设备等。

二、实施信息平台化的实验教学反馈机制

物流系统与技术实验教学示范中心借助于各种反馈信息来指导实验教学资源的有效配置与利用。在实验教学管理中，示范中心利用智能化中心网络信息管理平台收集教学团队和管理团队的反馈信息，对实验室的所有信息采用信息化的方式进行管理。所有管理人员和教学人员利用信息平台来建立实验教学的相关档案。平台将数据入库，并利用后台的统计工具对数据进行统计分析，并将统计分析的结果公布于管理平台，相关的管理人员、教师、学生可以通过平台直观了解到实验设备、实验材料、实验教学、实验教师等实验教学资源的利用情况。

三、实施多元化实验考核评价机制

物流系统与技术实验教学示范中心的实验考核充分体现现代教育评价与测量的思想，按照不同类型和不同层次的实验教学内容制定相应的实验教学评价体系，形成多元化实验考核评价机制。

（1）兼顾过程和结果。实验学习过程的考核包括实验预习、实验表现和纪律、实验仪器使用的规范性和实验操作的熟练程度等。实验学习结果的考核方式包括实验理论综合考试、实验报告和实验答辩。综合设计型实验项目报告根据实验方案的创新性、可行性、严谨性，实验结果的正确性和实验报告的规范性等要素进行评定。

（2）兼顾学生和教师。既考查学生的实践技能和能力发展指标，又衡量教师在实验教学中是否遵守规范，是否把教学和科研相结合，是否充分调动学生积极性。

（3）兼顾集体和个人。既考查学生个人的学习效果指标，如实验报告和论文完成

质量，又衡量在完成各种实验和实践活动时，小组每个成员的团队合作精神和科学素养。

物流系统与技术实验教学示范中心在实验教学改革过程中进一步深化考核方式，严格规范了实验教学的考试与考核要求、考试范围和考核方法等。考核方式主要采用平时成绩、操作规范和期末笔试成绩相结合的办法。平时成绩以实验操作、实验能力、实验结果及实验报告为依据，鼓励学生在实验中有所创新。实验成绩及时登记、建档，消除了以往单纯考核基本知识的片面性。综合性实验的考核成绩比重为课前预习占5%，实验操作和过程占20%，实验报告占60%，期末讨论和笔试占15%。研究设计和创新实验主要考核学生综合的实验研究能力，考核内容主要包括实验课题选择、综合设计、实验实施、数据分析、实验报告写作和集体讨论等，根据各项内容综合评定，如果公开发表实验报告，则增加创新分。

第三节　运行管理机制

一、全天候、多层次开放的运行机制

物流系统与技术实验教学示范中心实行全天候、多层次的运行机制。在运行时间上，示范中心每天早8：00至晚20：00开放，每天开放12小时，每周开放7天，节假日照常运行，学生和老师可通过网络平台轻松进行预约。在实验内容上，示范中心对实验教学、科研项目、社会实践以及实验培训等多个层面的实验项目进行开放，以确保各类实验的开展和学生实验能力的培养。

开放运行的有效落实依赖于以下几方面机制的建立、完善和运作。

（1）构建开放的实验项目建设管理机制。在实验项目的设置方面，实验教学中心依据专业实践能力的要求来设计模块化的实验项目，独立设置实验课程并设置独立学分，这样可以方便不同专业、不同课程的学生按需进行自由选择与优化组合。示范中心按“演示型实验”“综合型实验”“设计型实验”和“创新型实验”四个层次组织实验项目和开展实验教学。为了达到实验教学目标，提升实验教学效果，提高学生的社会适应能力，示范中心建立了一套较为开放的实验项目建设管理机制。

（2）构建开放的实验教学运行机制。对上述四层次的实验项目采用不同层次的运行开放机制。具体的开放办法如下：演示型实验主要实行“教师预约开放”方式，有预约教师指导，当学生需要自己增加此类实验时，实行“学生预约”方式，根据学生预约安排指导教师；综合型和设计型实验实行“双向预约”方式，即实行教师和学生

双向预约，由此确定实验安排及相关实验资源和实验指导教师；创新型实验则实行“学生预约开放”方式，实验指导教师将根据学生预约需要由示范中心统一安排。

（3）建立开放实验的激励机制。示范中心除完成计划内实验教学外，还特别注重对学生创新能力的培养，给学生提供实践研究平台，为学生创新能力的培养和训练营造机会。一是鼓励有能力的学生经过申请进入开放实验室，进行创新型、综合型实验项目的研究，或利用课余时间、假期到实验室进行实验、设计、创造活动，培养学生的实践和创新能力；对取得一定成绩的学生，在推荐考研、奖学金评定等方面给予倾斜。二是鼓励教师提出研究型、综合型实验题目，或直接拿出自己科研课题的一部分，组织学生到实验室来，进行研究型实验，并采取以学生为主体、教师辅导的实验教学模式；提出并指导学生进行开放性实验的教师将得到一定的工作量补助。

二、全方位、科学化的管理制度

学校十分重视实验室的管理制度建设，相继建立了一系列的规章制度，做到了实验室各项工作管理的科学化和规范化，出台的一系列文件包括《物流系统与技术实验教学示范中心管理规定》《物流系统与技术实验教学示范中心开放管理规定》《物流系统与技术实验教学示范中心设备器材损坏丢失赔偿制度》等一系列完善的管理制度。

分层管理，责任到人。物流系统与技术实验教学示范中心建设领导小组负责示范中心的中长期发展与建设，代表学校完成实验教学工作的统筹、组织、协调、监控、检查及评估工作，领导小组直接对中心主任的工作进行监督与考评。示范中心实验教学学术委员会负责向中心建设领导小组和中心主任提供关于中心实验室建设、实验项目设置、实验改革计划的研究和实验队伍建设等方面的意见和建议。实验教学团队主要负责示范中心实验教学的实施、实验指导书的修正、实验大纲的制定等具体工作的实施。各实验室的相关管理工作则由各实验室负责人具体负责，并做到责任到人。

三、科学的考评办法和奖励措施

物流系统与技术实验教学示范中心制定了科学的考评办法和奖励措施。提高专职教师和实验技术人员的待遇，使技术人员和专职教师能安心教学、不断提高实验教学质量。为保障专职教授、副教授全心投入实验教学工作，示范中心专门为此类人员制定了激励措施，从岗位聘任、教学和科研等方面给予政策支持。教师、管理人员、技术人员的考核包括阶段性工作考评、年终总结述职、综合评价和评优等。物流系统与技术实验教学示范中心不定期地对实验课进行听课、对实验报告进行抽查，听课情况、抽查情况都与年终考核直接挂钩。对于优秀的团体和个人通过年终奖励、科研立项以及优先提职的方式予以奖励。

教学层面上，物流系统与技术实验教学示范中心根据实验教学质量予以多种形式的奖励，包括评价奖励（对于实验教学效果好和学生评价好的教师和实验技术人员给予适当的奖励）、鼓励和支持参评学校和省部级精品课程、鼓励实验教材开发等。

科研层面上，根据教师指导学生科研项目的任务量和完成质量，进行适当奖励。如物流系统与技术实验教学示范中心根据“大学生创新性实验计划项目”的任务量和完成质量，对每个项目的指导教师给予一定的工作量补贴（30～50学时/年），并在教师岗位聘任、评优评先、职务晋升等方面给予政策倾斜。创新性实验项目按时结项后，物流系统与技术实验教学示范中心将对项目进行验收和评奖，评选优秀项目、优秀指导教师和优秀学生，并给予一定的奖励。

四、多样化的实验教学质量保证体系

为了保证实验教学效果，加强对实验教学质量的监控，物流系统与技术实验教学示范中心采取了一系列措施，如建立了评价反馈机制，通过评价反馈促进教学质量的提高，保证实验教学改革的高效运行。教务处专门设立了由物流类专业和其他专业有丰富教学经验的教师组成的实验教学质量检查与评估督导组，通过现场检查、不定期深入课堂听课、召开学生座谈会等多种形式及时了解实验教学具体情况，并及时向任课教师反馈信息，指导教师进一步做好实验教学的改革和质量提升工作，并随机对实验教学进行检查和督导，形成了一套规范的、制度性的常规活动，对实验教学质量的提升起到促进作用。

此外，物流系统与技术实验教学示范中心不断完善评估办法，形成学生、督导员、院系领导评价及教师自评有机结合的全方位评价体系。通过规范的、制度性的常规评价体系，建立及时有效的反馈和沟通机制，使实验教学评估不但成为奖惩的依据，更成为实验技术人员和教师自我认识和自我改进的有效途径。

（1）实验教学内容的动态更新机制：示范中心重视实验教学改革，根据社会和学生的需求及时更新教学计划、内容，修订教学大纲等。示范中心实验教学学术委员会不定期开会，讨论实验教学改革计划，定期修订实验教学大纲，评估实验教学效果，保证实验教学内容及教学手段能与时俱进，按照国家级实验教学示范中心建设要求，每年实验项目的更新率在5%以上。

（2）以评促教、以评促改的实验教学反馈机制：为了保证实验教学效果，示范中心制定了一系列评价表格，通过评价反馈来促进教学质量的提高，通过评价反馈保证实验教学改革的正确运行。教务处专门设立了实验教学质量检查与评估督导组，督导组进行现场检查，不定期深入课堂听课，召开学生座谈会，了解实验教学具体情况，并及时向任课教师反馈信息，指导教师进一步搞好实验教学改革。

（3）多元化的学习评价机制：示范中心在实验教学中采用多元评价法，统筹考核实验过程和实验结果，对学生的知识、能力与创新三方面进行评价。评价内容包括实验操作评价、实验过程评价、实验结果评价和创新成果评价。对学生实验的考核从书面考核、操作考核和成果考核三方面入手。书面考核中严把实验报告质量，要求学生完成实验后认真撰写实验报告，并由指导教师批阅；操作考核是教师通过当场实践操作测试来评价学生的操作能力；成果考核由教师制定作品评价标准，对学生的实验实践作品进行评价，同时增加同学评价方式，综合二者的评价后给予相应的成绩。

（4）基于网络的智能化管理机制：物流系统与技术实验教学示范中心建立的智能化网络管理平台，加强了对中心设备、人员、实验项目、科研项目和规章制度的管理。平台利用实验预约、实验日志、实验反馈等功能加强了实验过程的管理，为学生和教师提供交互平台，为学生和教师提供了教改和科研的实验平台和技术支持，这一切都有效保证了实验教学正常运行。

第十一章　物流系统与技术实验教学示范中心实验室运行管理

第一节　实验室设备运行管理

物流系统与技术实验教学示范中心建立健全了各实验室设备使用制度，对每台设备，特别是大型设备的使用，从预约、审批、实验操作到耗材使用等方面进行规范，最大限度发挥各实验设备的使用效率，制定并实施的主要制度见附录。

物流系统与技术实验教学示范中心所有的设施与仪器设备都由专门的实验管理员进行总体管理、建立总账；各实验室所用的设备及设备说明书等都由实验室负责人具体负责管理。实验管理员每年要盘存固定资产，做到账、物、卡以及数据库完全相符；所有大型设备均共享到学校的“大型仪器共享平台”，按照学校相关制度，提供各类型对内和对外服务。大型精密仪器设备由专职人员负责，教师或学生使用时必须经过培训，经技术考核合格后才能够申请独立使用；每台大型精密仪器设备定时、定人进行维修，做好维修记录；每台大型精密仪器设备都有健全的技术档案、使用操作说明和仪器使用记录等。

实验室的大型设备均由学校设备管理处统一招标采购，由示范中心主任和技术人员参与，选择实力强、信誉好、能够保证售后维修的供应商，选购品牌优质、性价比高的设备。设备要事先测试运行，对于采购的设备一律要求厂家提供三年内上门免费更换、维修服务，并签订协议。示范中心有严格的设备维护与运行机制，设备管理员定期检查设备，制定设备操作和运用规范，以减少使用不当造成的损失。实验室技术人员对仪器设备进行日常维修，并详细记录仪器设备使用情况、运行状况和维修日志。贵重的大型精密仪器设备由供应商定期检测维护，并与设备的供应商保持密切的联系，以获得设备维修、更新的最新信息。每个实验室技术人员在仪器设备的保修期内对仪器设备进行研究，向供应商技术维护人员学习，一旦设备超过了保修期，首先要由实验技术人员来检查、维修，若解决不了再聘请供应商技术人员维修。

一、设备运行规范

物流系统与技术实验教学示范中心由于拥有较多的物流设备，每天有大量学生在实验室上课，所以制定了相应的设备运行规范，以保障设备正常运行。一是每套物流设备都有相应的操作手册并放置在工作台，指导学生规范使用设备；二是制定了相应的设备运行规范，内容如下。

（1）为加强实验室的日常管理，避免各实验室分散管理造成的无序、各自为政的局面，实现仪器设备的资源共享，物流系统与技术实验教学示范中心实行集中管理。

（2）物流系统与技术实验教学示范中心成立管理小组，在学校的统一领导下由管理小组负责设备的运行。管理目标是优质、高效地为教学和科研服务。

（3）实验室管理人员的日常管理包括设备的申报、领用、登记、保管；教师使用实验室时的管理与协调；仪器的验收、维修；实验室使用情况的记录；实验室的安全等。

（4）教师在工作时间内使用仪器、设备时，由管理人员或值班人员负责开门和锁门。对于各设备教学实验，实验课老师应提前一周将所需材料及软硬件系统需求报至实验室管理人员处，统一安装管理，任何人不得享有特权。

（5）实验室管理是一项长期而艰巨的工作，学院老师都要支持实验室管理人员开展工作。教师使用仪器设备时，应做好设备的管理工作，主要包括仪器设备的维护及使用、维修记录、学生实验的开展记录、设备整理及清洁卫生和安全工作等，若有异常情况，及时与管理人员联系。任课教师在每次实验结束后，应督促学生做好材料、仪器的清点、摆放、归位和实验室的清洁卫生工作，保证其他实验的正常进行。

（6）教师若在工作时间之外需要使用实验室，可向实验室管理人员临时借用钥匙，在下一个工作日开始前交回钥匙，同时做好借还记录。

（7）大型精密仪器实行专人管理和操作。鼓励教师使用此类仪器，但必须在正确掌握使用方法后方可操作。使用后做好详细记录。

（8）学生撰写毕业论文或从事其他科研活动，应在指定实验室内按规定进行管理；若必须使用某一专门设备开展工作，必须有指导老师在场，各指导老师有责任对所带学生进行设备使用、维护、安全方面的教育；对于由于使用不当而损坏的仪器设备，需按有关规定进行赔偿。

（9）所有师生及外来人员进入楼内，应保持楼内的清洁和安全。禁止在教室、实验室和实训室内吸烟和饮食（饮用水除外）；禁止在教学、科研和社会服务项目之外使用电器。

二、设备运行管理办法

物流系统与技术实验教学示范中心还设置了相应的设备运行管理办法，由各实验室设备负责人制定本人所管理设备的操作标准和注意事项等，装订成册，摆放在设备旁边，供学生借阅。

根据教学需要，仪器设备由示范中心统一调动，仪器设备一律面向实验教学，并实行对外开放，实验教学使用仪器设备、器材均由各实验室管理人员统一编号，学生也对应分组编号（每台仪器、器材均要落实到每个学生）。各实验室管理人员不得以任何理由拒绝实验教学使用仪器设备。

学生使用仪器设备前，设备负责人必须对学生进行严格的操作技术培训，经考查合格者，才可直接操作使用专项仪器设备。在仪器设备使用中，如仪器损坏，必须及时上报实验室主管人员，查清原因，做好事故记录，并提出处理意见，同时上报示范中心主任审批。

各实验室管理人员要负责学生仪器设备、器材使用记录的监督、检查，发现不按时填写记录者要及时通报。

为了保证教学和科研工作的顺利进行，加强教学、科研仪器设备的管理，提高仪器设备的使用效率，根据教育部及学院有关高等学校仪器设备管理规定，特制定本办法。

（1）管理体制，根据“统一领导、分级管理、管用结合”的原则，在学院及相关职能部门的指导下，由示范中心主任总体负责仪器设备的管理工作，并指定专人管理仪器设备和账册。建立仪器设备的管理责任制度，并保持人员相对稳定，如果工作需要进行人员调动，要及时配备合适的接替人员，认真办理交接手续。

（2）固定资产范围的界定：单价在800元以上（含800元），耐用期为五年以上，能独立使用的仪器设备为固定资产；单价在500～800元（含500元），耐用期为两年以上，能独立使用的仪器设备为固定资产；单价不足500元但大于200元，耐用期为一年以上，能独立使用的，学校认为有必要作为固定资产管理的仪器设备，也应作为固定资产。

（3）大型精密仪器设备的界定：原国家科委规定的23种大型精密仪器设备、单价在5万元以上（含5万元）的国内外仪器设备、单价不满5万元但在国内比较紧缺的仪器设备，均定为大型精密仪器设备（见附录3）。

（4）采购计划：根据示范中心发展的总体规划及建设情况，按照教学大纲和教学计划的要求，经过充分的讨论研究，每年十月底前提出下一年度仪器设备的添置计划。

根据经费指标，制订采购计划，进入采购程序。购置单价在 2 万元以上且不足 5 万元的仪器设备，应在充分调查研究的基础上提交可行性论证报告；购置单价在 5 万元以上的大型精密仪器设备，应在充分调查研究的基础上提交大型精密仪器设备可行性论证报告，由主管部门组织有关专家论证后审批执行，经批准的仪器设备，可列入采购计划，进入采购程序。由于特殊原因改变采购计划，应另上报申请，审批后可进入采购程序。

（5）采购：通常情况下教学仪器设备的采购按照有关规定办理招标和采购工作。

（6）验收：仪器设备到货后，一般仪器设备在 3 个工作日内开箱验收完毕，大型精密仪器在 5 个工作日内开箱验收完毕。验收项目包括仪器设备名称、型号规格、数量、性能、附件、说明书、保修单及外观质量等。验收中发现问题应及时报告，以便及时进行索赔处理；严禁仪器设备不开箱就入库；仪器设备验收无误后，填写《学校教学设备（固定资产）验收单》，并到主管部门办理入账、报销手续。

（7）大型精密仪器设备验收：大型精密仪器设备到货后，应立即组织人员进行验收，一星期内写出仪器设备技术档案和验收报告。20 万元以上的大型精密仪器设备验收时应检查随机资料完备情况，验收后资料原件应交档案室归档。如随机资料数量较多复印有困难，则可留在实验室，但所有随机资料及盘片等应提供清单备查，保管人员调动应及时办理移交手续。

（8）一般仪器设备的管理和使用：实行严格的岗位责任制，做到责任到人，专人管理，做到账、物、卡与数据库完全相符，管理人员要建立总账和各分账，每学期末将各分账和实物进行核查，仪器设备及附件定位存放，仪器设备的说明书由管理人员保管。按照操作规程使用教学仪器设备，使用后要认真填写使用记录和维修记录。

（9）大型精密仪器设备的管理和使用：落实专人负责，对使用人员要先进行培训，熟悉操作规程并经考核合格后方可上机操作。学生上机实验时必须有老师在场指导。制定大型精密仪器设备操作规程及使用、保养维修制度，要定期保养、校验、维修仪器设备，要认真填写使用记录和维修记录，保管人员应按照管理要求进行管理与保养。大型精密仪器设备出现故障，应将故障情况和原因报告主管部门，在取得主管部门同意后方可检修。

（10）借用：参照《仪器设备借用制度》实施。

三、设备借用管理办法

根据固定资产管理条例，仪器设备在保证实验室使用的前提下才可以向外出借。

（1）校外借用仪器设备凭单位介绍信，必须经校方及实验室负责人同意且签署意见后，方可借出。

（2）根据学校规定借到校外的仪器设备，原则上每天按照仪器价值1‰~1%收取设备耗用费，所得款项作为更新仪器设备之用。借用期限一般为两个星期，到期续借需办理续借手续，逾期不还，有权加收两倍以上的租金，且及时追回。凡因工作需要外携仪器设备，工作结束后而仪器继续由外单位借用者，应按照上述规定办理出借手续。

（3）借用单位负责借出仪器设备的维护，保证按期归还。如有损坏及逾期不还的情况，可停止对该单位借出，损坏者依损坏赔偿制度给予赔偿。

（4）仪器设备借出前应进行必要的技术测试，且提出维护注意事项，借用单位应注明：借用单位、借用人、仪器设备名称、借出及归还日期、借用单位电话号码，以便催还。

（5）教师借用仪器设备要进行登记，负责保管好并按期归还。

（6）大型精密仪器设备一般不外借，校外单位来校使用，必须按规定收取费用，并填写使用记录，使用完毕由保管人进行验收，所收费用另定。校内其他部门因教学需要使用大型仪器设备，需经示范中心主任同意并办理相关手续后才可使用，使用后应填写使用记录，使用完毕由保管人进行验收。

四、设备维修经费

实验教学设备维修经费是使实验教学设备始终处于良好状态、满足实验教学需要的保障。应加强实验教学设备维修经费的使用与管理，使其真正发挥应有作用。

（一）实验教学设备维修经费使用范围

实验教学设备维修经费要严格用于实验教学仪器设备的维修、小型配件的配备。

（二）实验教学设备维修经费的使用程序

（1）实验教学设备维修经费由学校资产与实验室管理处统一管理使用。

（2）设备维修经费使用程序：由各仪器负责人提出维修申请，示范中心主任审核签字，教务处主管领导审核确认是教学设备后签字，然后报到资产与实验室管理处组织专家对设备鉴定、审批、维修。维修费用由资产与实验室管理处会同示范中心验收合格后统一支付。示范中心将维修情况和经费使用情况记录交档案室存档。

为了加强物流系统与技术实验教学示范中心设备的维修与保养管理，保证实验室设备处于完好状态，提高其使用效益，制定了仪器设备的维修流程，如图11-1-1所示。示范中心维修记录表如表11-1-1所示。

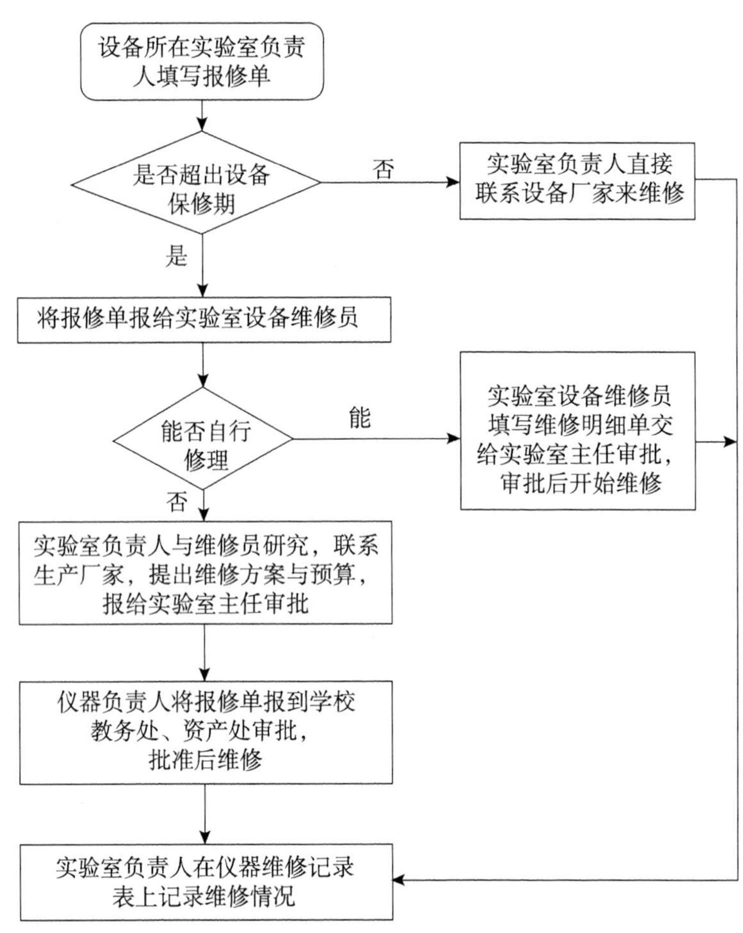

图 11－1－1　仪器设备维修流程

表 11－1－1　　示范中心维修记录表

制表日期：

维修起止时间	维修内容 （设备、系统名或更换部件名称）	维修程度、效果	维修联系人	备注
____月____日 ____时____分至____时____分				
____月____日 ____时____分至____时____分				

注：请维修联系人规范填写，示范中心整理存档。

物流系统与技术实验教学示范中心物流设备故障记录表（示例）

2018 年 12 月 4 日（周二）设备名称：多层穿梭车系统

故障（问题）描述：

入库作业时，2 个料箱被穿梭车拨叉带进去后，穿梭车停止工作。

解决（办法）：

首先，观察一下穿梭车所在位置，确定穿梭车离提升机有足够距离。

然后在监控上将提升机手动按钮打开，手动让提升机上升下降一次。

跨过栅栏，让穿梭车停在适当位置，开启手动模式，手动将穿梭车里的料箱拿出来，恢复原状。

在监控上将所有位置上的故障清除。

打开穿梭车的监控按钮，可以发现它的目的地货位地址都是 0 层 0 列 0 排。

随便出库一个料箱，可以发现目的地货位地址变了，然后再入库，如果还出现类似问题，就要停止操作，上报故障。

第二节　实验室卫生管理

一、实验室卫生管理办法

实验室是进行科学实验的地方，不但要保证实验室的安全，还要务必使实验室保持清洁，为科学实验创造良好的环境，实验室卫生重在保持，各实验人员在进入实验室后必须遵守以下细则，否则禁止其在本实验室进行实验。

（1）进入实验室的所有人员，必须整洁、文明、肃静，必须遵守实验室的各项规章制度。

（2）实验人员在实验过程中，要注意保持室内卫生及良好的实验习惯。实验结束后，必须及时做好清洁整理工作。

（3）每次实验结束后，实验人员必须对实验室进行清扫。

（4）实验室负责人需安排日常的卫生清扫。实验室成员有清扫实验室的义务。

（5）实验室内各种设备、物品摆放要合理、整齐，与实验无关的物品禁止带入、存放在实验室。

（6）为保持实验室室内地面、实验台、设备和工作环境的干净整洁，必须坚持每天一小扫，每周一大扫的卫生制度，每年彻底清扫1～2次。

（7）实验室内的仪器设备，各实验台架、凳和各种设施摆放整齐，并经常擦拭，保持无污渍、无灰尘。

（8）卫生值日人员应对实验室桌面、地面及时打扫。注意保持室内仪器设备的整洁卫生。

（9）保持室内地面无灰尘、无积水、无纸屑等。

（10）下班前必须做好清洁，关好门窗、水龙头，断开电源，清理场地。

二、专职保洁人员管理

专职保洁人员负责实验室内清洁卫生工作，为了规范实验室卫生管理，提高办学质量，特制定保洁人员岗位。

每位专职保洁人员必须认真执行责任制度，工作时间为每周一至周六，上午8：00—11：30，下午13：30—18：00。

专职保洁人员必须树立高度的责任心，严格执行实验室保洁责任制，在清洁过程中，如发现设施设备有损坏或异常情况应及时向上级主管或工程维修人员汇报。保洁人员负责管理好实验室卫生器具，认真做到卫生器具整洁、布局合理，随时保持清爽、美观，保证实验室内外的清洁卫生，不留卫生死角。示范中心保洁签到表如表11－2－1所示。

表11－2－1　　示范中心保洁签到表（20　年　月）

序号	开始时间	结束时间	负责人	打扫情况	备注
1	月　日8时0分	月　日11时30分		优/良/差	
2	月　日13时30分	月　日18时0分			
3	月　日8时0分	月　日11时30分			
4	月　日13时30分	月　日18时0分			
5	月　日8时0分	月　日11时30分			
6	月　日13时30分	月　日18时0分			
7	月　日8时0分	月　日11时30分			
8	月　日13时30分	月　日18时0分			
9	月　日8时0分	月　日11时30分			

三、非专职保洁人员（勤工助学值日生）管理

物流系统与技术实验教学示范中心每周有三天由勤工助学值日生来打扫实验室卫生。每周勤工助学值日生需要签保洁登记表，如表 11－2－2 所示。

表 11－2－2　物流系统与技术实验教学示范中心勤工助学值日生保洁登记表（　　年）

次数	开始时间	结束时间	保洁负责人	检查情况 （A：清洁；B：一般）	备注
1	___月___日（周___） ___时___分	___时___分			
2	___月___日（周___） ___时___分	___时___分			
3	___月___日（周___） ___时___分	___时___分			
4	___月___日（周___） ___时___分	___时___分			

四、实验室卫生标准

示范中心实验室卫生标准如表 11－2－3 所示。

表 11－2－3　示范中心实验室卫生标准

类别	标准	分值	扣分标准
实验室卫生评分	（1）有专门的清洁卫生监督人员及管理制度		总分 100 分，发现一处不合格扣 10 分，扣完为止
	（2）墙面无灰尘、无蜘蛛网，张贴物整齐洁净		
	（3）实验台物品干净，摆放整齐合理，覆盖物干净、统一		
	（4）地面无灰尘、无垃圾、无痰迹；门窗边、角清洁无灰尘，玻璃明亮无污垢，门牌标识完好、整洁		
	（5）灯具、电扇、空调无积灰、无蜘蛛网		
	（6）仪器用品柜内物品摆放整齐，干净无灰尘		
	（7）办公桌、实验桌、柜顶无杂物，干净无灰尘		
	（8）线路布线规范整齐，无乱拉乱接现象		
	（9）实验室内外无废弃堆积物，存放物品摆放整齐		
	（10）室内整体印象好，明亮、清爽。实验室门口道路及花坛清洁，无废纸、塑料袋等垃圾		

第三节　实验室经费管理

物流系统与技术实验教学示范中心经费是保证正常实验教学、科研和实验室建设的财力支撑。实验室经费管理是实验室各级各类管理者，对实验室教学、科研活动等各类经费，进行“计划、落实、监督和调整”的管理工作。实验室经费管理的目标是加强实验室各类经费的宏观和微观管理，既能以最小的耗资获取最大的教学科研效益，又能达到增效节支的目的。当前，许多高校实验室经费不足，严重地影响实验教学工作的顺利开展，阻碍素质教育的进程。鉴于当前高等学校实验室经费的现状，必须采取行之有效的管理手段和方法，最大限度发挥实验室经费的作用，达到有效促进高等学校实验室建设和实验教学质量提高的目的。对此，结合本示范中心的经费情况，对实验室建设经费、实验教学研究经费和实验设备保养维修经费等制定了相应的管理办法。

一、实验室建设经费管理

实验室建设经费是改善实验室软硬件条件、环境设施和实现科学化管理的保障。严格规范物流系统与技术实验教学示范中心实验室建设经费的使用范围，加强实验室建设经费的使用管理，才能使物流系统与技术实验教学示范中心实验室建设和运行经费充分发挥其应有的作用。

（一）实验室建设经费适用范围

实验室建设经费主要用于实验室改造、仪器设备购买、实验教学人员培训、安全设施添置、实验教材建设、教学文件和管理档案建设、信息平台建设、实验室人文环境建设等。

（二）实验室建设经费使用情况

实验室建设经费按项目管理办法实施，通过立项、审批、检查、验收等程序进行管理。经费使用时，根据项目批准计划，统一由采购中心招标、学校相关部门和示范中心一起组织验收，合格后由示范中心主任审核签字、主管部门领导审批签字，方可拨付费用。

二、实验教学研究经费管理

（一）实验教学经费的管理

实验教学经费是教学计划内实验项目和各类实践教学活动顺利开展的前提与保障。

规范实验教学经费开支范围，加强实验教学经费的使用管理，是使有限的实验教学经费最大限度满足实验教学需要的基础。

（1）实验教学经费是用于实验教学必需品的专项经费，必须严格按学校和示范中心管理规定使用经费，专款专用。

（2）实验教学经费由物流系统与技术实验教学示范中心根据实验教学计划和实验项目的实际应用情况，集中管理，统一使用，避免不必要的开支和重复购置。

（3）每学期末，各实验项目指导教师和管理人员，提出下学期实验所需费用计划，经过示范中心主任审批后，由专门人员采购。

（4）实验教学经费使用过程中，要随时录入 LIMS 管理系统，管理秘书每学期通过 LIMS 管理系统统计每个实验的消耗成本，将实验教学经费使用情况汇总，形成本学期实验教学经费使用报告，实验教学中心组织检查。

（二）实验教学研究经费的管理

实验教学研究经费是不断深化实验教学改革、不断提高实验教学质量的保障。严格按计划使用研究经费，保证各级各类教学研究项目的顺利开展，使实验教学改革不断深入。

1. 实验教学研究经费支出范围

该经费主要用于教育教学改革项目研究涉及的调研、研讨、资料、材料、出版等经费。

2. 实验教学研究经费使用管理

（1）实验教学研究经费必须严格按各级立项计划和要求使用经费，专款专用。

（2）实验教学研究经费按项目管理办法实施，通过立项、审批、检查、验收等程序进行管理。中期和结题要对经费使用情况进行检查。

（3）实验教学研究项目经费实行项目负责人制，由项目负责人对教学研究经费的使用负全部责任。

三、实验设备保养维修经费管理

实验设备保养维修经费是使实验教学仪器设备始终处于良好状态，满足实验教学需要的保障。加强实验设备保养维修经费的使用与管理，使其真正发挥应有作用，也是实验室经费管理的重要内容。

（一）实验设备保养维修经费使用范围

物流系统与技术实验教学示范中心实验设备保养维修经费要严格用于实验教学仪器的维修、小型配件的配置。

（二）实验设备保养维修经费的使用程序

（1）实验设备保养维修经费由学校资产处与示范中心统一管理使用。

（2）实验设备保养维修经费使用程序：由各仪器负责人提出维修申请，示范中心主任审核签字，教务处主管领导审核确认是教学设备后签字，报到资产处组织专家对设备进行鉴定、审批、维修。维修费用由资产处会同示范中心验收合格后统一支付。示范中心将维修情况和经费使用情况记录交档案室存档。

（三）实验教学运行保障经费

为了保障实验教学的正常运行，学校每年根据实验教学人时数和实验教学课时数为物流系统与技术实验教学示范中心提供材料消耗经费。

学校为实验教学改革提供专门的项目经费，包括实验室自制仪器设备费、自编实验教材的经费、实验教学项目启动经费和实验教学研究项目改革经费。

（四）示范中心维护维修保障经费

学校每年根据实验教学改革、实验课程、实验课程人时数拨给物流系统与技术实验教学示范中心运行保障经费，实行中心、实验室二级责任到人的经费管理办法，做到公开透明。示范中心严格控制经费的使用范围，保证经费专款专用。

物流系统与技术实验教学示范中心设备维护维修经费均纳入学校财务预算。为了确保示范中心每年承担的实验教学工作正常进行，学校每年按照设备总值的1%设立仪器设备维护维修基金，示范中心每年从学校获得设备维护维修经费，特殊情况下还可获得额外的经费支持。

第四节　实验室盘点

一、盘点目的

学校固定资产是完成教育任务和教学计划的物资条件和保障，固定资产自查管理是资产管理工作的重要组成部分。为尽快完成国家级物流系统与技术实验教学示范中心的实验室建设、提高固定资产的使用效率、防止资产的损坏和流失，以及便于交接等，物流学院于2018年12月24日开始在学院领导、老师的支持和配合下对学院固定资产进行盘点清查。

通过此次盘点，物流学院实验设备实现“六个一管理”，即“一位老师负责、一个身份证、一个登记表、一个数据库、一套审批表、一张流程图”的管理方法。

二、盘点内容

盘点范围：老物流系统与技术实验教学示范中心，北实验室二、三、四层有关实验室（包括玻璃房实验室），南实验室以及从南实验室搬到老示范中心的设备。

此次盘点需要对这些实验室的所有设备信息进行详细记录，对盘点的设备进行挂牌管理。盘点的设备需要登记的信息包括序号、名称、资产编号、数量、价值、取得日期及报废年限等。

三、盘点方法

（1）对盘点涉及的所有设备进行原始资料的收集打印，装订成册，分发到盘点人员的手中，作为盘点的参考资料。

（2）由于盘点资料较多，盘点人员需要提前了解盘点资料，为盘点过程节约时间并提高盘点的准确率。

（3）盘点过程中，要根据原始资料核实设备情况，对盘点的各个设备的详细数据进行统计，并根据设备储存情况绘制平面图，以便通过平面图准确快速地找到相应设备的储存位置。对每个设备进行拍照留底，对每个设备的照片进行编号，将这些图片及照片整理编辑成文档，便于今后查看。文档具体编辑顺序如下。

①楼层平面图。

②房间平面图（设备储存位置图）。

③某设备空间分层储存详细图。

④设备照片。

以上所有图片和照片均需要标明房间或设备编号及名称。例如，照片文档命名方法：序号 + 资产名称 + 资产编号。

（4）在盘点清查完一个设备后，将该设备的部分信息登记在卡片上，将卡片挂在设备显眼、合适处，以备今后设备管理工作之用。设备管理卡片如图 11 – 4 – 1 所示。在卡片上填写序号、资产编号、名称，这三项在盘点清查过程中填写完成，处置办法在设备最终处理意见确定后填写完成。

（5）设备盘点后，对盘点清查的设备需要明确设备现状和处理意见。设备现状及处理意见给出方法如下。

①登记使用人或实际使用人给出该设备的现况及处理意见。

②盘点人给出现状及处理意见。

③设备现状和处理意见还不明确的，请专家进行评估并给出合理意见。

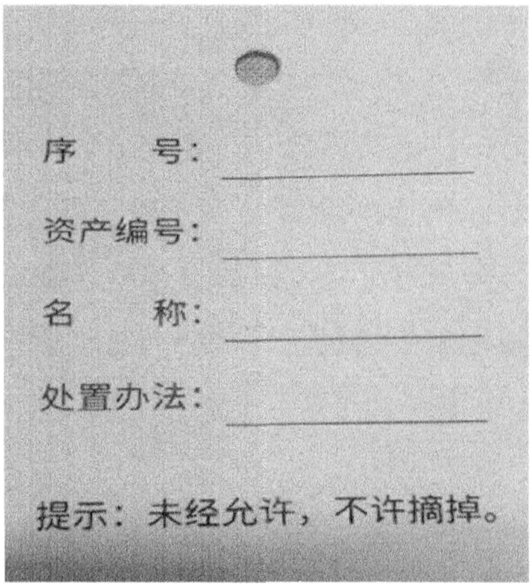

序　　号：________

资产编号：________

名　　称：________

处置办法：________

提示：未经允许，不许摘掉。

图 11－4－1　设备管理卡片

设备年度盘点清单如表 11－4－1 所示。另外，学校固定资产表有固定模板，如表 11－4－2 所示，为清点管理方便，设备年度盘点清单与固定资产表的序号编排必须一致。

（6）对不能完全查清楚的设备，需要登记有关可查信息，等待进一步处理清查。

（7）对盘点清查的所有设备情况进行汇总。

表 11－4－1　　设备年度盘点清单

序号	名称	资产编号	数量	价值	取得日期	设备所处地方	登记使用人	实际使用人	登记人		使用人		盘点(交接)人		专家		照片是否存档	备注
									现状	处理意见	现状	处理意见	现状	处理意见	现状	处理意见		
1																		
2																		
3																		
4																		
5																		
6																		
7																		
8																		
9																		
10																		
11																		
12																		
13																		
14																		
15																		

备注：

使用现状包括以下几种情况，在表格中请填写序号。①未拆封使用；②超过报废年限；③在报废年限内（标明距报废年限的时间，具体精确到年），但不可使用；④在报废年限内（标明距报废年限的时间，具体精确到年），可使用；⑤其他，情况为____________。

表 11－4－2　固定资产表

序号	审核状态	资产编号	验收单编号	资产分类名称	资产分类代码	资产名称	价值类型	价值	取得方式	取得日期	使用状况	使用方向	使用性质	使用/管理部门	使用人	出厂号	项目经费1	制单人	制单时间	供货商	厂家	生产厂家	提交人	经办人	备注
1																									
2																									
3																									
4																									
5																									
6																									
7																									
8																									
9																									
10																									
11																									
12																									
13																									
14																									
15																									
16																									

第十二章　物流系统与技术实验教学示范中心实验室人员管理

第一节　实验室教学人员管理

一、实验教师岗位职责

为确保实验教学工作的顺利进行，充分发挥实验教师在实验教学中的作用，提高实验教学质量和加强实验教学改革的力度，培养适应社会科学发展需要的高素质创新型物流人才，对实验教师特制定本岗位职责。

第一条　为人师表，以学生为本，把知识传授、能力培养和素质提高贯穿于实验教学全过程。

第二条　实验教师要根据实验教学计划，积极参加编写实验教学大纲、实验教材、实验指导用书，编制和引进多媒体课件。

第三条　实验教师要注意教学方法的研究，努力提高实验教学水平，深化实验教学改革，优化实验项目，设计和安排新实验内容，开设新实验课程，确保实验内容的系统性、完整性和先进性。学期初，要配合物流系统与技术实验教学中心制订好新学期实验教学计划，设计实验课程（标明原开、改进、新开的实验课程数）等教学工作。

第四条　认真完成实验教学工作。

（一）实验前

（1）提前一周将本学期所开实验需要的仪器、材料等交给实验技术人员准备。

（2）首次上岗的教师，要试讲、试做和亲自处理数据；新开实验或改进实验要先做好预实验。

（3）为了节省实验时间，给学生充分的时间预习，提高实验效果，一律实行实验前一周统一讲授（含实验相关理论、原理、操作、注意事项等），并要求学生做好实验预习。

（4）讲授实验全部采用多媒体课件或电子教案。

（二）实验中

（1）实验教师必须佩戴名签，提前5分钟到实验室。

（2）实验前进行预习效果考核。

（3）根据学生预习考核的情况，重点强调学生考核中出现的问题，并就实验的关键问题和注意事项对学生提问，同时注意给学生更多自主实验时间。

（4）监督和指导学生正确使用仪器，做好运行记录。认真巡视，指导学生实验操作，耐心回答学生提出问题。

（5）认真、详细、及时记录学生平时实验操作情况，实事求是给出平时成绩。

（6）要严格执行实验教学计划，严禁私自串课、停课，保持实验教学秩序稳定。

（7）在实验教学时一律关闭手机等通信设备。

（三）实验后

（1）实验结束后负责督促学生归还仪器设备、材料和试剂等实验用品，并与实验室管理人员交接，同时做好交接记录。

（2）实验后要及时组织学生进行实验讨论，认真解答学生提出的问题。

（3）学生在实验后7天内将实验报告交给实验指导教师，指导教师在收到实验报告后7天内批完后返给学生。实验指导教师要认真批改实验报告，要注明学生实验报告中存在的具体问题。杜绝只写分数不写评语的现象。

（4）实验教师在实验考核过程中要做到公平、公正、合理，实验成绩要基本符合正态分布。

（5）指导教师在指导完所带实验后两周内把实验成绩单和平时记分册交给示范中心相关教学管理人员。

第五条　负责向学生讲授实验室的要求和学生实验守则。教育学生爱护实验室的仪器和物品，养成良好的实验习惯，使学生一进实验室就有一种责任感。

第六条　检查并记录学生的出勤情况，严格考勤制度。

第七条　严格遵守示范中心的有关规章制度，协助做好示范中心的科学管理、安全和卫生工作及示范中心的建设工作。

二、实验技术人员岗位职责

为配合好实验教师开展实验教学活动，保证实验教学工作和实验教学改革的顺利进行，对从事实验教学的实验技术人员特制定本岗位职责。

第一条　积极参加实验室建设与管理，认真完成示范中心主任下达的各项工作任务。

第二条　实验技术人员要积极参加实验教学改革研究工作，协助实验教师做好学生实验技术的指导工作。

第三条　掌握实验室的仪器设备和有关实验的基本知识与操作方法，努力提高实验技术水平。

第四条　认真完成实验教学工作。

（一）实验前

（1）应事先与指导教师沟通，准备实验所需用品。

（2）安排好学生实验位置，列好实验用品清单，对进实验室的学生责任落实到人（如实验用品、仪器、实验凳等均要编号，按实验组落实到每个学生）。向学生介绍实验室有关要求。

（3）负责实验室仪器的操作规程和注意事项的制定工作。

（二）实验中

（1）实验技术人员要提前10分钟到达实验室。

（2）实验过程中不能擅自离开岗位，要随时帮助学生解决实验过程中遇到的仪器设备、实验材料等实验用品问题，保证实验的正常进行。

（3）认真纠正实验过程中学生对仪器设备的使用错误，及时指出、纠正、记录学生不良的实验习惯。

（三）实验后

（1）安排好值日生，使环境清洁、物品摆放整齐。认真检查设备是否正常，并记好工作日志，方可离开实验室。

（2）做好仪器设备的收缴工作，并负责损坏、丢失物品的赔偿收缴工作。

（3）做好仪器设备维护、保养、修理工作，保证仪器设备处于良好的状态。

第五条　做好实验室的仪器设备、配件、器材、低值易耗品、材料、仪器说明书及图书资料的管理工作。

第六条　负责新进仪器设备的验收、安装、调试工作，落实计算机管理制度。建立并编制仪器设备档案。

第七条　努力完成物流系统与技术实验教学示范中心主任安排的实验技术管理和实验室开放管理工作。

第八条　填好实验技术人员工作日志，包括工作内容、安全、环境检查情况及实验室建设情况等。

三、实验室教学人员日常管理

为了使各种资源发挥最大功效，保证人才培养方案顺利实施，物流系统与技术实验教学示范中心不断探索制度化、规范化和科学化的管理，建立了“精、细、实”和现代化相结合的管理方法，进一步加强日常管理工作。例如，填好实验室工作日志和平时成绩记分册；首次上岗的教师，要试讲实验课程和试做实验；进入实验室的学生，都有对应的实验台、实验凳和仪器设备编号；实验室设有负责人标牌，留有联系电话，便于管理。设有值日生工作完成登记簿，让学生进入实验室即产生责任感。完善了档案管理，建立了实验室教学人员工作档案，并有对应的计算机检索数据库，随时可查到各种信息。这些有效的管理措施也进一步促进了物流系统与技术实验教学示范中心实验教学水平的提高。

第二节 实验室值班人员管理

一、值班人员分工

实验室值班人员主要负责辅助教师进行实验室的管理，主要分为七个组，有保洁管理组、实验课程管理组、参观新闻组、设备维护组、资产管理组、协调组、日常运行采购组，负责处理物流系统与技术实验教学示范中心日常运行的问题。示范中心日常运行管理表如表 12 – 2 – 1 所示。

表 12 – 2 – 1　　示范中心日常运行管理表

编号	岗位名称	主要内容	负责人	主要负责人联系方式	备注
1	保洁管理组	学生保洁、后勤处派人进行日常保洁、重大参观临时保洁			
2	实验课程管理组	上课预约课表、上课时间安排、纸质版与电子版记录整合、与教师对接等			
3	参观新闻组	纸质版与电子版记录的整合、新闻编写、照片拍摄管理、示范中心网站新闻更新等			
4	设备维护组	负责设备的故障记录、与相关单位沟通后处理			
5	资产管理组	资产排查、整理与记录、借用与归还物品记录			

续　表

编号	岗位名称	主要内容	负责人	主要负责人联系方式	备注
6	协调组	与值班人员、学校老师、领导以及相关单位协调沟通			
7	日常运行采购组	整理示范中心日常运行所需要的东西，列出清单，上交给相关老师协助购买			

注：(1) 此表内容不固定，后续会有更新，若有更新会及时告知。

(2) 请各位值班人员认真负责，值班一天，负责任一天，各位负责人主动担当。

(3) 若有值班人员离开，请提前一周告知，并完成负责岗位的交接工作。

(4) 请资产管理组与保洁管理组每个月进行一次资产清查，将结果保存到值班室电脑。

(5) 标记“*”的为组长。

(6) 若各位负责人当天不值班，由其他当天值班人员完成，当天不能完成的，联系各组负责人由负责人完成。负责人平时需做好监督与后续整理并完成工作，还不能完成的，可联系设备管理老师、计算机管理老师、软件管理老师。示范中心副主任负责协调各位老师。

当天值班人员还应提前打开上课教室，实验室钥匙已经按相关标准编码。物流系统与技术实验教学示范中心开门重要指南如下。

开门重要指南

请所有值班人员严格按照以下指南执行。

(1) 主、配楼各楼层实验室编号顺序：从东到西，从南到北；钥匙串按照从小到大的顺序串挂对应实验室钥匙。

(2) 熟记各个实验室门锁编号及钥匙所在钥匙串位置。

(3) 去实验室开门时需边走边找相应实验室门的钥匙，到达门口时必须已找好钥匙，熟练开门，减少参观人员或学生的等候时间。

(4) 若参观或上课的总人数超过五人，则需把相应实验室的门全部打开，以方便通行，避免学生以为门锁开着而强行开门损坏门锁。

(1) 物流系统与技术实验教学示范中心钥匙每套共分为五组，主楼一层、二层、三层和配楼一层、二层，每层各一组钥匙。

(2) 每组钥匙命名为“主楼（配楼）+楼层+第几组钥匙”，如主楼一层第一组钥匙命名为“主楼1-1”。

(3) 楼内每层钥匙分为三组，如主楼一层钥匙分别为“主楼1-1”“主楼1-2”“主楼1-3”，其中，每层楼第一套钥匙为主用钥匙，放在主楼值班室，每层楼的第二套、第三套钥匙为备用钥匙，放在主楼102房间，实验室钥匙编码如图12－2－1所示。

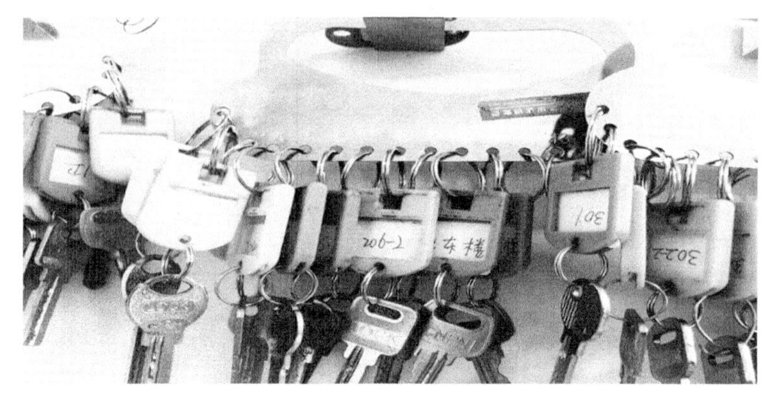

图12－2－1 实验室钥匙编码

值班人员每日结束值班前应该完成示范中心日志的填写，包括每天完成的事与未完成的事。

二、勤工助学值日生管理

物流系统与技术实验教学示范中心每周有三天由勤工助学值日生打扫实验室卫生，按以下规定进行管理。

为了增强团队合作意识，使每个组员能够更加高效地与其他队员沟通与工作，保质保量完成示范中心的工作，请每位组员认真遵守以下规定。

（1）每组成员应认真打扫自己的工作区域，不偷懒，争取提前完成任务。

（2）地面必须清洁，做到无污渍、纸屑及其他杂物。尽量使用吸尘器处理，不能手动打扫的角落，做到边角无灰尘。

（3）不允许缺工、旷工、迟到、早退以及代签到。一经发现，处罚如下。

①缺、旷工：无故缺、旷工一次扣本次工资（80元），三次取消勤工助学资格。罚金平均分给该组其他组员。

②迟到：不论任何原因，工作开始签到后10分钟未到视为迟到（工作开始时间看消息通知），迟到第一次扣除工资20元，第二次扣除40元，三次取消其勤工助学资格。罚金平均分给该组其他组员。工作开始签到后20分钟未到视为缺、旷工。

③早退：不论任何原因，在小组工作结束签到前离开视为早退，早退第一次扣除工资20元，早退第二次扣除工资40元，三次取消其勤工助学资格。罚金平均分给该组其他组员。结束签到前20分钟离开视为缺、旷工。

④代签：未到者按缺、旷工处理，代签者第一次扣除工资20元，第二次扣除40

元，以此类推。

（4）各组应用心完成任务，期末有小组评比，评比规则：每次工作会记录两个小组，最清洁的小组以及不清洁小组，在每个学期倒数第二周进行评比，每个学期扣除第一周与最后一周，总共 14 次记录，不清洁记录超过 6 次（包含 6 次）整组处罚共 100 元，按最清洁比例奖励给其他小组。

（5）每个成员有责任保护清洁工具，做到不损坏、不乱扔工具。如有故意损坏，照价赔偿。过失损坏，视情节赔偿。

第三节　实验室学生管理

一、学生实验守则

为了顺利完成实验任务，确保人身、仪器设备的安全和实验室的环境卫生，使学生能够养成良好的实验习惯，达到全面提高学生综合素质的目的，特对进入实验室做实验的学生制定如下守则。

（1）实验前须参加安全、环保、节约教育和基本技术培训。在教师的准许下使用仪器设备，必须严格按其操作规程操作。如有损坏或丢失，立即向教师报告，等待处理。

（2）实验前必须充分预习，熟悉实验内容。明确实验目的与要求，理解实验原理，掌握实验操作方法及有关注意事项。

（3）上课不迟到、不早退。应服从教师指导，在指定位置做实验。

（4）严守实验课堂纪律。不得在室内喧哗、打闹；不得吸烟、饮食、随地吐痰、乱扔纸屑和其他杂物；不得将与实验无关的物品带入实验室；不得将实验室物品带出实验室；不得在实验台和仪器设备上乱写乱画。

（5）严格按分组要求使用实验用品和仪器设备，保管好自己负责的实验台、实验凳等，如有损坏或丢失，应立即报告。

（6）实验时要认真操作、细致观察、及时记录，原始记录要真实完整，实验后应请指导教师检查数据。

（7）实验做完后，要将仪器、物品、实验凳等放回原处；实验台面收拾整洁，经实验教师允许后方可离开实验室。

（8）按规定认真书写和上交实验报告。实验报告要层次清楚、字迹工整，数据处理科学，讨论要具体深入。

(9) 积极参加物流系统与技术实验教学示范中心组织的实验讨论和设计实验，有意识地培养自己分析和解决问题的能力、创新意识和科学思维。

二、学生实验报告

实验报告是对实验操作过程的总结，是展示实验成果的一种形式。撰写实验报告是一项重要的基本技能训练，是学习实验论文撰写的基础。为规范学生实验报告的撰写，特作如下规定。

(一) 撰写实验报告的目的

通过撰写实验报告，让学生熟悉撰写实验报告的基本格式，学会绘图、制表方法；学习如何应用有关理论知识和相关文献资料，对实验数据等进行整理分析，得出实验结论；培养学生独立思考、严谨求实的科学作风。

(二) 实验报告的内容

(1) 实验名称、实验项目、姓名、年级、专业、组别及实验日期。

(2) 实验目的。

(3) 实验原理。

(4) 实验用品。

(5) 实验方法与步骤。

(6) 实验结果与讨论。

(7) 心得与体会。

(三) 实验报告书写的基本要求

(1) 撰写实验报告是一件非常严肃、认真的工作，要讲究科学性、准确性、求实性。

(2) 实验目的：要明确，抓住重点，可以从理论和实践两个方面考虑。在理论上，验证定理定律，并使实验者获得深刻和系统的理解，在实践上，掌握仪器或器材的使用技能技巧。

(3) 实验原理：要写明依据何种原理、定律或操作方法进行实验。

(4) 仪器和材料：选择主要的仪器和材料填写。若能画出实验装置的结构示意图，再配以相应的文字说明更好。

(5) 步骤和方法：要写明经过哪几个具体实验操作步骤，要把实验的过程以及观察到的变化和结果写清楚。为便于说明问题，还可以附加图表，也可用流程图说明。实验报告要简明扼要、字迹工整。

(6) 结果与讨论：从实验中测得数据计算结果，或观察实验结果，得出结论；写明实验中的异常现象，对实验成功或失败的原因等进行分析。

（7）心得与体会：写出实验后的心得体会，有什么新发现和不同见解、建议等。

（四）撰写实验报告的注意事项

（1）实验报告的书写应注意内容真实准确，文字简练、通顺，书写整洁，标点符号、外文缩写、单位度量等书写准确、规范。

（2）如实记录实验现象和数据。在实验时，由于观察不细致、不认真，没有及时记录，实验报告就不能准确地写出所发生的各种现象，也就不能实事求是地分析各种现象发生的原因。

（3）禁止修改或编造实验数据。

（4）说明要准确，层次要清晰。

（5）采用专业术语说明问题。

（6）严禁抄袭、复印他人的实验报告，独立完成实验报告的书写。

三、学生实验考核

（1）学生实验完毕后，按照实验要求，根据了解和掌握的内容，独立写出实验报告，指导老师对学生在实验中的态度、出勤情况、组织纪律、内容掌握、实验报告、创新思维等方面进行考核。

（2）成绩分配比例：实验态度占10%、出勤情况占30%、组织纪律占10%、实验手册记录占20%、实验报告占30%。

（3）考核结果分优秀、良好、中等、合格、不合格五个级别，具体评定标准如下。

优秀：能很好地完成实验任务，达到实验大纲规定的全部要求，实验报告能对实验内容进行全面、系统的总结，并能运用学过的理论知识对某些问题加以分析，实验报告格式规范。严格遵守实验纪律，不缺勤。实验手册记录非常认真，内容详细而全面。实习态度积极主动、认真勤奋。

良好：能较好地完成实验任务，达到实验大纲规定的全部要求，实验报告能对实验内容进行全面、系统的总结。实验手册记录认真，内容全面。实验态度端正，实验期间无违纪行为。

中等：能完成实验任务，达到实验大纲规定的主要要求，实验报告能对实验内容进行比较全面的总结。实验手册记录比较认真，内容较为全面。实验态度端正，实验期间无违纪行为。

合格：实验态度基本端正，完成了实验的主要任务，达到实验大纲中规定的基本要求，能够完成实验报告，内容基本正确，但不够完整、系统。实验手册能记录主要内容，但不够全面、系统。实验中虽然有轻微的违纪行为，但能够深刻认识，并及时纠正。

不合格：凡属下列情况之一者，实验成绩认定为“不合格”。未达到实习大纲中的基本要求，实验报告及实验手册记录马虎潦草或有明显错误的学生；实验课期间无故旷课或参加实验不足总学时的1/3的学生。

第十三章　物流系统与技术实验教学示范中心实验室使用管理

第一节　实验室预约管理

一、预约系统

为提高物流系统与技术实验教学示范中心的参观效果，便于物流系统与技术实验教学示范中心管理，实验室采用预约参观方式，参观者在示范中心的官网或预约管理App上提前预约，参观人员可以提前预约实验室以及实验室工位，预约平台包括预约时间、预约模块、预约时长和参观人信息等，预约分为单人预约与团体预约。提交预约经审核同意后，可按预约时间来参观。参观预约界面如图13－1－1所示。

（一）预约系统主要功能

系统采用B/S（浏览器/服务器）体系结构，通过IE浏览器登录进行预约管理。其功能模块包括会议预约管理、实验室管理、信息发布模块、数据统计、附加功能设置、个人中心六个模块。实验室信息具有添加、删除、修改、查询等功能，可创建新实验室、进行实验室资产登记以及设置实验室情景模式显示效果。

（二）实验室预约管理

可对已经创建的实验室进行预约，管理员可对已经预约的实验室做出审核（普通用户无此权限）；可生成预约信息表，管理者可更加便捷地对实验室使用情况做出统计，用图表形式展示实验室的空闲和占用时段。用户通过在网上直接点击实验室记录后的“预约”按键进行实验室的预约。

预约完成后，可以通过多种方式展示实验室的使用情况，可以结合信息发布系统把实验室使用情况的网页信息发布到各信息发布点。

（1）显示模式：与信息发布系统结合使用时，可以在相应显示屏上只显示实验室名称、会议主题、摘要等。

（2）信息发布模板：管理员可在此处对会议发布过程的界面进行设计管理。

（3）数据统计：记录实验室使用情况，包括实验室使用次数、实验室设备使用次

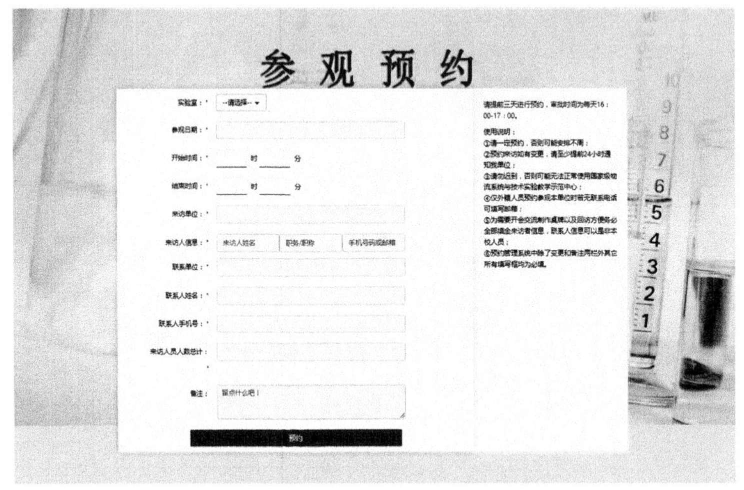

图 13－1－1　参观预约界面

数、各部门实验室使用时间及次数，生成相应统计图。

（三）附加功能设置

（1）与 ID 认证进行绑定：用户登录系统可以与原有的 ID 进行联动，实现认证与操作记录统计的安全性和便捷性。

（2）会议邮件通知推送系统模块应用：对参加实验的人员进行邮件通知，需搭建邮件服务器。如果服务器端可以上公网，则可使用公网的邮件服务器，不需要再单独搭建邮件服务器。

（3）短信通知推送系统模块应用：对参加实验的人员进行短信通知，如已有短信服务器，则直接进行接口开发；如没有短信服务器，则需要配置短信群发服务器（硬件）并进行接口开发。

（4）微信通知推送系统模块应用：定制开发微信公众号接口，系统在预约成功后将会议信息通过公众号推送给参会人员，需先关注公众号。

（5）实验室预约播报画面 UI 模板定制开发：定制个性化会议显示播报模板（左上角为用户企业图标）。比如正在进行中的会议静态显示，下一会议滚动显示。同时提供一个红色的简洁显示模板，中间部分大字显示会议标题，下面稍小字显示会议时间。可以设计多个模板满足播放需求。

（6）实验室资产及人员管理模块：实验室管理、设备管理、服务类型管理、人员管理。对人员分部门进行管理，可批量选择。操作人员可以设置最高权限、管理权限及查看权限等。

（7）实验室预约时间权限管理模块：实验室最多只能预约 2 天，需要提前 2 天预约。实验室预约开始时间只能选择当前时间之后的时间（如当前时间为 12：00，不能选择 11：00 作为开始时间)；预约间隔可设定。有预留实验室功能，此项是为长期会议准备，只能最高权限人员预约。有会议自动审批功能，对于需要审批的实验室预约，在具有审批权限的操作员那里能自动弹出“操作员有新预约，等待审核”的提示。

(8) 实验室预约信息查询、统计与分析模块：以多种方式浏览、查询实验室预约信息，比如查询当天、本周或者最近一段时间内预约实验室的记录。对于当月不同部门对实验室的使用情况可以做次数统计分析，统计分析表可以柱状图显示。

(9) 签到模块：可刷 IC/NFC 卡签到、扫描二维码签到，学员通过短信、邮件或微信收取签到码，再通过实验室门口装置扫描输入签到码，即可完成签到。签到二维码如图 13 -1 -2 所示。

图 13 -1 -2 签到二维码

(10) 实验室预约地图模式 (可选)：将多个实验室具体位置以地图的方式展现出来，更加直观。

(11) 与门禁系统对接：只有当前已预约过的学员才能通过扫码、刷卡、App 确认等方式打开实验室的门禁，并在系统有相关记录。另设清理、打扫人员账号，可以随时打开任意的实验室进行清洁。

(12) 预约管理 App：可以直接对接学院原有公众号进行信息发布，也可以开发学院独有的预约管理 App，包括实验室开门、会议签到、会议预约、会议取消、会议延时、会议结束、紧急联系人等定制模块。App 界面如图 13 -1 -3 所示。

(13) 个人中心：此项包括登录者的预约记录和登录者的一些相关信息，可修改信息、口令等。

(14) 系统特色。

实验进程免打扰、实验安排无纸化、实验信息电子化、实验记录数据化、使用状况对比化、实验进程可视化、操作使用图形化、实验预约异地化。系统的核心是预约

图 13-1-3　预约管理 App 界面

管理综合软件，安装在中心机房的会务管理服务器中。管理员、会议组织者、后勤服务人员等使用者一般在局域网内使用系统。预约成功的学员则可以手机短信或邮件的方式收到预约成功通知。

首先，预约管理软件是基于 Web 的软件系统，用户通过网络浏览器（如 IE）就能使用实验室预约、预约查询、设备控制、系统管理、预约资料查阅等功能。其次，软件的核心模块包括实验室预约、预约审核、预约通知、统计查询、资料管理、设备智能控制等。最后，软件中包含许多接口模块，与各种系统互动协作，主要接口有邮件接口、短信接口、微信接口、信息发布接口、楼宇自控接口、门禁接口、中控接口等。

二、实验室课程预约

为避免实验室使用时间冲突以及保证实验室专职技术人员更好地为师生服务，本校教师在物流系统与技术实验教学示范中心上课时需在学期开学前提前在示范中心的官网或 App 预约实验室，录入课程名称、课程时间、学生人数、学生专业等信息。

1. 目前开放实验室情况

（1）主楼一层实验室开放情况（见表 13-1-1）。

表 13－1－1　　主楼一层实验室开放情况

实验室编号	实验室名称
103、104	力学实验室
105	精工实验室
一层大厅	多层穿梭车系统 “托盘式立库＋循环搬运”系统 料箱式立库系统 流利式货架拣选系统 滑块式分拣系统 AGV 拣选系统

（2）主楼二层实验室开放情况（见表 13－1－2）。

表 13－1－2　　主楼二层实验室开放情况

实验室编号	实验室名称
201	智能识别分拣与码垛实验室
202	冷链实验室
204	包装实验室

（3）主楼三层实验室开放情况（见表 13－1－3）。

表 13－1－3　　主楼三层实验室开放情况

实验室编号	实验室名称	实验室工位数量（含教师用）	实验室电脑数量
304	云采购实验室	36	36
305	VR/AR 实验室	7	无
306	智慧供应链协同创新实验室	52	38（32 台笔记本＋6 台台式机）

2. 实验室上课预约填表说明及要求

（1）请各位教师自行填写预约信息，每位教师填写完成后请及时提交。

（2）统计完成后会将完整课表发到官网，如有课程时间冲突，以先填写者为主。

（3）上课时间如果与学校安排时间不一致，请写明。

（4）请各位老师提前一周进行预约，填表（见表 13－1－4 和表 13－1－5）上课，以免届时预约时间冲突，造成不必要的麻烦。

（5）请各位老师准确填写上课时间。

三、实验室智能化共享工位预约系统

（一）主要功能说明

（1）座位编号。

（2）座位管理（建立虚拟座位）。

（3）工位管理：工位信息的添加、删除等功能，可创建新工位。

（4）工位预约管理：可对已经创建的工位进行预约，管理员可对已经预约的工位做出审核（普通用户无此权限），可生成预约信息表，管理者可更加便捷地对工位使用情况进行统计。以图表形式表现工位的空闲和占用时段。用户通过在网上直接点击工位记录后的“预约”按钮进行工位的预约。

（5）系统支持手机 App 预约以及电脑网上预约。预约完毕后可以多种方式显示工位的使用情况，可通过信息发布系统把这些工位使用情况的网页信息发布到各信息发布点。

（6）预约人预约成功后会获得一个预约成功签到码。共享工位上贴有指定的预约签到二维码，预约人需在到达工位后扫描工位上的二维码进行预约签到，使用工位。同时系统会记录下预约人的工位实际使用情况。

（7）系统需增加工位电源管理模块，做前期的工位电源部署时将所有共享工位的电源汇总到一个级联的继电器设备上，继电器与工位区的信息发布播控主机连接，预约人在后台预约会议成功后，并且在预约时间段完成签到操作，智能化共享工位预约系统直接控制继电器使该工位电源畅通，并在预约截止时间后 10 分钟切断该工位电源。

（8）信息发布系统可以在实验楼相应显示屏上显示工位使用情况（如红色不能预约；绿色可以预约）。

（9）工位使用情况统计：多少人预约过该工位、该工位的使用时长与空闲时长对比等。

表 13－1－4　　2018—2019 学年第一学期课程安排详情（示例）

教师姓名	课程名称	授课班级（上课人数）	实验室名称（及编号）	起始周次	星期	上课时间	备注
例:李某某	物流规划与设计	物工大四（20 人）	智慧供应链协同创新实验中心（306）	第一周至第十周	周一	8:00—12:00	

表 13－1－5　2018—2019 学年第一学期课程表（示例）

节 \ 星期	星期一	星期二	星期三	星期四	星期五	星期六	星期日
第 1、2 节（一） 8:00—9:50	物流规划与设计 李某某 306 第 9 周						
第 3、4 节（二） 10:10—12:00							
第 5、6 节（三） 13:30—15:20							
第 7、8 节（四） 15:30—17:20							
第 9、10、11 节（五） 18:00—20:50							

（二）附加功能设置

（1）邮件通知推送系统模块应用（可选）：对工位预约人员进行邮件通知，需搭建邮件服务器。如果服务器端可以上公网，则可使用公网的邮件服务器，不需要再单独搭建邮件服务器。

（2）短信通知推送系统模块应用（可选）：对工位预约人员进行短信通知，如已有短信服务器，则直接进行接口开发；如没有短信服务器，则需要配置短信群发服务器（硬件）并进行接口开发。

（3）微信通知推送系统模块应用（可选）：定制开发微信公众号接口，系统在预约成功后将工位信息通过公众号推送给预约人员，需先关注公众号。

（4）工位计时提醒模块：可开发计时提醒功能，通过短信、微信或其他提醒方式，例如闪灯等。如设定提前一天提醒功能，提醒内容可自主设定。

（5）工位预约地图模式（可选）：将工位的具体位置以地图的形式展现出来，更加直观。

（三）工位管理系统工位预约流程

1. 工位预约

预约人可先在状态图上查看工位的忙闲状态，绿色区域表示该工位在该时段没有被预约；灰色区域表示已经被预约；在绿色区域点击工位，即可预约。在预约表单填上工位名称即可，简单快捷。预约表单填写完毕后提交，预约过程即完成。

（1）使用人能在系统内提出工位预约申请。

（2）提出预约申请时，需填写预约人名称、部门、预约时间、预约原因等信息。在填写工位时，可以查看该工位的预约情况，避免预订冲突。

（3）预约申请提出后，将由工位的管理员审批。在审批过程中，工位管理员可以对工位进行变更调配，可通过“是否同意工位调配”选项变更。

（4）系统还可设置工位超级管理员，工位超级管理员可强制使工位的预约生效。

（5）工位预约结果会以短信或者微信的方式反馈给工位预约人员。

（6）可以定制提醒方式，提醒方式包括会议短信通知、预约时间结束提醒等。

（7）预约人员或使用人员可手动取消预约或者改变使用状态。每个预约人在同一时间段内只能预约一个工位，类似铁路订票。

（8）预约成功后在预约时间到工位前扫码签到，并使用工位电源进行实验。

2. 预约审核

预约表单提交后则进入审核阶段。审核分两种，一种自动审核，一种人工审核。对于自动审核的工位，系统收到预约表单后，检测到无冲突后，立即让预约生效；对于人工审核的工位，将由工位的管理人员进行审核。审核的过程非常简单快捷。选择同意或拒绝（拒绝需填写拒绝的理由），然后提交即可。如果审核人员超时未处理预约，系统会自动发送一条短信提示审核人员，审核人员可在任何一个有公网的地方用手机登录会务系统进行审核。

3. 预约通知

工位预约生效后，系统将根据用户预存的邮件地址和手机号码自动发送预约结果通知。当工位需变更或取消时，系统还能自动发送变更或取消的通知。

4. 数据统计分析

根据工位预约、使用情况统计实验楼学员人流情况。

（四）App 功能应用

1. 实验室预约

登录预约系统预约实验室和工位。

2. 实验室预约 App 系统进入方式

（1）预约人员或者管理员扫描二维码输入账户密码进入系统操作页面。

（2）预约人员或者管理员进入预约系统中，第一次需输入用户名（以后不需要输入）进入个人管理中心，显示最近的预约信息，可以点击进入移动端控制室。

（3）保洁和管理人员直接扫二维码开门。

3. 开关门

实验开始前，第一个人按开门按钮可以打开实验室的门、实验室内的灯、插座开关等。

4. 实验室签到

开关在实验开始前可进行签到，统计人员，记录实验室使用情况。

5. 预约取消

在没有进入实验室之前可以提前取消预约。

6. 实验室使用延时

在预约实验结束前 5 分钟的时候提示距离实验结束还有 5 分钟，是否需要延时，需要延时通过延时申请按钮来延时。

7. 实验结束

点击实验结束，系统计算实验时间。

8. 实验室内自动断电

点击实验结束会自动断电。

9. 临时邀请

可以邀请其他人员来参观。

10. 实验室预约界面大概内容

时间、实验室地点、实验室大小、实验室缩略图、实验室内置情况（桌型、座椅多少等）。

若两个人预约同一个实验室，时间段不能冲突；工位预约 App 视实际应用情况，可开发新约功能模块。

第二节　实验室教学管理

一、实验教学方法

先进的实验教学方法应该符合学生的认知规律，有利于教学思想和教育理念的贯彻，能够调动学生的实验兴趣和实验积极性，有利于学生科学思维和创新能力的培养，引导学生独立思考，提高学生发现问题、分析问题和解决问题的能力，引导学生质疑、探究、创新和实践，推动学生自主学习、合作学习和研究性学习。为此，示范中心创新应用了如下实验教学方法。

（1）采用“启发式、研究式”的教学方法。采取以学生为主体、以教师为主导、以教材为依据、以课堂讲授为平台，按照精讲、自学、辅导、讨论、启发等要素相结合的方法，使教师与学生积极互动。

（2）推进双语实验教学。

（3）建立符合学生认知规律的实验教学方法。在实验教学过程中，使“安全教育→理论讲授→素质培养→技能训练→预习考核→实验实施→总结讨论→报告撰写→综合考试”相互贯通。

（4）建立课内外结合的科研训练内容和方法。每门实验课程都有设计实验项目，专设一门“研究创新实验”课程，学生可以自主选题，也可以结合导师的科研项目选题，在导师的指导下，开展科研训练。鼓励并支持本科生积极承担国家级和校级“大学生创新性实验计划”资助项目、参加课外的科技创新竞赛。

（5）应用现代化教育教学手段辅助实验教学，制作和引进多媒体课件、网络课程和教学视频录像，在教学网站上建立师生互动平台。

（6）建立引导学生知识、能力和素质全面协调发展的学生实验成绩综合评定方法。实验习惯成绩、实验预习成绩、实验操作成绩、实验报告成绩、实验设计成绩、实验考试成绩相结合。

二、实验教学检查

为了强化物流系统与技术实验教学示范中心的宏观指导和科学管理，保证国家有关教育方针、政策、法规和北京物资学院教学制度、规定和措施的贯彻执行，物流系统与技术实验教学示范中心不断总结推广实验和管理工作的先进经验，推动物流实验教学改革的深入发展，不断提高实验教学质量，特制定如下细则。

（1）成立由北京物资学院党政领导为组长，教学副院长及示范中心主任为副组长，热爱教育事业、责任心强、有丰富的教学经验及管理经验的老教师、实验督学和教学秘书为组员的督导组。督导组全面负责实验教学检查与评估工作。

（2）每学期期初、期中和期末进行实验教学的定期检查和不定期的抽查，实行对任课教师听课的制度，并做好听课记录。

（3）各部门主管领导、专业教研室主任、示范中心主任等每学期对每门实验课程至少听课一次，示范中心组织专家督导组随机听课。

（4）实验教学检查内容。

①文件管理：有教学大纲、教学计划、学生实验守则、实验习惯评定标准、实验成绩评定方法等各种实验教学管理文件。

②教学任务：有教学日历、教学安排和学生分组表。

③实验教材：有实验指导书或自编实验教材。

④实验项目管理：每个实验项目有电子课件等。

⑤实验考试或考核：有科学、合理的考试或考核办法。

⑥实验报告：规范整洁，有存档。

（5）定期召开督导组会议，交流督导工作经验。

（6）每次实验教学检查后，认真填写检查记录，及时通报情况，以便实验教学的改进，并于学期期末提交示范中心档案室统一管理。

三、实验教学效果评估

（1）教学督导组对物流系统与技术实验教学示范中心的领导、实验教师、实验学生等进行督导，对实验教学效果进行评估。

（2）实验教学效果评价方式。

①物流系统与技术实验教学示范中心定期组织同行专家进行评价，并填写相关评价表格。

②实验教学督学定期组织召开与实验课程有关的指导教师、研究生助教、辅助教师及学生代表座谈会，听取其意见和建议。

③每学期期末督学组织学生统一填写相关实验课程的调查问卷。

④每学年督学定期对依托示范中心进行实践的学生进行跟踪调查。

（3）每学期期末，实验教学督导组根据实验教学效果评价对实验教师工作进行综合评估，评价结果与其职称晋升、奖金分配等挂钩，并依据“实验教学工作量核算办法”认定工作量。

（4）督学将每次的实验教学评价做出书面总结报告，提出整改建议反馈给物流系统与技术实验教学示范中心，示范中心审核后提出处理意见。

（5）对学生反馈不满意率（大样本统计）高于30%的实验教师，以适当的方式予以提醒；对不满意率高于50%的教师，经督导组调查实验教学质量确有问题的，暂停其授课资格，经培训并由同行教师和学生评价合格后，才能重新授课。

（6）在实验教学过程中出现影响较大的教学事故，将在职称晋升评定中予以单项否决，暂停评聘学术职称一次，并建议学校给予行政处分。

第三节　实验室参观管理

一、参观管理办法

（一）目的

为规范接待物流系统与技术实验教学示范中心参观流程，维护学校良好的形象，提供高质量的接待服务，保证正常教学、实验的进行，特制定参观管理办法。

（二）适用范围

适用于实验室参观、会议、培训的接待与管理。

（三）管理办法细则

（1）参观人员必须经允许后才可进入实验室参观，在相关教师或相关工作人员的引导下进行参观。

（2）参观时必须有学校指派的领导或相关工作人员陪同。

（3）参观人员在参观时，需要按指定路线行走，且遵守《物流系统与技术实验教学示范中心安全守则》。

（4）参观人员应该保持实验室环境卫生，将随身携带的饮料瓶、食品袋、纸屑等垃圾丢弃在指定位置。

（5）参观时禁止吸烟。

（6）实验室开放时间：周一到周日 8：00—20：00。

二、参观展板

为了进一步提高实验室参观的效果，实验室设置了相关参观展板，主要包括实验室介绍、实验室相关守则、实验室往期的参观照片一览、实验室介绍等。实验室参观照片包括领导参观指导类、兄弟院校观摩类、国际交流类、校企联合类。

三、实验室参观相关工作管理

（一）接待

物流系统与技术实验教学示范中心每天都有专职值班教师与学生负责参观接待工作。值班教师主要负责实验室全面的讲解，包括实验室的建设与运行情况、实验室使用情况、各物流设备的运行原理以及运行流程、物流实验室的功能及课程开发情况，并对参观人员提出的问题进行解答；实验室值班学生进行设备的操作，并辅助老师完成接待工作。

（二）新闻

参观人员参观过程中，值班人员要对参观人员进行记录，包括参观人的信息等，并为参观人员拍照留影，以便新闻组值班人员的新闻撰写。参观结束后，当天值班人员应将参观表纸质版与电子版填写完毕，并将照片传至值班室电脑存档，由新闻组值班人员进行新闻撰写并上传至国家级物流系统与技术实验教学示范中心官网。预约使用记录表如图 13－3－1 所示，物流系统与技术实验教学示范中心官网新闻如图 13－3－2 所示。

<table>
<tr><td colspan="12">北京物资学院国家级物流系统与技术实验教学示范中心预约使用记录表</td></tr>
<tr><td colspan="12">2020年9月制</td></tr>
<tr><td rowspan="2">序号</td><td rowspan="2">预约开始时间</td><td rowspan="2">结束时间</td><td rowspan="2">来访单位</td><td colspan="3">来访人员</td><td rowspan="2">来访内容或模块</td><td colspan="2">联系单位及负责人</td><td rowspan="2">预约变更情况（本中心记录）</td><td rowspan="2">备注</td></tr>
<tr><td>姓名</td><td>职务/职称</td><td>联系电话</td><td>姓名/单位</td><td>联系电话</td></tr>
<tr><td>1</td><td></td><td></td><td></td><td></td><td></td><td></td><td></td><td></td><td></td><td></td><td></td></tr>
<tr><td colspan="12">注释：1.为搞好接待工作，请来访者提前填写此表，目前可参观模块有一层大厅中的多层穿梭车系统、“托盘式立库+循环搬运”系统、料箱式立库系统、流利式货架拣选系统与滑块式分拣系统等；二层的中控室、冷链实验室、包装实验室等；三层的云采购实验室、VR/AR实验室与智慧供应链协同创新实验室等。
2.预约来访如有变更，请至少提前24小时通知我单位。
3.请勿迟到，否则可能无法正常使用国家级物流系统与技术实验教学示范中心</td></tr>
</table>

图 13－3－1　预约使用记录表

图 13－3－2　物流系统与技术实验教学示范中心官网新闻

第四节　实验室安全管理

实验室安全是实验室工作正常进行的基本条件。统计分析表明，实验室发生设备事故和人身事故往往都是管理不善、措施不力、操作不当或认识不够所致。因此，树立“安全第一”的观念、营造实验室安全工作环境和保护实验室人员的安全，是实验室管理需要解决的首要问题。

一、安全管理的重要性

实验室安全管理工作直接影响着实验室的发展速度和规模，影响着实验室教学科研的研究成果和水平。分析实验室安全事故的规律，总结安全事故的经验教训，建立健全的安全预防机制，贯彻“预防为主，安全第一”的方针，才能有效防止实验室安全事故的发生。

二、实验室安全管理的措施

实验室高度重视安全和环境建设，坚持“安全第一，防范为主”的方针，采取各种措施保障师生安全和健康，以及设备和数据的安全，具体措施如下。

（1）成立领导机构，实施安全责任人制度：实验室成立示范中心主任负责的“实验室安全责任领导小组”，每个实验室落实具体的安全责任人。领导小组按照学校制定的实验室安全制度，定期对各实验室进行安全设备检查。遇节假日由负责人带领各实验室管理人员对所有实验室进行全面的安全检查，同时安排值班人员。

（2）学校为整个示范中心及主要实验室安装了视频监控系统，并由物业管理部门每天对实验室进行定时巡视，安排24小时值班。另外，各实验室都安装了防盗门，对中心重要的实验场所安装了门禁系统，主要实验场所还安装了独立的视频监控和红外系统。

（3）实验室通风、水、电、管道等设施布局安全规范，各项指标达到设计标准。实验室均装配了消火栓、消防水枪、水龙带（消火栓内），均按消防安全标准配备了足够数量的干粉灭火器，摆放在消防部门认可的位置。各实验室还安装了烟雾报警器和水雾喷淋装置。

（4）示范中心主楼有2个宽敞的安全通道楼梯，各层楼道口安装具有防火功能的闸门，同时配置了楼道疏散指示灯，消防安全通道标志明显，并保持消防通道安全畅通。

（5）对所有电源进行了改造，消除了电源隐患。所有机房更换为或增加了防静电地板和吊顶，为实验室动力电、照明电、网络布线、消防布线、监控布线等提供了必备条件。

（6）每年配合学校组织学生（特别是新进校的学生）进行安全教育，使其悉知示范中心的安全通道，掌握干粉灭火器的使用方法以及火灾时的逃生注意事项和方法。组织新进实验室的师生学习示范中心实验室安全规章制度。为保证宣传教育的效果，还定期对相关人员进行了安全知识考试。

三、实验室数据安全管理

物流系统与技术实验教学示范中心针对实验平台中存在的安全问题，结合实验平台的安全需求，采用基于角色的访问控制模块，为保证系统认证、授权、机密性、完整性和不可否认性五大安全需求，系统分别从身份认证、访问控制、安全传输三个方面满足系统安全需求。在身份认证上，采用了两种身份认证相结合的方式保证用户身份的准确性；在访问控制上，使用基于角色的访问控制模型确保资源的授权访问，并通过安全过滤机制来阻止各种安全攻击；在安全传输上，采用数据加密和签名，并改进加解密算法来保证数据传输的安全性和快捷性；系统还具备安全审计模块，用于记录各种非法访问和未授权访问，为日后的安全审查提供依据，这一安全机制可以有效提高系统的安全性。

四、实验室安全防火制度

实验室的安全工作是教学和科研工作的重要保证，为了保障全院师生、员工人身安全及实验室的安全，做好防火、防爆、防毒、防盗、防泄密、防灾害等安全预防工作，特制定以下规定。

（1）实验室管理员或指导教师是本实验室的安全消防责任人。

（2）实验室管理员或指导教师必须树立“安全第一”的观念，做好安全、防火技术工作。实验室的门、窗、玻璃、锁、消防器材等应保证完好；实验室每次使用完毕或下班前都要进行安全检查，切断电源、气源、水源，锁好门窗。实验室管理员或指导教师必须做到“三懂三会”，懂所在实验室的火灾危险性，会拨打火警电话“119”；懂预防火灾的措施，会使用灭火器材；懂灭火的基本方法，会扑灭初起火灾。

（3）除实验必须要求外，实验室内不准使用电炉子或与电炉子性质相同的设备取暖、烧水、做饭；未经学院批准不得留宿实验室；不准在实验室通道堆放杂物，保持畅通无阻，便于疏散。

（4）各实验室钥匙要有专人保管，任何人不准随便配置实验室钥匙，实验期间要有专人（指导教师或实验管理员）在场负责，不经允许无关人员不得随意进出实验室。

（5）严格执行国家、院校有关危险物品管理规定。易燃、易爆、有毒等一切危险品应随用随取，不应在现场存放，少量备用品必须贴上标志签由专人妥善保管。废弃物要在教师的指导下桶装后统一妥善处理，不得乱倒乱丢。

（6）实验室设备和电源线路必须符合国家安全标准并按规定装设。禁止超负荷用电，不准乱拉乱接电线，有接地要求的仪器必须按规定接地，定期检查线路，测量接地电阻，确保各项电气性能达到安全用电要求。自制、改装和并联设备必须获得学校安全许可后方能使用。

（7）学生实验前必须由学院专业实验室管理人员或指导老师进行安全、防火技术教育培训（了解实验操作规程、知道危险性、有防护措施和掌握意外应急处理方法），以达到安全操作的目的。未经管理人员或指导教师许可，不得乱动仪器设备，造成事故责任自负。

（8）因违章操作、玩忽职守、忽视安全而造成火灾、被盗、严重污染、人身伤亡、贵重精密仪器损坏等重大事故，必须保护好现场，并立即向有关部门报告。对隐瞒事故、知情不报或有意缩小、夸大事实者，将给予严肃处理。

（9）保证安全，人人有责，实验室管理员或指导教师要定期检查，及时消除各种安全隐患，并填写实验室安全记录备查。

附　录

附录1　教育部办公厅关于印发《国家级实验教学示范中心管理办法》的通知

教高厅〔2016〕3号

各省、自治区、直辖市教育厅（教委），新疆生产建设兵团教育局，有关部门（单位）教育司（局），部属各高等学校：

为加强高等学校实践育人工作，提升大学创新人才培养能力，进一步规范和加强国家级实验教学示范中心的建设和运行管理，现将《国家级实验教学示范中心管理办法》印发给你们，请认真贯彻执行。

教育部办公厅

2016年12月3日

国家级实验教学示范中心管理办法

第一章　总　则

第一条　为加快实施国家创新驱动发展战略，提升大学创新人才培养能力，加强实践育人工作，进一步推进实验教学改革，促进优质教学资源整合与共享，规范和加强国家级实验教学示范中心（以下简称示范中心）建设与运行管理，特制定本办法。

第二条　示范中心是高等学校组织高水平实验教学、培养学生实践能力和创新精神的重要教学基地，是教育部依托相关高等学校建设的国家级实验教学示范平台。

第三条　示范中心主要任务是坚持立德树人，聚焦国家人才战略和社会发展需求，紧扣高等学校人才培养目标，开展实验教学研究，创新实验室管理机制，探索引领实验教学改革方向，共享优质实验教学资源，以高水平实验教学支撑高质量人才培养工作。

第四条 示范中心实行“教学为主、开放共享、定期评估、动态调整”的运行机制，坚持育人为本，创新引领，科教一体，产教融合。

第二章 管理职责

第五条 教育部是示范中心宏观管理部门，主要职责是：

（一）制定示范中心发展的方针和政策，编制发展规划，发布立项指南。

（二）制定示范中心管理办法，指导示范中心的建设和运行。

（三）组织或委托相关机构开展示范中心遴选、立项建设，根据省级教育行政部门评估检查结果，提出调整或撤销名单。

（四）组织或委托相关机构组建示范中心协作组织，推动示范中心开展国内外交流。

第六条 省级教育行政部门的主要职责是：

（一）制定本区域省级高等学校实验教学示范中心发展政策和规划。

（二）做好本区域省级高等学校实验教学示范中心的立项建设、评估和检查工作。

（三）指导本区域示范中心的运行和管理，组织、监管区域内示范中心的对外交流合作。

第七条 高等学校是示范中心建设和运行管理的主体，其主要职责是：

（一）将示范中心建设和基本运行经费纳入学校年度预算；在重点改革推进，人才引进和队伍建设、自主选题研究等年度计划中对示范中心给予重点支持；提供人力资源、实验场所和仪器设备等条件保障。

（二）组织示范中心的申报、论证，定期做好自评自查工作。

（三）审议并确定示范中心名称、发展规划和目标、组织结构等重大事项的调整，经主管部门审核后报教育部备案。

（四）制定示范中心运行管理的实施细则，负责日常监督管理，组织示范中心年度考核。

（五）聘任示范中心主任，组建教学队伍和管理团队。

第三章 立项与遴选

第八条 教育部根据高等教育改革与发展规划、人才培养和学科发展的需要，结合示范中心建设整体布局，会同高等学校主管部门，不定期发布立项指南，组织开展示范中心的立项建设。

第九条　示范中心立项申请的基本条件：

（一）人才培养目标明确，实验教学体系完备，实验教学方式方法特色鲜明，学生实践能力和创新精神培养成效显著，具有典型示范意义；有承担国家和地方教学改革的能力；具备开放共享的条件，能够广泛开展国内外交流与合作。

（二）拥有一支由高水平教授负责，实验教学与理论教学队伍互通，校内外师资顺畅流动，教学、科研、技术兼容，核心骨干相对稳定，年龄、职称、知识、能力结构合理的实验教学团队。

（三）具有充足实验教学条件，人员与场所相对集中；具备优良的实验教学和实验室管理信息化、网络化、智能化条件；近 4 年未发生安全责任事故。

（四）具有较为完善的管理制度、教学质量评价和保障体系，实行中心主任负责制。

（五）示范中心申请立项时，应已使用申报名称运行 4 年以上，同时获得省级示范中心称号 2 年以上，符合教育部立项指南发布的建设要求和申请条件等。

第十条　根据教育部发布的示范中心立项指南，符合立项申请基本条件的高等学校按规定格式填写《国家级实验教学示范中心建设申请书》。高等学校应确保申请书内容的真实性，并签署配套经费及条件保障等意见，经省级教育行政部门审核同意后报教育部。

第十一条　教育部组织或委托相关机构，根据《国家级实验教学示范中心建设申请书》等材料对申报单位进行遴选，择优立项，向高等学校批复遴选结果，并抄送其主管部门。

第四章　运行与管理

第十二条　高等学校应当重视示范中心的建设与发展，成立由校级领导牵头，教务、人事、财务、学科等管理部门参加的示范中心建设和运行管委会，负责落实条件保障、日常监督管理和年度考核工作，协调解决示范中心发展的重大问题。

第十三条　示范中心实行高等学校领导下的主任负责制。示范中心主任负责示范中心的全面工作。

示范中心主任由高等学校公开招聘和聘任，报主管部门、省级教育行政部门和教育部备案。示范中心主任是高等学校聘任的全职教学科研人员，应为本领域高水平教授，具有正高级专业技术职务，具有较强的组织管理能力。

第十四条　示范中心应成立教学指导委员会，其职责是审议示范中心的人才培养目标、实验教学体系、重大教学改革项目、重大对外开放交流活动、年度报告等。教学指导委员会每年至少召开 1 次会议。

教学指导委员会主任和委员由高等学校聘任。教学指导委员会主任一般应由非示范中心所在高等学校人员担任。教学指导委员会委员由 5 ~ 7 位校内外优秀专家组成，其中示范中心所在高等学校人员不超过 1/3。鼓励聘请行业企业专家和外籍专家。1 位专家至多同时担任 3 个示范中心教学指导委员会委员。委员每届任期 5 年，一般连任不超过 2 届，原则上连续 2 次不出席教学指导委员会会议的应予以更换。

第十五条　示范中心人员由固定人员和流动人员组成。固定人员应是高等学校聘用的聘期 2 年以上的全职人员，包括教学、技术和管理人员。流动人员包括校内兼职人员、行业企业人员、海内外合作教学人员等。示范中心要保持适当的规模，积极吸引国内外高等学校、相关行业企业等人才。

第十六条　示范中心应围绕人才培养目标，保质保量完成年度教学计划；注重利用先进教学理念、前沿技术等推动教学体系和教学方式方法改革；不断有计划更新实验项目和内容，注重将科学前沿成果和行业产业先进技术及时转化为实验教学项目；充分发挥高等学校多学科优势，确保综合性实验项目和创新创业类实验项目的适当比例；合理调节基础实验和专业实验的比例。

第十七条　示范中心应注重教学研究，组织团队系统开展教学体系、教学内容、教学方法、教学组织、教学评估等研究；独立或联合国内外高等学校开展教学研究，积极承担国家、区域和高等学校教学改革项目；开展跨学科实验教学项目研究；开展仪器设备的自主研发和更新改造，开展实验技术方法的创新研究。

第十八条　示范中心应落实以人为本的理念，建立健全规章制度，不断完善管理体制和运行机制；保障仪器设备的功能完好、使用充分、及时更新；强化实验室安全责任意识，确保实验教学人员和国家财产的安全；加强知识产权的规范管理，在示范中心期间完成的教材、著作、论文、软件、数据库等学术性成果均应标注示范中心名称。

第十九条　示范中心应充分开放运行，在满足本单位教学需求的前提下，所有的教学资源均应面向社会开放运行；应设立公众开放日，面向社会开展科学知识传播和服务。

第二十条　示范中心应积极推进信息化与教学的深度融合，建设各类信息化教学资源，建立统一的实验教学中心信息管理平台，持续提高人员信息技术的应用能力；积极探索校企、校所、校校合作开发网络化、虚拟化教学资源。示范中心信息化建设应纳入学校信息化工作统筹管理，保证安全运行。

第二十一条　示范中心应充分发挥示范引领作用，建立校际访问学者和对外培训制度，设立开放课题，积极承担国内高等学校（特别是西部地区高等学校）实验室人才培训和培养任务；积极与国内外科研机构和行业企业联合培养创新人才，开展实践教学基地和资源建设；积极组织和参加国内外学术交流、竞赛、成果展示与培训活动，与国内外各类实验室机构和团队开展稳定的实质性合作。

第五章　考核与调整

第二十二条　示范中心必须编制年度报告，内容应包括示范中心基本数据、示范辐射和改革建设的主要工作与成效等，并在示范中心网站公布。

第二十三条　高等学校以年度报告为基础，每年组织对示范中心的年度考核，并将考核结果与年度报告一并报省级教育行政部门和教育部备案。

第二十四条　省级教育行政部门对示范中心进行定期评估，定期评估周期为 5 年。定期评估结果分为合格、整改、不合格三类，对评估结果为整改的示范中心要求限期整改。

第二十五条　教育部根据省级教育行政部门定期评估结果，对示范中心进行动态调整。对评估结果为不合格或整改后仍不合格的不再列入示范中心序列。

第六章　附　则

第二十六条　示范中心统一命名为“××国家级实验教学示范中心（××大学），英文名称为 National Demonstration Center for Experimental（×××）Education（××University）。如化学国家级实验教学示范中心（北京大学），National Demonstration Center for Experimental Chemistry Education（Peking University）。

第二十七条　在示范中心运行管理中，凡是属于国家涉密范围的相关情形和内容，均应按照相关保密法规执行。

第二十八条　本办法自公布之日起施行。

附录2 《高等学校实验室工作规程》

（1992年6月27日 国家教育委员会令第20号）

第一章 总 则

第一条 为了加强高等学校实验室的建设和管理，保障学校的教育质量和科学研究水平，提高办学效益，特制定本规程。

第二条 高等学校实验室（包括各种操作、训练室），是隶属学校或依托学校管理，从事实验教学或科学研究、生产实验、技术开发的教学或科研实体。

第三条 高等学校实验室，必须努力贯彻国家的教育方针，保证完成实验教学任务，不断提高实验教学水平；根据需要与可能，积极开展科学研究、生产实验和技术开发工作，为经济建设与社会发展服务。

第四条 实验室的建设，要从实际出发，统筹规划，合理设置。要做到建筑设施、仪器设备、技术队伍与科学管理协调发展，提高投资效益。

第二章 任 务

第五条 根据学校教学计划承担实验教学任务。实验室完善实验指导书、实验教材教学资料，安排实验指导人员，保证完成实验教学任务。

第六条 努力提高实验教学质量。实验室应当吸收科学和教学的新成果，更新实验内容，改革教学方法，通过实验培养学生理论联系实际的学风，严谨的科学态度和分析问题、解决问题的能力。

第七条 根据承担的科研任务，积极开展科学实验工作。努力提高实验技术，完善技术条件和工作环境，以保障高效率、高水平地完成科学实验任务。

第八条 实验室在保证完成教学科研任务的前提下，积极开展社会服务和技术开发，开展学术、技术交流活动。

第九条 完成仪器设备的管理、维修、计量及标定工作，使仪器设备经常处于完好状态。开展实验装置的研究和自制工作。

第十条 严格执行实验室工作的各项规范，加强对工作人员的培训和管理。

第三章 建 设

第十一条 高等学校实验室的设置，应当具备以下基本条件：

（一）有稳定的学科发展方向和饱满的实验教学或科研、技术开发等项任务；

（二）有符合实验技术工作要求的房舍、设施及环境；

（三）有足够数量、配套的仪器设备；

（四）有合格的实验室主任和一定数量的专职工作人员；

（五）有科学的工作规范和完善的管理制度。

第十二条　实验室建设、调整与撤销，必须经学校正式批准。依托在高等学校中的部门开放实验室、国家重点实验室的建设、调整与撤销，要经过学校的上级主管部门批准。

第十三条　实验室的建设与发展规划，要纳入学校及事业总体发展规划，要考虑环境、设施、仪器设备、人员结构、经费投入等综合配套因素，按照立项、论证、实施、监督、竣工、验收、效益考核等“项目管理”办法的程序，由学校或上级主管部门统一归口，全面规划。

第十四条　实验室的建设要按计划进行。其中，房舍、设施及大型设备要依据规划的方案纳入学校基本建设计划；一般仪器设备和运行、维修费要纳入学校财务计划；工作人员的配备与结构调整要纳入学校人事计划。

第十五条　实验室建设经费、要采取多渠道集资的办法。要从教育事业费、基建费、科研费、计划外收入、各种基金中划出一定比例用于实验室建设。凡利用实验室进行有偿服务的，都要将收入的一部分用于实验室建设。

第十六条　有条件的高等学校要积极申请筹建开放型的国家重点实验室、重点学科实验室或工程研究中心等实验室，以适应高科技发展和高层次人才培养的需要。

第十七条　高等学校应通过校际联合，共同筹建专业实验室或中心实验室。也可以同厂矿企业、科研单位联合，或引进外资，利用国外先进技术设备，建立对外开放的实验室。

第十八条　凡具备法人条件的高等学校实验室，经有关部门的批准，可取得法人资格。

第四章　体　制

第十九条　高等学校实验室工作，由国家教育委员会归口管理。省、自治区、直辖市、国务院有关部委的教育主管部门负责本地区或本系统高等学校实验室工作。

第二十条　高等学校应有一名校（院）长主管全校实验室工作并建立或确定主管实验室工作的行政机构（处、科）。该机构的主要职责是：

（一）贯彻执行国家有关的方针、政策和法令，结合实验室工作的实际，拟定本规程的实施办法。

（二）检查督促各实验室完成各项工作任务。

（三）组织制定和实施实验室建设规划和年度计划，归口拟定并审查仪器设备配备方案，负责分配实验室建设的仪器设备运行经费，并进行投资效益评估。

（四）完善实验室管理制度。包括：实验教学、科研、社会服务情况的审核评估制度；实验室工作人员的任用、管理制度；实验室在用物资的管理制度；经费使用制度等。

（五）主管实验室仪器设备、材料等物资，提高其使用效益。

（六）主管实验室队伍建设。与人事部门一起做好实验室人员定编、岗位培训、考核、奖惩、晋级职务评聘工作。

规模较大的高校，系一级也可设立相应的实验室管理岗位或机构。

第二十一条　高等学校实验室逐步实行以校、系管理为主的二级管理。规模较大、师资与技术力量较强的高校、也可实行校、系、教研室三级管理。

第二十二条　实验室实行主任负责制。高等学校实验室主任负责实验室的全面工作。

第二十三条　高等学校可根据需要设立实验室工作委员会，由主管校长、有关部门行政负责人和学术、技术、管理等方面的专家组成。对实验室建设、高档仪器设备布局科学管理、人员培训等重大问题进行研究、咨询，提出建议。

第五章　管　理

第二十四条　实验室要做好工作环境管理和劳动保护工作。要针对高温、低温、辐射、病菌、毒性、激光、粉尘、超净等对人体有害的环境，切实加强实验室环境的监督和劳动保护工作。凡经技术安全的环境保护部门检查认定不合格的实验室，要停止使用，限期进行技术改造，落实管理工作。待重新通过检查合格后，才能投入使用。

第二十五条　实验室要严格遵守国务院颁发的《化学危险品安全管理条例》及《中华人民共和国保守国家秘密法》等有关安全保密的法规和制度，定期检查防火、防爆、防盗、防事故等方面安全措施的落实情况. 要经常对师生开展安全保密教育，切实保障人身和财产安全。

第二十六条　实验室要严格遵守国家环境保护工作的有关规定，不随意排放废气、废水、废物、不得污染环境。

第二十七条　实验室仪器设备的材料、低值易耗品等物资的管理，按照《高等学校仪器设备管理办法》《高等学校材料、低值易耗品管理办法》《高等学校物资工作的若干规定》等有关法规、规章执行。

第二十八条　实验室所需要的实验动物，要按照国家科委发布的《实验动物管理条例》，以及各地实验动物管理委员会的具体规定，进行饲育、管理、检疫和使用。

第二十九条　重点高等学校综合性开放的分析测试中心等检测实验室，凡对外出具公证数据的，都要按照国家教委及国家技术监督局的规定，进行计量认证。计量认证工作先按高校隶属关系由上级主管部门组织对实验室验收合格后部委所属院校的实验室，由国家教委与国家技术监督局组织进行计量认证；地方院校的实验室，由各地省政府高校主管部门与计量行政部门负责计量认证。

第三十条　实验室要建立和健全岗位责任制。要定期对实验室工作人员的工作量和水平考核。

第三十一条　实验室要实行科学管理，完善各项管理规章制度。要采用计算机等现代化手段，对实验室的工作、人员、物资、经费、环境状态信息进行记录、统计和分析，及时为学校或上级主管部门提供实验室情况的准确数据。

第三十二条　要逐步建立高等学校实验室的评估制度。高等学校的各主管部门，可以按照实验室基本条件、实验室管理水平、实验室效益、实验室特色等方面的要求制定评估指标体系细则，对高等学校的实验室开展评估工作。评估结果作为确定各高等学校办学条件和水平的重要因素。

第六章　人　员

第三十三条　实验室主任要由具有较高的思想政治觉悟，有一定的专业理论修养，有实验教学或科研工作经验，组织管理能力较强的相应专业的讲师（或工程师）以上人员担任。学校系一级以及基础课的实验室，要由相应专业的副教授（或高级工程师）以上的人员担任。

第三十四条　高等学校的实验室主任、副主任均由学校聘任或任命；国家、部门或地区的实验室、实验中心的主任，副主任，由上级主管部门聘任或任命。

第三十五条　实验室主任的主要职责是：

（一）负责编制实验室建设规划和计划，并组织实施和检查执行情况；

（二）领导并组织完成本规程第二章规定的实验室工作任务；

（三）搞好实验室的科学管理，贯彻、实施有关规章制度；

（四）领导本室各类人员的工作，制定岗位责任制，负责对本室专职工作人员的培训及考核；

（五）负责本室精神文明建设，抓好工作人员和学生思想政治教育；

（六）定期检查、总结实验室工作，开展评比活动等。

第三十六条　高等学校实验室工作人员包括：从事实验室工作的教师、研究人员、工程技术人员、实验技术人员、管理人员和工人。各类人员要有明确的职责分工。要各司其职，同时要做到团结协作，积极完成各项任务。

第三十七条　实验室工程技术人员与实验技术人员的编制，要参照在校学生数，不同类型学校实验教学、科研工作量及实验室仪器设备状况，合理折算后确定。有条件的学校可以进行流动编制。

第三十八条　对于在实验室中从事有害健康工种的工作人员，可参照国家教委（1988）教备局字008号文件《高等学校从事有害健康工种人员营养保健等级和标准的暂行规定》，在严格考勤记录制度的基础上享受保健待遇。

第三十九条　实验室工作人员的岗位职责，由实验室主任根据学校的工作目标，按照国家对不同专业技术干部和工作职责的有关条例规定及实施细则具体确定。

第四十条　实验室各类人员的职务聘任、级别晋升工作，根据实验室的工作特点和本人的工作实绩，按照国家和学校的有关规定执行。

第四十一条　高等学校要定期开展实验室工作的检查、评比活动。对成绩显著的集体和个人要进行表彰和鼓励，对违章失职或因工作不负责任造成损失者，进行批评教育或行政处分，直至追究法律责任。

第七章　附　则

第四十二条　各高等学校要根据本规程，结合本校实际情况，制定各项具体实施办法。

第四十三条　本规程自发布之日起施行。教育部一九八三年十二月十五日印发的《高等学校实验室工作暂行条例》即行失效。

附录3 《大型精密仪器设备管理办法》

一、为了加强大型精密仪器设备的管理，充分发挥其投资效益，根据仪器设备的管理办法的有关规定，制定本办法。

二、国家科委规定的二十三种大型精密仪器设备，以及单价在五万元（含五万元）以上的国内外仪器设备和单价虽不满五万元，但在国内比较稀缺的仪器设备均定为大型精密仪器设备。

三、凡属本办法管理范围的仪器设备，在购置时不论使用何种经费均属学院统管设备，管理权归院设备处。使用单位负责保管和使用中的具体管理。设备处有权对使用情况进行检查、鉴定，并对设备进行调剂、转移等。

四、大型精密仪器设备的购置，应由使用单位提出专门的书面申请报告，由院组织有关部门及专家对其进行技术和经济的可行性论证，并填写论证报告，报分管院长批准后，交设备管理部门执行。

五、领导已决定购置的大型精密仪器设备，各申请单位应同时向有关部门提出房屋及其他安装条件，做好使用、维护、管理人员的配备和培训计划的安排，保证设备到校前完成上述各项准备工作。设备到校后，申请单位应立即组织有关负责人或实验室主任、技术人员、设备管理部门有关人员或请厂家技术人员参与验收（五万元以上的仪器还要有院综合档案室人员参与验收），并进行验收报告存档。如发现质量不合格，必须及时报告，在限定的索赔期内（进口仪器从仪器到港、站之日起算三个月内）或交付托收承付限期内办理退、换、补、赔手续，如超过以上时间拖延验收所造成的经济损失应由申请单位承担行政责任。

六、大型精密仪器设备一律实行“专管共用”的办法，由使用单位指定专职技术人员管理，面向全院服务。专职技术管理人员拟定操作规程，编写使用及维修制度。对仪器的性能和指标进行定期校验、计量和定标，以确保仪器设备的精度和性能。对上机操作人员应进行技术培训，考核合格后方准使用仪器，未经单位负责人批准和专管人同意，任何人不得擅自使用仪器设备。

七、大型精密仪器设备由使用单位建立“大型精密仪器设备技术档案”（包括原机性能及自然状况、设备的原始技术资料、可行性论证报告、购置合同、验收记录、操作规程、检修记录、使用记录、报废记录等）档案正本一律存放在院综合档案室或设备部门，副本随仪器设备放在使用单位。

八、大型精密仪器设备应建立专门的使用操作记录，按日记载仪器设备的使用、维修等情况，每记满一本将使用机时、使用方向的分析一起交设备部门存档。

九、提高大型精密仪器设备的利用率，在完成学院的教学科研任务的前提下，积极开展校际科研协作、咨询及对外有偿服务，各单位制定的有偿服务收费标准应报设备部门备案。对工作量酬金按学校有关规定办理，但无论何种经费购置及何种原因造成闲置不用和长期使用率很低的仪器设备，学院有权调拨到其他急需使用的单位。

十、大型精密仪器设备任何人无权进行拆改，如因开发新功能、改造老设备必须进行拆改时，使用单位需提出可行性报告，由设备管理部门组织有关专家对图纸、加工、质量进行论证，报主管院长批准后方可实施。

十一、大型精密仪器因技术落后、损坏、维修费用过高，而没有修复和使用价值的，使用单位可申请报废，经过技术鉴定，由设备部门审核，报主管院长批准后方能履行报废手续。

十二、大型精密仪器设备要实行考核制度。通过考核督促专职使用管理人员履行岗位职责，不断提高工作水平，对那些工作认真负责、坚持操作规程、积极提高设备利用率，在运行维护、技术开发、协作共用、社会服务等方面成绩突出者，在评选先进时应予优先考虑。

附录4 《物流系统与技术实验教学示范中心学生实验守则》

为了在实验中培养学生严谨的科学作风，确保人身和设备的安全，顺利完成实验任务，特制定以下规则。

（1）学生每次实验前必须认真预习实验指导书及实验内容，明确实验目的、步骤、原理，回答实验老师的提问；回答不合要求者，须重新预习，才能进行实验。

（2）学生实验时严格遵守实验室的规章制度和仪器设备的操作规程，听从教师和实验室技术人员的指导。

（3）对规定实验外确需增加或改变的实验内容，可先提出实验原理和方法，须事先征得教师或实验技术人员同意，方可进行实验。

（4）爱护仪器设备，使用前详细检查，使用后要整理就位，发现丢失或损坏立即报告。未经许可不要动用与本实验无关的仪器设备及其他物品。

（5）进入实验室后应保持安静，不得高声喧哗，要保证实验室和仪器设备的整齐清洁。

（6）实验时必须注意安全，防止人身和设备事故的发生，严禁带电接线或拆线，仪器设备接好线路后，要认真复查，确信无误或请教师审查后方可接通电源。一旦发生事故，要保持镇定，迅速切断电源，保护现场，并向教师报告，待指导教师查明原因排除故障后，方可继续实验。

（7）损坏了仪器、设备必须立即向教师报告，填写仪器设备损坏单，按仪器设备赔偿方法进行赔偿。对于大型仪器的损坏要写出详细报告，根据情况酌情赔偿。对违反规定造成事故和损失的，肇事者必须写出书面检查，视情节轻重和认识程度予以处理。

（8）实验完毕后，要认真填写实验室仪器设备使用记录，经实验工作人员检查仪器设备、工具、材料及实验记录后方可离开。

（9）实验后要认真完成实验报告，包括分析结果、处理数据、绘制曲线及图表等。对不合要求的实验报告应退回重做。

（10）不得在实验室内饮食、乱扔杂物。

附录5 《物流系统与技术实验教学示范中心开放管理办法》

为更好地发挥实验室在教学过程中的重要作用，提高学生的自主学习能力、实践能力、创新能力，培养优秀的应用型人才，结合学校实际，制定本办法。

一、实验室开放原则与要求

（1）实验室开放贯彻面向全体、因材施教、讲求实效、形式多样的指导原则。全校各级各类实验室应把实验室面向学生开放作为推动物资学院教育教学改革的重要举措，应积极探索和实践，要充分利用现有资源，创造条件，为教学活动提供更好的支持。

（2）实验室面向学生开放，应结合专业培养目标和教学改革的目标，开发、设置一批不同层次的实验项目（课题）供学生选择，开放的内容要着眼于学生创新能力、实践能力的培养和提高。

（3）实验室应在学院统一领导和安排下，根据专业培养目标和要求，适时进行实验内容、方法和手段的更新，满足教师、学生课内外实验（实践）教学的需要。

（4）实验室应以延长开放时间作为基本保证，可根据不同时间段、教学任务量、建立值班制度，为教师和学生自主安排、选择实验内容、时间、进程，以及开展科技创新和科研提供更大的空间。

二、开放的内容与形式

1. 实验室开放的对象及内容

（1）培养方案内的实践教学。实验室要公布开设的实验项目、指导教师、实验室教学计划进程，尽可能提供充足的时段供学生选择。

（2）实验室在保证完成计划内实验教学任务前提下，要开设一批综合性实验项目，让学生自主选择，在教师指导下完成实验。多开设、给定实验目的、要求和实验条件，由学生自行设计实验方案并加以实现的设计性实验，鼓励学生创新。

（3）学生做课程设计、毕业设计（论文），参加各种学科竞赛，开展课外科技活动等使用实验室仪器设备时，实验室要积极、热情服务，提供条件保障。

（4）鼓励教师用科研项目吸收高年级学生进入实验室，参与到科研活动中。

2. 实验室开放的形式

根据实验室设备条件与空间大小等情况，按照实验课程或具体内容（项目）及时间进行搭配，形成模块化组合，向学生公布，由学生选择适合自己的内容及时间，或者进行实验内容和时间的预约，自主安排实验进程，完成实验课程的学习。

（1）开放时间：保证学生可开展课内外各种实验与实践、科技竞赛、科技创新、科研等活动。

（2）实验内容的开放：培养方案中的实验课程，在规定学时内，实验课内容可按照必做实验、选择实验设置，学生在完成必做实验后，可以根据自己的兴趣爱好选做实验。允许学生跨学科和专业选修自己感兴趣的实验课程。

（3）可根据各实验室的仪器设备条件，在培养方案规定的课程实验之外，设置一批综合型、设计型、创新型实验选修课程供学生选修，以改善学生的知识能力结构，此类课程可纳入全校公共类选修课程进行管理。

（4）支持学生进行各类科技与创新实践和科研活动。

三、实验室开放的组织实施

（1）教务处负责全校实验室开放的管理工作。

（2）各实验室要制定相应的开放管理办法和规章制度，保证开放规范、有序进行。要做好仪器设备材料等的准备工作，保证其处于良好的运行状态。

（3）各实验室要安排素质高、能力强的教师、实验室人员指导学生实验。教师、实验室人员要负责维持教学秩序、安全管理等工作，要对学生实验方案的设计、实验方法与步骤的选定、仪器设备的选用和操作、实验材料的使用、实验数据的分析处理、实验报告的形成等给予指导。

（4）实验室人员要认真做好实验室开放情况记录，建立健全开放文档，不断总结实践经验和成果。

四、实验室开放的程序

（1）实验室开放的基本程序为：公布、选择、预约、回复、实验。

（2）培养方案外开放的新实验，由实验室于每学期结束前 3 周提出，经学院审核通过后报教务处审定。次学期开学 2 周前向学生公布审定的开放实验项目名称、地点、时间安排、主要仪器设备、指导教师、申请办法、面向专业等情况，供学生预约。

（3）学生参加教师科研实验、各种科技活动、竞赛实验、科技创新实验等不受时间限制。可在实验室公布信息后由学生与科研项目教师、竞赛指导教师直接联系，利用实验室完成计划内教学任务后的空余时间优先开展实验。

五、实验室开放的管理与保障

（1）实验室开放工作由学校统一领导，教务处等职能部门负责实验室开放工作有关事宜的协调，并提供相关政策保障。

（2）各学院负责实验室开放工作的组织实施，并根据各自的开放具体情况，建立相关制度与工作规范，主要有选派指导教师制度、实验室人员值班制度、指导教师及实验室人员工作职责、仪器设备及物资管理制度、学生开放管理规定、实验时间、内容预约管理以及各种登记制度等，并报教务处备案。学院要将实验室开放作为实验室人员的本职工作，并提出明确的要求。

（3）实行开放教学的实验室，所承担的学生课外科技创新实践、科技竞赛、科研等，相关院系可提出申请，经主管职能部门确定，主管校领导批准，学校给予一定的工作量补贴。

（4）学生参加并完成课外科技创新实践、科技竞赛、科研等活动，按照有关规定经过一定形式的考核，可以按规定申请创新学分。

（5）教务处要不定期抽查实验室开放情况，及时纠正、解决出现的问题，提高实验室开放质量。

六、本办法由教务处负责解释，自下发之日起施行

开放实验室及开放实验项目申报表

学院：　　　　　　　　　　实验室：

<table>
<tr><td colspan="2">项目名称</td><td colspan="5"></td></tr>
<tr><td colspan="2">项目来源</td><td colspan="5">□教师科研　□学生科研　□学科竞赛　□自拟实验　□其他</td></tr>
<tr><td colspan="2">项目类型</td><td colspan="5">□验证性　□设计性　□综合性　□研究创新性　□其他</td></tr>
<tr><td rowspan="2">指导教师</td><td>姓名</td><td></td><td></td><td></td><td></td><td></td></tr>
<tr><td>职称</td><td></td><td></td><td></td><td></td><td></td></tr>
<tr><td colspan="2">计划时数</td><td colspan="2"></td><td>开放时间</td><td colspan="2"></td></tr>
<tr><td colspan="2">开放对象</td><td colspan="2"></td><td>最大开放人数</td><td colspan="2"></td></tr>
<tr><td colspan="2">成果及考核形式</td><td colspan="5">□实验报告　□实验数据　□论文　□实物作品　□其他</td></tr>
<tr><td colspan="2">项目负责人</td><td colspan="2"></td><td>联系电话</td><td colspan="2"></td></tr>
<tr><td colspan="2">项目主要内容、设计要求</td><td colspan="5"></td></tr>
<tr><td colspan="2">进度安排</td><td colspan="5"></td></tr>
</table>

续 表

所需的仪器和器件	
实验室意见	实验室负责人： 年 月 日
学院意见	主管主任（院长）签字（公章）： 年 月 日
教务处意见	签字（公章）： 年 月 日

填表人： 填表时间：

注：本表一式三份，一份学院留存，一份实验室留存，一份报教务处。

附录6　《物流系统与技术实验教学示范中心安全制度》

实验室是开展实验教学和科学研究的场所。为了维护实验教学和科学研究工作的正常秩序，保障人身和国家财产的安全，特制定本制度。

（1）实验室的安全应以预防为主，要指定一名责任心强、熟悉业务的同志担任安全员，具体落实实验室的安全防范工作。

（2）对新调配到实验室的工作人员和初次参加实验的学生，要进行安全教育，使他们了解实验室安全设施情况和规章制度。外来人员到实验室参观、学习等，须经实验室主任同意并报主管实验室工作的领导批准。

（3）实验过程中必须严格按规程操作。仪器使用及维修情况必须记录存档。

（4）实验室存放贵重物品和危险品要有严格的保管措施，防止丢失或污染。

（5）保证实验楼的消防通道和人行通道畅通，不许在走廊过道和楼梯间设立铁闸、物品架、实验台或堆放仪器设备及杂物等。

（6）学生做实验时要打开消防通道。

（7）实验室电气设施的安装、维修和拆除等作业，必须经主管部门批准后由专业人员负责施工。严禁乱拉、乱接电源电线。未经实验室工作人员许可，不得动用实验设施和物品。

（8）要经常检查实验室的电源、水源、火源是否安全，发现隐患及时整改。

（9）下班时要关窗锁门，关闭电源。节假日使用实验室须报经实验室主任批准。

（10）保持实验室内安静，不得在实验大楼内大声喧哗、追逐打闹。

（11）发生事故，除立即组织抢救处理外，必须按规定上报。重大事故，要保护好现场。对事故的责任者将依据情节给予行政处分，造成损失按学校有关规定责令赔偿，构成违法犯罪的送交司法部门处理。

附录7 《北京物资学院实验室工作评价方案》

评价指标			权重系数	标准及内涵		主要观测点	自评	专家
一级	二级	三级		A级	C级			
实验教学	1 实验教学文件	1.1 实验教学大纲	5.0	所有单独设课实验、课程内实验、选修课实验，均有独立、完整、符合教学要求的实验教学大纲。	95%以上单独设课实验、课程内实验、选修课实验均有独立、完整、符合教学基本要求的实验教学大纲。	1. 单独设课实验的教学大纲情况；3.0 2. 课程内实验的教学大纲情况；2.0		
		1.2 实验教材	5.0	单独设课实验有正式出版的教材、课程内实验有正式出版的教材或实验指导书且使用近三年新版教材的比例≥50%。	单独设课实验有正式出版的教材、课程内实验有正式出版的教材或实验指导书且使用近三年新版教材的比例≥40%。	1. 实验教材或实验指导书情况；3.0 2. 使用近三年新版教材比例；2.0		
		1.3 教学计划	5.0	严格按教学计划编制教学进度和组织实验教学（含实验上机）。	根据教学计划编制教学进度和组织实验教学（含实验上机）。	按教学计划编制教学进度和组织教学；5.0		
		1.4 实验卡片	3.0	所有实验课程均有规范的实验卡片且能根据教学需要随时修改。	所有实验课程建有规范的实验卡片。	1. 实验课程的实验卡片（含电子版）；2.0 2. 实验卡片修改情况；1.0		
		1.5 实验课表	5.0	每学期开学1周内编好实验课表并严格按课表组织教学。	每学期开学2周内编好实验课表并基本按课表组织教学。	1. 两学期上交实验课表的时间；3.0 2. 按课表组织实验教学的情况；2.0		

续 表

评价指标			权重系数	标准及内涵		主要观测点	自评	专家
一级	二级	三级		A 级	C 级			
实验教学	2 实验内容与改革	2.1 项目管理与更新	4.0	实验项目变更经院（系）及教务处审核通过；每年实验项目更新率达 10% 以上。	实验项目变更经院（系）及教务处审核通过；每年实验项目更新率达 5% 以上。	1. 以上交教务处审核的实验变更项目为准；2.0 2. 以交教务处更新的实验卡片为准；2.0		
		2.2 综合设计性实验	6.0	综合、设计性实验的课程比例 ≥80%；综合、设计性实验的比例 ≥20%。	综合、设计性实验的课程比例 ≥40%；综合、设计性实验的比例 ≥10%。	1. 综合、设计性实验的课程比例；4.0 2. 综合、设计性实验的比例；2.0		
		2.3 实验教学改革成果	3.0	正式出版的自编著实验教学教材或公开发表的实验教学研究论文较多。	有编著实验教学教材或公开发表的实验教学研究论文。	编著实验教学教材或公开发表的实验教学研究论文；3.0		
	3 实验教学过程	3.1 实验开出率	4.0	基础课实验开出率达 100%，专业实验开出率达 95% 以上。	基础课实验开出率达 100%，专业实验开出率达 80% 以上。	1. 基础课实验开出率；2.5 2. 专业实验开出率；1.5		
		3.2 实验报告	3.0	每份实验报告均有详细批改，有评语评分，有教师签字。	95% 的实验报告均有详细批改，有评语（评分），有教师签字。	1. 实验报告批改情况；1.0 2. 有评语（评分），有教师签字；2.0		
		3.3 实验记录	4.0	实验教学日志能及时、规范填写。	实验教学日志能及时填写。	实验教学日志及时填写情况；4.0		
	4 实验教学效果	4.1 实验操作水平及能力	4.0	实验仪器设备操作程序规范，有良好的实验习惯，随机抽查的学生实验效果较好。	实验仪器设备操作程序规范，有良好的实验习惯，随机抽查学生实验效果达到基本要求。	1. 平时实验教学检查时学生的实验操作过程；2.0 2. 单独抽查部分学生现场实验；2.0		

续 表

评价指标			权重系数	标准及内涵		主要观测点	自评	专家
一级	二级	三级		A 级	C 级			
实验教学	4 实验教学效果	4.2 实验测试成绩	4.0	课程内实验成绩计入课程总成绩；学生成绩评定客观公正，优秀率在 10% 以上。	学生成绩评定基本客观公正，优秀率在 5% 以上。	1. 学生成绩评定情况；2.0 2. 学生实验课优秀率；2.0		
		4.3 学生评价	5.0	学生对实验教师的指导水平、敬业精神及实验效果评价较高。	学生对实验教师的指导水平、敬业精神及实验效果评价为合格。	学生对实验教师的指导水平、敬业精神及实验效果评价；5.0		
		4.4 学生课外科技活动	5.0	开展各种实验技能及学生小制作、小发明、小设计竞赛及评选活动，效果较好。	开展一些实验技能及学生小制作、小发明、小设计竞赛及评选活动。	学院统计的学生小制作、小发明、小设计竞赛情况；5.0		
实验室管理	5 制度与管理	5.1 管理机构与管理制度及实施	3.0	管理机构健全；《实验操作规程》《学生实验守则》《实验室安全守则》《仪器设备管理办法》《低耗品管理办法》《损坏赔偿制度》等管理制度健全且上墙；实验室例行检查结果平均分 90 分以上。	管理机构健全；《实验操作规程》《学生实验守则》《实验室安全守则》等管理制度健全且上墙；实验室例行检查结果平均分 70 分以上。	1. 管理机构健全情况；1.0 2. 管理制度健全、上墙情况；1.0 3. 实验室例行检查结果；1.0		
		5.2 实验室开放	6.0	实验室开放时间长，开放范围及覆盖面广且有开放记录。	实验室开放，且有记录。	1. 实验室开放原始记录；3.0 2. 验室开放是否面对全校大多数学生；3.0		
		5.3 实验室工作日志	3.0	实验室人员工作日志记载及时、内容全面。	有实验室人员工作日志。	1. 全院（系）的实验室工作日志情况；1.5 2. 实验室人员工作日志记载情况；1.5		

续 表

评价指标			权重系数	标准及内涵		主要观测点	自评	专家
一级	二级	三级		A 级	C 级			
实验室管理	6 实验仪器设备	6.1 仪器设备完好率	3.0	仪器设备维修及时，完好率达100%。	仪器设备完好率达80%以上。	1. 仪器设备使用登记本中维修、使用记录；1.5 2. 仪器设备的完好率；1.5		
		6.2 仪器设备管理	3.0	设备账、卡、物三相符，新到设备开箱验收、调试及时。	设备账、卡、物三相符。	1. 设备账、卡、物三相符；1.0 2. 新到设备开箱验收、调试是否及时；1.0 3. 大型精密仪器专人管理情况；1.0		
		6.3 低值品管理	1.0	低值易耗品有流水账，低值易耗品计划、采购、使用管理规范；低值易耗费的使用系务公开。	低值易耗品有流水账，低值易耗费的使用系务公开。	1. 低值易耗品有流水账，低值易耗费的使用系务公开情况；0.5 2. 低值易耗品计划、采购、使用管理情况；0.5		
	7 环境与安全	7.1 教学实验用房	1.0	上实验课时，学生实际使用实验面积人均≥$2m^2$。	教学实验用房基本满足教学要求。	教学实验用房面积；1.0		
		7.2 实验室环境卫生	3.0	实验室整洁卫生，每月例行检查结果优良；“三废”严格按规定处理。	实验室整洁卫生，每月例行检查结果合格；“三废”按规定处理。	1. 实验室每月例行检查结果；2.0 2.“三废”按规定处理情况；1.0		
		7.3 安全措施及效果	2.0	实验室安全设施齐备完好；易燃、易爆、剧毒等危险品有专人负责且管理规范；未发生溢水、被盗、火情等安全事故。	实验室安全设施齐备完好；易燃、易爆、剧毒等危险品有专人负责；未发生溢水、被盗、火情等安全事故。	1. 实验室安全设施情况；易燃、易爆、剧毒等危险品管理情况；1.0 2. 发生溢水、被盗、火情等安全事故情况；1.0		

续 表

评价指标			权重系数	标准及内涵		主要观测点	自评	专家
一级	二级	三级		A 级	C 级			
实验室管理	8 实验室队伍	8.1 实验室人员结构	3.0	实验课程教师人数满足实验教学需要；专职人员、中高职人员占30%以上。	实验课程教师人数基本满足实验教学需要；专职人员、中高职人员占15%以上。	1. 实验课程教师人数满足实验教学需要的情况；2.0 2. 专职人员、中高职人员比例；1.0		
		8.2 实验指导教师人数、高职占比	5.0	实验指导教师中副高以上职称、研究生学历比例占80%以上。	实验指导教师中副高以上职称、本科以上学历比例占80%以上。	实验指导教师中副高以上职称、本科（研究生）学历比例情况；5.0		
		8.3 实验室人员培训	2.0	有本年度实验室人员培训计划；已完成培训计划，成效较好。	有本年度实验室人员培训计划。	1. 本年度实验室人员培训计划；1.0 2. 培训计划完成情况；1.0		

关于评价指标体系的说明如下。

（1）在评价指标体系中，各指标有 A、B、C、D 四个等级，表中只给出了 A 级标准和 C 级标准，介于 A 级和 C 级之间为 B 级，不够 C 级的为 D 级。

（2）评价结果的计算方法及标准如下。

评价结果由测评分数（百分制记分）和评价结论共同表示，评价时需对各评价指标评出等级，并按下式计算评价成绩。

即：$V=\sum$（权重系数×等级）$=aA+bB+cC+dD$；

式中：a、b、c、d 为权重系数；

A、B、C、D 为等级分数，$A=1.0$，$B=0.8$，$C=0.6$，$D=0.4$。

（3）评价结论。

依照上述计算，评价等次如下。

优秀：$V\geqslant 90$，且 $a\geqslant 80$，$d\leqslant 5$ 或 $a\geqslant 70$，$d=0$；

良好：$90>V\geqslant 80$，且 $a\geqslant 60$，$d\leqslant 5$；

合格：$80>V\geqslant 60$，且 $a\geqslant 40$，$d\leqslant 10$；

不合格：达不到上述标准均为不合格。

附录8 《物流系统与技术实验教学示范中心考勤管理制度》

为确保高质量完成实验课程教学计划任务，为全校的教学和科研提供良好的示范中心环境，特制定如下考勤管理制度。

（1）严格遵守坐班制度。做到上班不迟到、下班不早退、课间不溜号。

（2）严格执行考勤签到制度。

（3）严格遵守请假制度。对于有事确需请假的（如病、事假等），请假时间在1天以内的，要在上班之前向实验室主任申明；请假时间为1~3天的，必须向主管院长申明；超过3天，应报学校人事处。

（4）严格执行值班、加班考勤制度。对于统一安排的值班、临时安排的加班，也要严格遵守考勤制度。值班要签到，加班要有记录。

（5）考勤奖励措施。对于在一个学期内无事假、无迟到、无早退、无无故缺勤的职工，期末给予适当的精神和物质鼓励，作为年度考核、评优条件之一。

（6）考勤处罚措施。对于无故迟到、早退、缺勤的人员，一旦造成教学事故，一切责任和不良后果全部由其个人承担，并报请上级部门处理。同时，纳入年度考核，记入个人档案。

附录9 《物流系统与技术实验教学示范中心考核办法规定》

实验教学是高等教育人才培养体系中不可缺少的有机组成部分，是重要的教学环节之一，它的基本任务是对学生进行科学实验基本技能的训练。通过实验教学，让学生进一步巩固和完善理论知识，同时在教学活动中培养学生的创新能力和动手能力，培养学生严肃认真的科学态度和求真务实的工作作风。

一、考试考核的目的

实验考核的目的在于全面、客观地评价学生运用理论知识解决实际问题的能力和实验基本操作技能以及实验室工作规范等方面的综合能力。

二、考试考核方法

根据实验教学的特点，从有利于激发学生实验兴趣，提高实验能力为目的，确定实验考核方式。建立多元实验考核办法，根据不同层次采取不同考核办法。

（1）基础实验技能考核方式。以学生实验动手操作能力考查为主，以本学期所开的实验项目为依据，考查学生对实验理论知识的理解和对实验技术的了解。

（2）综合实验技能考核方式。以综合素质考查为主，考核学生对基本技能综合运用的能力。学生综合实验包括方案设计、实验过程、数据分析与实验报告等全过程，实验成绩由各部分综合组成。

（3）创新设计和研究技能考核方式。以学生应用研究成果为考核标准。主要考核学生论文综述、论文写作和答辩能力。

三、实验考核要求

（1）凡独立开设的实验课成绩应包括平时实验成绩和期末实验考核成绩。平时成绩考查学生对待实验课的态度、实验预习情况、对实验教师提问的回答情况、实验操作熟练程度、全期实验任务完成情况、实验室卫生状况等。期末实验考核分两部分，一部分是实验理论知识的考核，可根据实验课程特点采取卷面考试、口试等，另一部分是实验技能的考核。独立开设的实验成绩全部实行独立登记、存档。

（2）非独立开设的实验课期末考核以操作考试方式进行，考核不及格者，不得参加该门课程的期末考试，下一年重修。

（3）缺做三分之一及以上实验或缺交三分之一及以上实验报告者，不准参加该门实验课程的考核，成绩以零分计；对具备正式请假手续并出具有关证明材料者，经学院审核批准，由指导教师安排补做所缺实验后，方可参加考核，并以正式成绩记载。

（4）缺做实验或缺交实验报告未达三分之一者，实验成绩计算时，不能以实做个数求平均，而应按应做个数计算平均成绩。

（5）各课程要制订实验考核实施细则。任课教师在期末考试之后，按各项成绩所占比例，计算出每位同学的综合成绩。

四、实验成绩评定办法

（1）独立开设的实验课成绩可按平时成绩占60%，期末考核成绩占40%计算总成绩。

（2）非独立开设的实验课成绩可按平时成绩50%，期末成绩50%的比例计算总成绩，并按该课程大纲规定的比例记入相应理论课程的总成绩。

五、考核备案

各实验室根据专业和课程特点制定详细的实验考核办法，报教务处备案。

附录 10 《物流系统与技术实验教学示范中心主任岗位职责》

（1）根据教学和科研任务制订示范中心的建设规划及年度实施计划，组织编制年度仪器设备年度采购计划、低值易耗只购置计划。其中仪器设备年度采购计划在年初制定完成（一年的计划），低值易耗只购置计划一年两次，在每学期结束前完成。

（2）组织实施和检查示范中心建设规划的执行情况，及时做好与各学院的沟通与协调。

（3）组织全体实验人员根据教学计划认真完成实验教学工作，努力提高实验教学质量，积极开展实验科学研究。

（4）搞好实验室的科学管理，严格贯彻、实施有关规章制度，制定岗位责任制，加强对实验室有关人员的指导、培训、管理及考核工作。

（5）组织完成仪器设备的管理、维修、计量及标定工作，做好仪器设备使用、维护记录，使仪器设备处于完好状态。组织开展实验装置研究和自制工作。

（6）定期组织消防器材的检查和总结实验室工作，提出整改措施，落实到位。

（7）经常进行实验室安全教育，定期组织消防器材的检查与人员培训，杜绝隐患。

（8）在保证完成教学或科研任务的前提下，积极组织开展社会服务和技术开发，开展学术、技术交流活动。

附录 11 《物流系统与技术实验教学示范中心管理制度》

（1）实验室人员必须承认并严格遵守实验室的一切规章制度和管理办法，有义务维护实验室工作的正常运行。非本实验室工作人员不得随意进入实验室。

（2）实验室人员要爱护公共卫生，保持室内清洁整齐。实验台面及地面应保持干燥、清洁，物品应摆放整齐，试剂标签明晰，一切用具用毕应放回原处，定期进行卫生扫除。

（3）严格遵守各种仪器的操作规程，贵重仪器应由专人操作并定期进行维护和保养，发现仪器出现故障，应立即停机并向质量负责人报告，以便及时维修。

（4）操作仪器前，应检查仪器是否处于良好工作状态，仪器使用完毕应还原至使用前状态，并按规定如实进行登记。实验记录及结果报告单应根据本单位规定存档，以备查考。

（5）实验前后应做好通风换气工作，不得在室内喷洒各种杀虫药剂和其他挥发性药物，工作时间不得从事与本职工作无关的活动。

（6）离开实验室前，应认真检查水、电、暖气、门窗、钢瓶、仪器的安全，对有毒、有害、易燃、污染、腐蚀的物品和废弃物品的管理应按有关要求执行。

（7）实验室负责人督促本制度严格执行，如有违反上述规定，导致事故者，将应视情节追究当事人和有关人员的责任，并严肃处理。

参考文献

［1］胡征．现代实验室建设与管理指南［M］．天津：天津科技翻译出版有限公司，2014.

［2］实验室建设的一个原则、四个理念、八大系统［EB/OL］．http：//blog. sina. com. cn. /s/blog_5517ea960102zvhl. html.

［3］佘协桂，龙朴香，唐方洪．实验室建设手册［M］．北京：中国建筑工业出版社，2017.

［4］滕利荣，孟庆繁．高校教学实验室管理［M］．北京：科学出版社，2008.